Lebenskunst

Der Weg zum deutschen Kulturprogramm

von

Ernst Bittlinger

Berlin 1924

Verlag Walter de Gruyter & Co.

Inhalt.

Ohlenroth'sche Buchdruckerei
Erfurt

Vorwort.

Die Hauptprobleme dieser Schrift standen mir bereits in meinen Jünglingsjahren als persönliches Schicksal gegenüber. Nachdem auch die Universität mir keine befriedigende Lösung gebracht hatte, versuchte ich selbst, das erste Mal vor 25 Jahren, sie zu bewältigen.

Mein damaliges Buch führt den Titel: Religion, Illusionen, Intellektualismus und erschien 1900 und 1903 bei Otto Schulze in Cöthen (Anhalt) unter dem Pseudonym Ernst Franz.

Eine zweite Schrift entnahm aus jener populär gehaltenen eine Einzelheit zur fachwissenschaftlichen Bearbeitung. Sie heißt: Materialisierung religiöser Vorstellungen und erschien 1905 bei J. C. B. Mohr-Siebeck in Tübingen.

1914 veranlaßte mich die Agitation für den Kirchenaustritt zu einer Gegenschrift: Monistisches Christentum, bei Heinsius in Leipzig erschienen. Sie nimmt ihre Front gegen den Intellektualismus.

Meine Bücher haben eine gute Presse gehabt. Über das erste schrieb Adolf v. Harnack: „Ein edler Sinn für das Wirkliche und eine eifersüchtige Sorge um Wahrheit und Wahrhaftigkeit haben ihm die Feder in die Hand gegeben, und er hat sie rühmlich geführt.“ Die Preußischen Jahrbücher, unter vielen anderen Besprechungen, brachten einen ausführlichen Artikel über den Inhalt der Schrift.

Die „Materialisierung" erhielt viele anerkennende Kritiken von den wissenschaftlichen Zeitschriften, auch des Auslandes. Das „Monistische Christentum" fand selbst in den Tageszeitungen Besprechungen, und Kreuzzeitung und Berliner Tageblatt stellten sich in seltener Einmütigkeit auf meine Seite gegen Wilhelm Ostwald und Häckel. Das „Monistische Christentum" ging mit scharfen Angriffen gegen jene Vertreter der exakten Wissenschaften vor, die mit den Mitteln der exakten Wissenschaften allein eine Weltanschauung zu bauen unternahmen, die Geisteswissenschaften für papierene Wissenschaften, die Religion für Atavismus und den Austritt aus den Kirchen für die notwendigste Tat im Interesse der Kultur erklärten.

Ich hoffte auf eine ertragreiche klärende Diskussion, aber die Gegner zogen es vor zu schweigen. Noch mehr habe ich bedauert, daß auch die geistig mir näher stehenden Kreise meine, meiner Überzeugung nach, von der bisherigen abweichende Problemstellung nicht beachteten und weder des Beifalls noch der Widerlegung würdigten.

Ich habe nun in den seit meiner Studienzeit verflossenen 30 Jahren viel gelesen und noch viel mehr gesehen und erlebt. Es ist mir aber nur gewisser geworden, daß meine Problemstellung richtig und wichtig ist, daß die von mir nun wieder in der vorliegenden Schrift behandelten Probleme sorgfältige Beachtung fordern und zur Lösung reif sind, daß die Erledigung, die ihnen das deutsche Volk zuteil werden läßt, von großer Bedeutung sowohl für sein inneres wie für sein äußeres Schicksal sein wird. Es geht auf die Dauer nicht, daß man alle neuen und neuesten Ergebnisse der exakten Wissenschaften eifrigst umgehend und restlos im Wirtschaftsbetriebe anwendet, um gute Maschinen zu schaffen, dagegen die Aufgaben überhaupt nicht anfaßt, alle neue geistige Erfahrung in der Schul- und **Volkserziehung** anzuwenden, um gute und starke Menschen zu schaffen. Das deutsche Volk hat seine Lebenskunst und damit die wichtigste Kulturaufgabe zugunsten seiner zivilisatorischen Betätigung vernachlässigt. Ein Volk braucht nicht nur eine organisierte Jugenderziehung, sondern auch eine organisierte Volkserziehung und Pflege der Volksseele. Frühere Zeiten besaßen in ihren Religionen und Kirchen die nötigen Einrichtungen dafür. Es war ein schwerer Fehler der Geistigen, die Religionen zu entwerten, die Kirchen zu boykottieren und zu sabotieren, statt zu reformieren, **oder** zum Ausgleich des ungeheuren Ausfalls an volkserzieherischen Kulturkräften einen **Ersatz** zu schaffen. Möchte unserem Volke die Erkenntnis aufgehen, daß es ohne ein deutsches Kulturprogramm, und zwar ein in praktischer Volkserziehung durchführbares, keine deutsche Einheit und keine deutsche Zukunft gibt.

Eignet sich das, von der deutschen Kultur ausgehende oder doch durch sie hindurchgegangene Programm auch zum Menschheitsprogramm — desto besser. Es hat große und glückliche Zeiten gegeben, in denen Deutschland vorbildlich in der Zielsetzung der menschlichen Lebenserfüllung war. Die internationale Geltung eines Volkes hängt doch am meisten von dem ab, was es zum inneren Aufbau der Menschheit beiträgt. Es fehlen die Anzeichen nicht, daß das deutsche Volk sich vom Materialismus wieder abwendet. Der Buchhandel ist das Thermometer der Kultur. Die Bücher, die heute am meisten gekauft werden, sind solche über Börsenspekulation und Bücher über Philosophie. Es ist, wie wenn man einem Kranken den Puls fühlt, sein Blut untersucht. Man sieht förmlich die roten und die weißen Blutkörperchen miteinander kämpfen. Das Publikum, nicht der Fachmann, kauft Bücher über Börsenspekulation. Mühelos Geldverdienen, mühelos reich werden, ist die Losung. Aber dasselbe Publikum kauft philosophische Bücher. Das bedeutet, daß man am Gott Mammon irre wird. Vielleicht findet da auch ein Buch wie das vorliegende Beachtung, also ernste Zustimmung oder ernste Widerlegung.

Berlin C. 25, Kurze Str. 2,
Ostern 1924.

Die mangelnde Lebenseinheit.

In den beiden einleitenden Abschnitten meines Buches muß ich manches sagen, was, besonders in der letzten Zeit, oft und auch schon besser gesagt ist. Aber ich glaube, manchem doch erst diese Tatsachen und Gedanken, wenn auch nur in einer Skizze, ins Gedächtnis rufen zu müssen, damit er geneigt wird, meine Vorschläge willig zu prüfen.

Eine Methode der Lebenserfüllung, eine Lebenskunst, will ich dem Leser auf den folgenden Seiten vorlegen. Zunächst ist es die meine, wenigstens im Ideal. Ich glaube, gemäß meiner Lebenserfahrung, daß sie sich auch für andere empfiehlt. Ich sehe viel Ratlosigkeit, viel schwächliche Skepsis und wenig starke Überzeugung in diesen letzten Dingen. Darum wage ich, meine Erfahrung vorzutragen, und wage sogar, meine Schrift ein Kulturprogramm zu nennen. Irre ich mich, so glaube ich, liegt schon ein gewisser Mut darin, sich zu diesem Worte zu bekennen.

Eine Lebenskunst ist nur möglich auf Grund einer Lebenskunde. Die Abhängigkeit von dieser ist aber nie eine vollständige, denn Lebenskunst will ja zeigen, wie das Leben sein soll, während Lebenskunde zeigt wie es ist. Aber ganz von vorn kann kein Mensch anfangen. Darum ist Lebenskunde die selbstverständliche Grundlage von Lebenskunst.

Lebenskunde kommt dadurch zustande, daß man die Bilanz seiner Zeit zieht. Ich wage nicht zu behaupten, daß die Gegenwart sich dafür besonders empfiehlt. Was bedeutet der Weltkrieg und die Revolution? Sind sie hauptsächlich der Abschluß einer Vergangenheit? Oder der Anfang einer Zukunft? Oder ein Übergang, also beides? Vielleicht ist die gegenwärtige Stunde der Weltgeschichte und der Menschheitsentwicklung sehr ungeeignet, eine Bilanz zu ziehen. Aber ein guter Kaufmann muß jederzeit in seinem Geschäft dazu imstande sein. Das gilt auch von den Geistesarbeitern. Darum versuche ich es. Ich suche aus den Taten der Zeitgenossen ihre Grundsätze festzustellen und aus dem Schicksal der Zeitgenossen den Wert dieser Grundsätze. Ich höre die Zeit ab, wie sie die drei großen Aufgaben löst, an denen die Menschheit hauptsächlich arbeitet, seitdem es eine Zivilisation und eine Kultur gibt.

Die erste dieser Aufgaben ist die Herrschaft über die Natur.

Die zweite ist das Zusammenleben der Menschen miteinander.

Die dritte ist die Auseinandersetzung des Menschen mit sich selbst.

Die erste Aufgabe hat die jüngste Vergangenheit so glänzend gelöst wie nie eine Zeit zuvor. Die exakte Wissenschaft hat die Wunder der Technik hervorgebracht. Die exakte Wissenschaft hat durch Erweiterung und Klärung unserer Welt, Menschen- und Lebenskenntnis und dadurch, daß sie die Geisteswissenschaften befruchtete, auch an den beiden anderen Aufgaben der Menschheit äußerst erfolgreich mitgearbeitet.

Dennoch ist es wohl zweifellos, daß es um die Lösung dieser beiden anderen, den Menschen gestellten Aufgaben, also, sich miteinander abzufinden, aus dem Verhältnis zueinander den größtmöglichen Nutzen zu ziehen, daß es ferner um die Aufgabe der Selbsterkenntnis und Selbsterziehung des Menschen, mit dem Ziel der Freude an sich, gegenwärtig schlecht bestellt ist. Es hat wohl noch nie eine so disharmonische Zeit gegeben wie die unsere, und die Disharmonie der Menschen untereinander und des Menschen in sich selbst ist im ständigen Zunehmen begriffen. Der Weltkrieg und der sogenannte Friede, der ihm folgte, die gefährliche Spannung zwischen den Ständen, den Parteien und den Berufen zeigen, wie wenig sich der Mensch auf den Menschen versteht. Und ebenso wenig ist der heutige Mensch in sich einig, stark und zufrieden. Die ungelösten Probleme bedrohen den Menschen geradezu mit äußerer und noch mehr mit innerer Vernichtung, zuerst zurzeit den deutschen Menschen.

Ich halte die anderen Völker nicht für besser, ich liebe mein Vaterland und das eigentümliche deutsche Wesen innig, trotz der auch ihm anhaftenden besonderen Schwächen. Es ist die geschichtliche Lage, es ist die geographische Lage, es ist das Schicksal, das den Deutschen besonders schwer bedroht. Ich fluche dieser Not nicht, ich segne sie, denn sie drängt zur Entscheidung, sie drängt zur Tat.

Nur mit einer der beiden großen Aufgaben, die der Mensch dem Menschen stellt, beschäftigt sich diese Schrift, nämlich mit der Frage, wie der einzelne zur Erfüllung seines Lebens kommt. Da der Mensch aber ein soziales und sympathetisches Wesen ist, sind alle Wahrheiten und

Entscheidungen, die man bei Erörterung dieser Frage findet, auch für das Verhältnis der Menschen untereinander von Bedeutung.

Wie ist der Mensch in seine gegenwärtige unbefriedigende gefährliche innere Lage gekommen? Ein Wort, das in der ethischen Ergründung des einzelnen nützliche Dienste leistet, lautet: Die Fehler eines Menschen pflegen dicht bei seinen Tugenden zu liegen. Es gilt auch von den Kulturen. Der Vorzug, der die heutige Zeit zu ihren Siegen geführt hat, ist die Fähigkeit zur Analyse. Der moderne Mensch nimmt alles auseinander, seziert alles, und dadurch kommt er hinter die Dinge. Der eilige, fliegende Fortschritt der Zivilisation, ihre ungeheuren Leistungen, die Beherrschung der Naturkräfte insonderheit stammen daher. Der moderne Mensch seziert alles, auch sich selbst, seinen Geist. Es ist an und für sich auch gar nichts dagegen zu sagen. Nur durfte darüber die Synthese, die ständig neue Zusammenfassung des Menschen und aller seiner Kräfte zur Einheit nicht versäumt werden. Und das ist geschehen.

Unser ganzes Leben zerfällt in lauter Einzelanstrengungen und Einzelwirkungen, die aber nicht, wie es nötig ist, in den Brennpunkt eines einheitlichen Lebenswillens und einer großen Lebensfreudigkeit zusammenstrahlen. Wir sind alle Spezialisten in unseren Handwerken, Künsten und Wissenschaften und bedienen uns gegenseitig mit deren fertigen Resultaten. Unsere Leistungen quellen nicht aus dem vollen ganzen Wesen des Menschen, nicht aus innerer Notwendigkeit, sondern aus einzelnen — meist nur aus äußeren Zweckmäßigkeitsgründen — angeeigneten Fertigkeiten. Wir verstehen alles mögliche Einzelne unendlich besser als je eine Zeit vor uns. Aber das Ganze ist uns verloren gegangen. Wir verstehen es nicht zu leben. Unser Leben hat keinen Stil mehr. Wir haben Zivilisation, aber keine Kultur, jedenfalls keine gemeinsame Volkskultur mehr und damit auch keinen Volkszusammenhang mehr. Wir haben Lebenstechnik, aber wir haben keine Lebenskunst.

Was ist Lebenskunst? Der normale Mensch pflegt einen Beruf zu haben. Wenn er von denen, die ihn vor ihm ausübten, lernt und eigene Erfahrung dazu erwirbt, dann versteht er seinen Beruf, er versteht seine Kunst. Denn jeder Beruf fordert ein Können. Jeder Beruf ist darum eine Kunst. Das Leben wird aber erst erfüllt, wenn man es als Ganzes auch als einen Beruf und als eine Kunst auffaßt. Die gesamte Erkenntnis, die zu einer vollkommenen Erfüllung des Lebens führt, nenne ich in ihrer Anwendung Lebenskunst. Früher war eine bestimmte zuverlässige, wenn auch noch so schlichte Lebenskunst Gemeingut unseres Volkes. Sie fehlt uns heute, und ich glaube mit Recht darin einen sehr großen Nachteil unserer Zeit zu sehen, einen Nachteil, der durch keinen Fortschritt auf irgendeinem anderen Gebiete irgendwie ausgeglichen werden kann.

Es gibt keine Wissenschaft mehr, sondern nur noch Wissenschaften, es gibt keine Kultur mehr, sondern nur noch Kulturfaktoren. Hat man doch sogar das Ungeheuerliche versucht, die Ethik von der Mystik zu trennen, und nicht erst die Naturwissenschaftler haben damit angefangen, sondern die Theologen, indem sie die Ethik von der eigentlichen Glaubenslehre als eine besondere Disziplin löſten. Von da an verdorrte die Theologie. Alle großen willenbestimmenden Lebensmächte haben durch die Isolierung, die man überall als das letzte Wort ansieht, haben durch ihre Lösung vom Ganzen ihre wichtigste Kraft eingebüßt, nämlich die Kraft, das Leben und die Lebensauffassung des Menschen praktisch als ein Ganzes zu bestimmen und zu regeln. Die Wissenschaften werden auch von den Nichtfachleuten, von der Masse nur um ihrer praktischen Anwendung willen beachtet und haben auf die Gesamtgeistigkeit des heutigen Menschen und auf sein praktisches Gesamtverhalten keinen Einfluß.

Die Religion begeistert nicht zum Leben, wozu sie doch allein da ist. Die Ethik macht nicht erschauern. Die Majestät des Rechtes ist auf das Niveau einer Verwaltungsordnung herabgedrückt, man beachtet es, um sich keine Unannehmlichkeiten zu machen. Unsere Kultur ist in Gefahr von unserer Zivilisation überrannt und zertreten zu werden. Der moderne Mensch zerfällt in Stimmungen und ermangelt einer großen einheitlich führenden Lebensüberzeugung. Darum fehlt ihm die Sicherheit der Lebensrichtung und die absolute Bestimmtheit des Lebenswillens.

Man braucht nur einige Kulturbilder anerkannt großer Zeiten unserer Zeit gegenüberzustellen, um sofort zu sehen, was der Gegenwart fehlt: Es ist die Einheitlichkeit und Geschlossenheit des geistigen Lebens. Olympia und Delphi der Griechen sind das gewaltige prophetische Vorbild für die Menschheit für alle Zeiten: Religion, Theater, Sport und jegliche Kunst und Wissenschaft innerhalb einer Ringmauer und unter einem Dach, und das nicht nur äußerlich, sondern auch geistig.

Das ist auch das Große an der Bibel, besonders am

1. Buch Mose, daß hier die Religion nicht nur als eine Betätigung des menschlichen Geistes neben anderen erscheint, sondern daß hier eine große geniale Synthese von Wissenschaft und Religion, natürlich die der damaligen Zeit, vorliegt. Vergleicht man das erste Kapitel der Genesis mit der phantastischen unwissenschaftlichen Willkür anderer Schöpfungsmythen, so sieht man den gewaltigen Unterschied. An der Sinaigesetzgebung ist das das Große, daß das Gewissensgesetz mit dem bürgerlichen und Staatsgesetz in Eins gelegt wird, daß also Ethik und Recht zusammenfallen.

Die Zusammenfassung aller höchsten Lebensinteressen, also von Religion, Wissenschaft, Ethik, Recht und Kunst in der alten Kultur ist mustergültig für alle Zeiten. Gewiß ist heute bei der völligen Uneinheitlichkeit, Zerklüftung und Zerfahrenheit unseres geistigen Lebens ein anderer Staat als ein bloßer Rechtsstaat, der die Pflege der Gesinnung zulassungsweise den Kirchen überläßt, gar nicht möglich. Aber man sollte erkennen, daß ein solcher Staat kein Ideal, ein bloßer Notbehelf ist.

Wir Deutsche haben die große Synthese des modernen Geistes schon erlebt, in Goethe, in seinem Gott-Natur-Gedanken. Aber gerade in diesem Wichtigsten, darinnen er am meisten uns Vorbild sein müßte, um uns zu helfen, wird er am wenigsten beachtet. Ständig wird der eine Goethe gegen den anderen Goethe ausgespielt. Die Theologen machen den religiösen Goethe zum Eideshelfer gegen den modernen Geist und übersehen die exakt naturwissenschaftliche Orientierung seiner gesamten Welt- und Lebensauffassung. Und die Männer der Naturwissenschaft berufen sich auf ihren großen naturwissenschaftlichen Kollegen, den Entdecker des Zwischenkieferknochens beim Menschen, als auf einen ausgesprochenen Atheisten und Religionsfeind, gerade als ob sein Faust nur eine phantastische Laune gewesen wäre und nicht das neue große Glaubens- und Lebensbekenntnis für ihn selbst und die Menschheit. Es ist verwunderlich, es ist klein, ja ich scheue mich nicht, es gerade herauszusagen, es ist sündhaft, daß und wie der heutige Mensch der Lebenseinheit, wenn sie ihm einmal entgegentritt, geradezu ausweicht. Und doch lehrt das innere Elend der Gegenwart nichts so deutlich wie dies: Was uns fehlt, ist das Einheitsbewußtsein aller inneren Kräfte, durch das allein die große Überzeugung von der Notwendigkeit und Schönheit des Lebens geschaffen werden kann. Es fehlt uns das überzeugte fröhliche Ja zum Leben, der unbedingte Glaube an seinen Sinn und seinen Wert. Es fehlt uns die Begeisterung. Ich meine nicht die Begeisterung, die ein bestimmter Besitz, ein bestimmtes Ziel auf Zeit oder auf Zeiten dem Menschen gibt, sondern die Begeisterung für das Leben schlechthin in aller Betätigung nach außen und nach innen, auch in Allem, was es uns erleiden läßt.

Wir brauchen von Neuem eine Zusammenfassung aller wichtigen Erkenntnisse aller verschiedenen Wissenschaften und aller Lebenspraxis unter eine Lebenseinheit zur Schaffung eines einheitlichen starken Lebenswillens. Die Gelehrten sagen dafür: auf die Zeit der herrschenden Analyse muß endlich einmal wieder eine Synthese folgen.

Einzeln vermag keine der großen willenbestimmenden Geistesmächte die gestellte Aufgabe zu lösen, obgleich jede von ihnen ihren absolut enzyklopädischen Charakter behauptet. Da jede von ihnen ihn aber behauptet und trotz des mit Händen zu greifenden Mißerfolges ihn aufrecht erhält, und jede eine Gefolgschaft findet, müssen wir an erster Stelle die Fähigkeit jeder, Lebenskunst zu schaffen, und die ihr hierfür durch ihr eigenes inneres Gesetz bestimmten Grenzen, also ihre Ergänzungsbedürftigkeit in der Arbeit auf das höchste Ziel hin, untersuchen und feststellen.

Exakte Wissenschaften, Geisteswissenschaften und Mystik in ihrer Stellung zur Lebenseinheit.

Ich nenne unter den großen Konkurrenten an erster Stelle die **Religion**, weil sie in der Geschichte, also im Werden, in der Entwicklung der Menschheit bisher die Macht ist, die am meisten, bewußt und großzügig eigentlich bisher allein, Lebenskunst geschaffen hat. Man mag diese Lebenskunst schelten oder loben, vollkommen oder unvollkommen finden, es **war** der Versuch, dem Menschen, und zwar jedem, nicht nur dem geistigen, sondern jedem im Volke eine Anweisung zu geben, wie er mit dem Leben als einem Ganzen fertig werden, wie er sein Leben erfüllen könne. Die Religion ist deshalb die wichtigste und interessanteste Geistesmacht, zum mindesten der Vergangenheit. Und sie müßte zum mindesten solange der Menschheit ein Gegenstand ständig erneuten Nachdenkens sein, als noch keine andere große geistige Macht, nach dem Versuch, die Religion dauernd zu entthronen, ihrerseits es unternommen hat, die klaffende Lücke in der Kultur auszufüllen, gar nicht davon zu reden, daß sie irgendwelche Erfolge aufzuweisen hätte, die sich mit denen der Religion vergleichen, geschweige denn messen ließen. Nur ein Unwissender oder ein Fanatiker kann diese Tatsache verdunkeln wollen.

Die Anweisung zum Leben, zur Erfüllung und Überwältigung des Lebens war die Religion selbst. Woher kommt nun die energische Ablehnung bei den meisten modernen Menschen, auch den gerecht und sachlich urteilenden, soweit sie die Fähigkeit und den Mut zu eigenem Denken haben, dagegen, sich von der Religion heute noch eine Lebenskunst schaffen zu lassen? Man kann es mit einem Worte sagen: die Religion gilt als ein scholastischer Begriff. Ob sie es in Wahrheit ist, ob sie es sein muß, ist eine besondere Frage, mit der wir uns noch sehr eingehend beschäftigen werden. Aber daß praktisch der Begriff Religion auch von der überwiegenden Mehrheit ihrer berufenen Vertreter noch immer als ein scholastischer gefaßt wird, daran kann man füglich wohl nicht zweifeln. Der Weg, den die Menschen sich und die anderen zur Religion führen, ist fast ausschließlich der geschichtliche und nicht der psychologische.

Der psychologische Weg wäre der, daß man das Wesen des Menschen feststelt, daß man unter den, das Wesen des Menschen ausmachenden Trieben auch den religiösen Trieb feststellt und dann die Möglichkeiten und Tatsächlichkeiten seiner Befriedigung erwägt. Nur einige Gelehrte sind in Theorien diesen Weg gegangen. Die Kirchen als die praktische Darstellung der Religion sind alle scholastisch: es empfiehlt sich, den alten Weg zu gehen, aus dem Grunde, weil schon so viele vor uns ihn mit Erfolg gegangen sind. Die Autorität der Vergangenheit wird aufgerichtet, und von da bis zum Verzicht auf das eigene Urteil und dann wieder bis zum sacrificio del intelletto ist nur je ein Schritt. Alle Kirchen der Gegenwart verlangen, wenigstens in ihren offiziellen

Äußerungen, das sacrificio del intelletto in irgendeinem Maße und irgendeiner Form. Sie verlangen Gehorsam gegen sich und nehmen ihren Gläubigen dafür das eigene Suchen ab und verbürgen ihnen das Heil, das Wohlergehen ihrer Seele. Es wird das jederzeit etwas Anziehendes, Verlockendes für viele Menschen haben. Die Menschen glauben ganz andere, wichtigere, ihnen jedenfalls viel näherliegende Sorgen zu haben als die um ihre Lebenskunst. Gern geben sie ihre größte Verantwortung ab, also die, über das Leben zu urteilen und eine Lebensrichtung zu wählen. Über diese beiden großen Lebensaufgaben nachzudenken, dazu fehlt den meisten Menschen nicht in erster Linie die Denkkraft, wohl aber der Ernst, der Wille und der Mut. Wille und Mut zum Denken sind in den Menschen überhaupt ganz allgemein viel seltener als die Fähigkeit dazu.

Nur die selbständigen Geister stößt das Gebaren und Verfahren der Kirchen ab. Es hat sie immer abgestoßen, doch erst in der neueren Zeit hat der Widerstand eine sichere Form gewonnen. Er hat diese sichere Form, seitdem es andere enzyklopädische Mächte gibt, die, sei es nun mit Recht oder Unrecht, mit Erfolg oder Mißerfolg, auch den Versuch machen, das Ganze des Lebens zu umspannen und zu erfassen. Solche sind vor allem die Wissenschaft, dann auch die Ethik, die Kunst, der Organisationsgedanke endlich der Menschheit, wie er im sozialen Staat, wenn auch zunächst nur in der Idee, durchgeführt ist. Diese großen Geistesmächte haben den Vorzug, nicht mit scholastischen Autoritätsansprüchen belastet zu sein. Sie wollen rein aus sich heraus und aus ihrem eigenen gegenwärtigen Ideengehalt heraus in geistiger Auseinandersetzung mit anderen Mächten und Ansichten den Menschen überzeugen und gewinnen.

Es ist natürlich noch eine sehr große Frage, ob sich die absolute Geschichtslosigkeit der Wissenschaft, ich meine die Bedeutungslosigkeit früherer wissenschaftlicher Meinungen für die jetzigen wissenschaftlichen Meinungen, ob sich diese Geschichtslosigkeit der Wissenschaft ohne weiteres auf die Lebenskunst übertragen läßt. Die Kirchen haben durchaus Recht, wenn sie auf die Schrankenlosigkeit des Subjektivismus beim modernen Menschen als auf einen Fehler hinweisen. Ein Mensch, dem seine vorausgegangene Lebenserfahrung nicht Autorität für seine Zukunft wird, wird niemals sein Leben zu vernünftiger Gestalt, zu einer vernünftigen Gesamtleistung bringen. Auch ist das Leben des Einzelnen, ja ebenso das Leben eines einzelnen Menschengeschlechts viel zu kurz, seine persönlichen Erfahrungsmöglichkeiten viel zu beschränkt, um nicht der Beratung und Leitung durch die Geschichte, das ist also durch die Gesamterfahrung und das Gesamtgedächtnis der Menschheit, zu bedürfen. Die Kirchen und Religionen haben eine große Aufgabe und ein großes Verdienst daran, daß sie auf Konstanz und Kontinuität der Menschheitsentwicklung halten, daß sie die Geschichte in Ehren halten.

Aber die Geschichte darf der Gegenwart nicht das eigene Leben beschränken oder nehmen. Der moderne Mensch lehnt das sacrificio del intelletto, das Opfer des Verstandes, zugunsten der Geschichte, auch bei der besten geschichtlichen Begründung, unbedingt ab. Erst wenn in den Kirchen die Erkenntnis durchschlägt, daß auch die reichste religiöse Überlieferung nicht von der Aufgabe entbindet, die Religion immer von neuem direkt und gegenwärtig aus dem Wesen des Menschen selbst herauszuholen, sie aus den letzten Tiefen der Menschenseele immer neu zu gewinnen, sich auch von der Psychologie zur Religion führen zu lassen und nicht immer nur von der Geschichte, erst, wenn jedem Menschen, der die Gaben des Geistes und des Gemütes dazu hat, die Kontrolle aller Lehren nicht nur erlaubt, sondern zur Pflicht gemacht wird, erst dann werden die Kirchen ihren früheren Einfluß auf die Bildung der Lebenskunst der Menschheit wieder zurückgewinnen. Dieser Einfluß wird dann auf diesem Gebiet genau so groß sein wie der Einfluß der Fachleute auf jedem anderen Gebiet es auch ist. Und das genügt vollkommen, um den Kirchen eine feste angesehene autoritative Stellung zu geben.

Den zweiten Versuch, eine, Lebenskunst zeugende Macht zu schaffen, nennt man Ethik. Sie war ursprünglich ein unseldständiger, wenn auch wesentlicher Bestandteil der Religionen. Dann hat man die Verselbständigung versucht. Man hat versucht, die Lebensanweisungen der Religion von den Lebensansichten der Religion zu trennen, die Ratschläge und Befehle, wie man sich als tätiger Mensch dem Leben gegenüberstellen soll, die Ratschläge, die die Kirchen als Erfahrungsgut gefunden hatten und verwalteten, abzuscheiden von den religiösen Hypothesen und Phantasiegebilden, die ihnen ihre Sanktion geben. Man hat versucht, die Ethik von der Mystik zu trennen, das Werturteil des Menschen über sich und seinen Willen vom Werturteil über die Welt, über den Weltwillen, über die Tendenz, die objektiv in den Dingen liegt, zu trennen. Es ist ein völlig aussichtsloses Unternehmen. Es wird ein Kulturfortschritt sein, wenn man endlich aus der Sackgasse zurückkehrt, in die die Gelehrten da hineingelaufen sind. Man kann den aktiven Menschen nicht vom passiven Menschen trennen. Man kann Schuld nicht vom Schicksal samt Schicksalsdeutung lösen. Ich kann die Forderung, die ich an mich stelle, nicht vom Glauben an mich, vom Glauben an das Leben, an meinen Wert und an meine Möglichkeiten trennen. Und dieser Glaube ist eben Mystik, wie aller Glaube. Die verselbständigte Ethik ist eine Theorie. Sie lebt nur in den Lehrbüchern und in den Köpfen der Gelehrten. Für das Herz und die Lebenspraxis hat sie keine Bedeutung. Es hat sich bis jetzt überall die Unmöglichkeit herausgestellt, trotz immer erneuter sehr ernsthafter und sehr begeisterter Versuche, sie in das wirkliche Leben einzuführen. Die verselbständigte Ethik scheitert an der Frage der Sanktion, also der Begründung der sittlichen Forderung. Ja, wenn Erkenntnisgründe schon Beweggründe wären! Das sind sie aber nicht. Das eigentliche Wesen des Menschen besteht nicht in seinen Ansichten und Erkenntnissen. Man muß den Menschen dynamisch auffassen. Er ist ein Organismus von Trieben, von Kräften, die ständig ihr Gleichgewicht verlieren und es ständig neu suchen. Man kann den Menschen nur leiten, indem man eine innere Kraft gegen die andere mobil macht. Und da kann man die mystischen Anlagen, Triebe und Kräfte gar nicht entbehren. Man hat nicht ohne Erfolg versucht, sie zu unterdrücken und den Menschen in eine Verstandesmaschine umzuwandeln — die Mehrzahl der Menschen läßt sich die Fülle ihres inneren

Lebens nicht nehmen, und mit jedem neuen Menschen wird der mystische Trieb neu geboren.

Aber die Versuche, die Ethik zu verselbständigen, sind interessant. Sie führen in das Innerste der geistigen Kämpfe unserer Zeit. Die großen Fragen der Souveränität und der Allgenugsamkeit — beides sind sehr verschiedene Dinge — der exakten Wissenschaften zur Weltanschauungsbildung, des eventuellen Wertes auch der Geisteswissenschaften, die Frage der Existenzberechtigung und der Existenznotwendigkeit der Religion, das alles muß erwogen werden, um die Frage der Verselbständigung der Ethik zu erledigen. Als vor 30 Jahren Förster und von Gižycki die deutsche Gesellschaft für ethische Kultur gründeten, erklärte Häckel, die Aufgabe, eine neue Ethik mit den Mitteln der exakten Wissenschaft zu schaffen, sehr wohl übernehmen zu können. Es gab das einen starken Antrieb, entmetaphysizierte, mystiklose Ethiken zu schaffen. Es sind alles wurzellose Bäume, denn es fehlt ihnen die Sanktion, die durchschlagende willenbewegende Begründung. Man kann auch sagen, es fehlt ihnen das prophetische Element. Es sind darum alle Versuche, sie in praktischen Kleinbetrieb zu übernehmen, gescheitert. Schon unsere religiösen Kirchenpredigten leiden zum großen Teil daran, daß sie zuviel ethisieren, statt die Religion als Trieb zu pflegen, die Freude an Gott, die Ehrfurcht vor den großen Geheimnissen, die Hoffnung auf sie zu pflegen. Sie sind nicht mystisch genug. Und nun gar rein ethische Predigten mit dem ausschließlichen ständigen Inhalt: wir wollen gut und brav sein — das ist ja zum Davonlaufen. Derartige Betrachtungen eignen sich sehr gut zu einmaligen aufklärenden Vorträgen. Aber wenn es einmal gesagt ist, oder ein paar Mal, dann ists aus mit dem Interesse. Es hat keine Kultuskraft. Die ist nur da, wo die Mystik des menschlichen Willens, sein Unmittelbares, das aus dem geheimnisvollen Mutterschoß der Ewigkeit und Unendlichkeit aufsteigt, zu seinem Rechte kommt.

Es ist erstaunlich, wie gewalttätig die Denker vorgehen, wenn sie die mystische Begründung der Ethik beseitigen wollen, wenn sie nicht weiter wissen oder vielleicht nicht weiter wissen wollen. Der Physiker Wilhelm Ostwald erklärt den der Ethik zugrunde liegenden Optimismus, die Überzeugung vom Werte des Lebens, für keiner Erörterung bedürfend, für selbstverständlich. Der aus einem ganz anderen Geist geborene Friedrich Nietzsche belegt alle, die den Wert des Lebens fragwürdig nehmen, mit seinem großen Bann — ganz wie die katholische Kirche mit ihr unbequemen Meinungen verfährt. Sic volo sic jubeo. Stat pro ratione voluntas. Andere wenden ein anderes aber gleich radikales Mittel an, um die Brüchigkeit der unmystischen Moralsysteme zu heilen. Sie leugnen rundweg die Notwendigkeit der Sanktion der Moral. Compayré lehnt die Frage nach der Begründung der Moral mit diesen Worten ab: „Was in der Tat am wichtigsten erscheint, das ist nicht so sehr der Beweggrund, um dessentwillen man das Gute tut, oder die Ursache, warum man seine Pflicht erfüllt, sondern ganz einfach, daß man das Gute tue und seine Pflicht erfülle." Felix Adler behauptet, daß die Begründungen des Sittlichen geradezu überflüssig sind. Es ist nur schade, daß alle Versuchungen, die an den Menschen herantreten, sich so trefflich zu begründen wissen. Deutlicher kann man darum seine Verlegenheit und seine Ohnmacht nicht eingestehen.

Wo liegt der Fehler? Es ist zweifellos die Aufgabe des Menschen, das Leben so weit wie möglich zu rationalisieren, auch den Versuch dazu immer wieder zu erneuern und zu erweitern. Aber darum bleibt doch das Leben im Kern ein Geheimnis, ein Mysterium. So braucht der Mensch eine Methode, mit dem Mysterium fertig zu werden. Das ist die Mystik. Wenn nun, wie es doch der Fall ist, die Ethik aus der Fülle und Tiefe des Lebens heraufsteigt, so bedeutet, die Ethik von der Mystik scheiden, soviel, wie die Funktionen des Herzens von denen der Lunge trennen zu wollen. Es bedeutet, dem Baum seine Wurzeln nehmen und dann noch verlangen, daß er Früchte trägt. Die heutige verselbständigte Ethik ist ein wichtiges Gebiet der Lebenskunde, aber allein aus sich dem Menschen die nötige Lebenskunst zu schaffen, vermag sie nicht.

Der geistige Besitz, den die Moderne vor der Antike voraus hat, ist die exakte Wissenschaft. Gewiß hat auch der antike Mensch schon eine reiche Naturerfahrung gehabt. Aber der moderne Mensch erst hat diese praktische Naturerfahrung systematisiert, er hat die durchgehende naturgesetzliche Gebundenheit des Naturgeschehens erkannt und damit die exakten Wissenschaften geschaffen. Es ist ein ungeheurer Fortschritt, in seiner Art unvergleichlich. Ein gewisses Wissen hat der Mensch erst, seitdem es eine exakte Wissenschaft gibt. Daran wird auch durch den Umstand nichts geändert, daß auch das exakte Wissen kein endgültiges ist, sondern ein sich wandelndes fortschreitendes. Zu jeder Zeit ist das, was es an Ergebnissen der exakten Wissenschaft gibt, das Gewisseste, was der Mensch hat. Auch der wissenschaftlich uninteressierte Mensch — und das ist die übergroße Mehrheit der Menschen — erprobt täglich und stündlich in der Technik des Lebens, die nichts anderes ist als angewendete Naturwissenschaft, ihre unbedingte Zuverlässigkeit. Erst mit Hilfe der exakten Wissenschaften kann man auch die Grenzen der Wissensmöglichkeiten bestimmen, kennt also ebenso zuverlässig sein Nichtwissen. Auch jeder, der die von den Vertretern der Naturwissenschaft behauptete Allgenugsamkeit der Naturwissenschaft zur Erfüllung und Beherrschung des Gesamtlebens nicht anerkennt, sondern nur ihre Souveränität auf ihrem Gebiet, dessen Grenzen sie sich durch die Eigentümlichkeit ihrer Arbeitsmethoden selbst setzt, auch er muß die Ergebnisse der exakten Wissenschaften immer an erste Stelle rücken. Es ist der sicherste Schutz vor Irrtümern, den wir besitzen. Hier hat man granitenen Boden unter den Füßen. Die Methode der sinnlichen Beobachtung und des Experimentes ist die beste, um Gewißheit zu erlangen. Die moderne Philosophie hat an der exakten Wissenschaft einen sicheren Ausgangspunkt, eine treffliche Orientierung, eine ständige Kontrolle. Will man die Sache so ansehen, als sei die Philosophie nur eine nun einmal leider unentbehrliche Ergänzung der exakten Wissenschaft, so ist nichts dagegen zu sagen. Man kann der Mentalität des modernen Menschen, der auf die exakte Wissenschaft schwört und alles von ihr erwartet, gar nicht genug entgegenkommen. Je unbedingter man der exakten Wissenschaft den Vortritt bei Lösung aller Probleme läßt, um so sicherer kann man dann feststellen, daß sie sehr bald nicht weiter kann. Es stellt sich dann sehr bald heraus, daß die wichtigsten Urteilsentscheidungen, die der Mensch braucht, um im Leben und dem Leben gegenüber eine feste Position zu gewinnen, ihm von der exakten Wissenschaft nicht an die Hand gegeben werden können.

Nur eins darf man der exakten Wissenschaft nicht zugestehen, was tatsächlich verlangt wird, nämlich, daß die exakte Wissenschaft selbst bestimmt, was ein Problem ist, also eine zu Recht bestehende Frage. Das Leben ist umfassender als die exakte Wissenschaft. Das Leben legt die Probleme dem Menschen souverän selbst vor und fragt dabei nicht nach den von ihm für gut befundenen Erkenntnismethoden. Das Leben und seine Probleme sind viel älter als die exakten Wissenschaften. Die Methoden des Menschen, mit den Problemen fertig zu werden, neben und vor der exakten Wissenschaft, kann man mit dem Ausdruck Erfahrungsrat zusammenfassen. Die Menschheit verdankt ihm Ungeheures, ja das Beste.

Ich stelle jetzt die Probleme fest, die manche — natürlich nicht alle, aber angesehene und gern gehörte — Vertreter der exakten Wissenschaft ständig zu disqualifizieren versuchen.

Das Besondere des Menschen ist, daß er ein denkendes, urteilendes Wesen ist. Zu den Urteilen des Menschen gehören die Werturteile. Das wichtigste Urteil, das dem Menschen zugemutet wird, ist die Antwort auf die Frage: Hat das Leben einen Wert? Kann es wenigstens unter Umständen einen bekommen? Was würde eventuell dieser Wert sein? Da das Leben aus Trieben besteht, sind alle Werte Triebbefriedigungen. Alle Triebe des

Menschen fassen sich bei ihm in einer Einheit zusammen, die wir Lebenstrieb nennen. Die Frage: Hat das Leben einen Wert? setzt sich also um in die andere: Findet der Lebenstrieb des Menschen seine Befriedigung? Findet er sie immer, unter allen Umständen? Wenn nicht, kann er sie finden? In welcher Abhängigkeit vom Schicksal? In welcher Abhängigkeit von sich selbst? Der Lebenstrieb wird vom Menschen kraft seines Urteils und Denkvermögens in viele einzelne Triebe zergliedert. Den einzelnen Triebbefriedigungen gehen beim Menschen die einzelnen Triebbewertungen voraus, zur Seite und nach. Kann die exakte Wissenschaft die Methode angeben, nach der der Mensch seine einzelnen Triebe bewerten muß? Ist die Triebbetonung ganz dem subjektiven Ermessen des einzelnen überlassen oder gibt es einen objektiven exaktwissenschaftlichen Maßstab für sie? Gibt es ein höchstes Gut? Kann die exakte Wissenschaft dieses mit ihren Methoden nachweisen? Kann die exakte Wissenschaft eine Rangordnung der Triebwerte aufstellen?

Alle nötigen Fragen zu stellen, ist hier nicht möglich. Ich greife nur noch zwei Probleme heraus. Erstens die Befriedigung des Denktriebes, den übrigens nicht nur die exakte Wissenschaft, sondern jede Wissenschaft als Haupttrieb und eigentlich allein wesentliche Lebensoffenbarung zu nehmen pflegt. Hat das Wissen, das gewisseste Wissen, das es gibt, also das der exakten Wissenschaft, einen Wert — abgesehen von seiner praktischen Nutzbarkeit — einen über das Leben wirklich wesentlich orientierenden Wert, wenn es doch erstens ein nur relatives, zweitens ein beschränktes, drittens ein immer nur vorläufiges und überholbares ist? Das zweite Problem ist die Frage um das bleibende Geheimnis. Wir können nicht einfach sagen: Was ich nicht weiß, was ich meiner und seiner Natur gemäß nicht wissen kann, macht mich nicht heiß. Es ist eines unserer größten Erlebnisse, daß wir soviel Fragen haben, auf die wir keine Antworten wissen und daß wir ständig neue große Fragen entdecken. Das Geheimnis ist unser ständiges großes Erlebnis. Und wir konstatieren es nicht bloß, wir müssen es auch, wie alles, bewerten!

Wir kennen das Verhältnis des Geistes zur Materie nicht. Wir erleben die innere Welt, aber wir können ihre Natur nicht erkennen, wie wir die Welt der Materie erkennen. Unser Leben ist als ein Ganzes ein völliges Geheimnis für uns, wir kennen seine letzten Gründe nicht, noch seine letzten Ziele, noch seine letzten Zusammenhänge — und sollen doch ja oder nein dazu sagen! Die Wissenschaft, auch die exakte, sieht sich genötigt, das Seiende auf ein letztes Prinzip zurückzuführen. Sie nennt es „die Natur", „den Allwillen", „das Schicksal", nicht Gott. Was tut der Name? Jedenfalls müssen wir doch auch dies oberste Prinzip bewerten. Denn davon hängt doch wieder die Bewertung des Lebens ab. Wie sollen wir es bewerten?

Kann die exakte Wissenschaft all diese Probleme als zu Recht bestehende Fragen lösen? Sie kann es nicht. Ihr Gebiet ist einzig das Seinsurteil. Vom Werturteil ist sie ausgeschlossen, vielmehr schließt sie sich selbst aus. Die exakte Wissenschaft ist nur so weit anwendbar, wie sie selbst ihre Methoden der sinnlichen Beobachtung und des Experimentes anwenden kann.

So braucht der Mensch eben noch eine andere Art, um

sich mit der Welt und dem Leben abzufinden. Er braucht neben den exakten Wissenschaften die Geisteswissenschaften und die Mystik.

Namhafte Vertreter der exakten Wissenschaften haben die Geisteswissenschaften papierene Wissenschaften genannt. Wer den Begriff der Wissenschaft so eng fassen will, daß nur die exakten Wissenschaften darunter fallen, der mag es tun. Sicher sind die Geisteswissenschaften und die Mystik bewußte und methodische, organisierte Triebbetätigungen des Menschen, notwendig, weil konstitutiv für sein Wesen. Es ist ein Verdienst der exakten Wissenschaft, daß sie Pseudowissenschaften entlarvt, so die Alchimie, die Astrologie, in vielem den Spiritismus. Aber die Geisteswissenschaften behaupten sich, also z. B. die Ethik, die Psychologie, die Geschichtswissenschaft.

Das Objekt der Psychologie ist der sinnlichen Beobachtung nicht zugänglich, auch dem Experiment nur in sehr geringem Maße, wie die Ergebnisse der physiologischen Psychologie zeigen. Die Ethik ist die Wissenschaft vom Willen, den Trieben und den Wertungen, sie baut auf die Psychologie auf. Von der Psychologie und der Ethik ist die Geschichtswissenschaft abhängig. Sie ist aber eine selbständige Größe und macht auch diesen beiden Wissenschaften die größten Schwierigkeiten. Denn Ethik und Psychologie wahren ihren wissenschaftlichen Charakter noch dadurch, daß sie am wiederholbaren Objekt arbeiten. So haben sie das Kennzeichen der Wissenschaft, die Gesetzmäßigkeit, das generelle Urteil. Diese Bestimmung ist auf die Geschichte nicht anwendbar. Sie ist die Wissenschaft vom Unwiederholbaren. Das Bedeutsame an ihr, für sie, ist das einmalige eigenartige Einzelgeschehnis. Man kann auch geschichtliche Einzelgeschehnisse zu gleichartigen Reihen zusammenstellen, indem man in allem einen gemeinsamen Zug betont und vom übrigen absieht. So kann man im geschichtlichen Geschehen viele Gesetzmäßigkeiten festzustellen versuchen, etwa sogar ein Zahlengesetz in der Völkerreizbarkeit. Aber gerade das Wesentliche der Geschichte ist das nicht, sondern das ist das absolut Originelle des Einzelereignisses. Im Sinne der Geschichte ist es bedeutsam, daß einmal ein Kopernikus, einmal ein Darwin, einmal ein Thomas von Aquino, einmal ein Luther seine große Wahrheit fand oder zu finden glaubte, nicht, daß sie nun millionenmal wiederholt und tausendmal angewendet wird. Ethik, Psychologie und Geschichte können nicht exaktwissenschaftlich behandelt werden, und sind doch, und zwar als Wissenschaft, der Menschheit unentbehrlich.

Und auch die Mystik bleibt unentbehrlich. Die Ergänzungsbedürftigkeit nicht nur der exakten Wissenschaften, sondern aller Wissenschaften zur Bildung einer Weltanschauung und Lebenskunst zeigt sich in der Tatsache des bleibenden Geheimnisses. Gerade im Gegensatz zur Scheinaufklärung betont die ernste Wissenschaft ständig ihre Grenzen. Unser Fragen nach der Herkunft der Dinge führt uns überall sehr bald in absolutes Dunkel. Niemand kann die Fragen beantworten, wie Bewußtsein entsteht und vergeht, aus welchen geheimnisvollen Tiefen das heraufkommt, was wir zum einen Geist, zum anderen Materie nennen. Die Wissenschaft weiß absolut nichts über die Transsubstantiation von körperlichen Empfindungen in geistiges Leben zu sagen, wie also in Bewegung gesetzte Neurocerebralsubstanz bald diesen, bald jenen Innenzustand, den wir als Bewußtsein erleben, schaffen kann, wie also etwa ein optisches Bild in ein innerliches Wahrnehmungsbild sich verwandelt. Ein anderes Beispiel: wir stellen Lust und Schmerz als die Grundformen unseres Gefühls durch unmittelbare Selbstwahrnehmung fest, aber wir können sie nicht weiter definieren usw. Jede Wissenschaft hat also Voraussetzungen, die sie nicht mehr beweisen kann. Sie muß sich bei einem Letztgegebenen beruhigen, hinter das sie mit Begriffen nicht zurückgehen kann.

Man kann nun schließen: also beruhigen wir uns dabei. Aber die Sphäre des möglichen Wissens ist ja auch ständiger Beunruhigung ausgesetzt. Erstens ist unser Wissen nur ein relatives. Das ist eine Erkenntnis, die schon lange vor Einstein gemacht ist. Wir erkennen die Welt so, wie wir sie erkennen, weil unsere Augen, Ohren und anderen Sinne so und so eingerichtet sind und unser Verstand so und so eingerichtet ist. Unser Wissen ist damit wohl ein Wissen, aber doch nur ein sehr beschränktes. Es ist beschränkt auf die auf uns vollziehbaren Wirkungen seitens der Umwelt, ja es ist identisch mit ihnen. Zweitens ist unser Wissen immer nur ein vorläufiges, das ständig erweitert, aber auch korrigiert werden kann. Wir aber müssen unsere irdische Existenz auf Grund dieses vorläufigen Wissens endgültig verwerten. Diese Dissonanz wird von feinnervigen Menschen überaus schwer empfunden. Das Verhältnis der Natur zum Menschen ist bezüglich des Wissens dasselbe, wie das eines Souveräns zu seinem Gesandten bei einem fremden Staat. Jener sagt ihm nur soviel, als er braucht, um seine Mission zu erfüllen. Hat das Leben überhaupt einen Sinn, so kann der letztlich nicht in dem Wissen des Menschen gefunden werden, sondern nur in dem jedesmaligen Lebensauftrag, zu dessen Erfüllung den Menschen unter anderem auch das jedesmalige Wissen als ein Stück seiner Ausrüstung befähigt. Drittens ist das Geheimnis des Lebens nicht im Abnehmen, sondern im Wachsen. Das Geheimnis wächst mindestens proportional der Zunahme der Forschungsergebnisse. Ja das reicht gar nicht. Jedes Problem, das wir lösen, zieht einen Vorhang auf, hinter dem zwei oder zehn oder mehr noch neue Probleme in unseren Gesichtskreis treten. So geht es fort. Gerade darin erweist sich die ungeheure Fruchtbarkeit der Wissenschaft, besonders der exakten. Nicht ihre Forschungsresultate, sondern ihr Forschen selbst ist ihre eigentliche wahre Größe. Ich lasse einen Vertreter der Wissenschaft für alle reden: Jodl sagt in seiner Psychologie (S. 543): „Erfahrung und Denken lassen hinter jeder scheinbar erreichten Grenze neue Rätsel und neue Welten ahnen, und so ist jedenfalls für uns die räumliche Gliederung der Realität (Involution) ebenso schrankenlos wie die räumliche Ausbreitung (Evolution), der Mikrokosmos ebenso unfaßbar wie der Makrokosmos, das All im Weltenraum wie im Wassertropfen und der Zelle. Nicht nur aus dem Anblick des gestirnten Himmels — aus jedem Stäubchen der Materie blickt dem denkenden Geist das große fragende Auge der Unendlichkeit entgegen."

Die exakten Wissenschaften greifen allerdings durch immer neue Hypothesenbildung ständig noch hinüber in die Geheimnisse des Seins und des Lebens, aber in dem Augenblick hört dann die exakte Wissenschaft auf exakt zu sein, und Geheimnis und Mystik reichen ihrerseits in die exakte Wissenschaft hinein. Immer gewaltiger und kühner werden die Grundhypothesen der exakten Wissenschaften, immer bedenklicher aber zugleich — vom Standpunkt der Wissenschaft aus — ihre Verstrickungen in das ewige Geheimnis. Ich brauche nur das eine Wort Atomtheorie auszusprechen.

Den Vertretern der Mystik fehlt leider oft die Kenntnis dieser Tatsachen und damit die Erkenntnis, daß sie ihren Gegnern, die der Mystik die Existenzberechtigung absprechen, durchaus ebenbürtig und gewachsen sind. Sie fürchten darum die letzte Klarheit, die ihnen in Wahrheit aber nur Nutzen, die ihnen den Sieg bringt. Andere haben aus volkspädagogischen Bedenken nicht den Mut zur Konsequenz. Beides ist falsch.

Noch glauben die Kirchen und Religionen ohne Reservatrechte der Wissenschaft gegenüber, ohne künstlich gemachte Geheimnisse und Finsternisse nicht auskommen zu können. Noch machen sie immer von neuem den unmöglichen und zugleich völlig unnötigen und überflüssigen Versuch, den Wissenschaften, besonders den exakten, ein Stückchen Terrain wegzunehmen oder abzuhandeln. Als ob die Mystik das nötig hätte. Als ob nicht das Gebiet der Mystik ein unendliches wäre! Wie der Astronom kein Interesse daran hat, sich in den Kampf um Landbesitz zu mischen, um sein Fernrohr aufstellen zu können, so mischt sich der Mystiker nicht in die von der exakten Wissenschaft zu leistende Arbeit der Feststellung des Seienden. Er nimmt diese Wirklichkeit hin und stellt dann sein Teleskop auf, mit dem er in die innere Welt des Bewußtseins, des Wertens, des Geheimnisses, der Unendlichkeit hineinschaut, welche Welt doch nun einmal da ist, in der sich zurecht zu finden, mit der sich abzufinden die Aufgabe des Menschen bleibt, auch wenn sie den Methoden der exakten Wissenschaft nicht zugänglich ist. Die Parole, unter der die Mystik siegt, lautet: Wissen ist besser als glauben, darum so wenig glauben wie irgend möglich, jedem Zweifel Raum geben bis ans Ende. Um so erschütternder ist es dann, wenn dem widerstrebenden aber ehrlichen Menschen die Notwendigkeit der Mystik, ihr Dasein, ihre Macht sich offenbart. Also der Anspruch der exakten Wissenschaft auf Allgenugsamkeit zur Bildung von Weltanschauung und Lebenskunst ist auf Grund eines vorurteilslosen klar durchgeführten Denkprozesses abzuweisen.

Wir haben den religiösen Illusionismus noch nicht überwunden und werden ihn ganz wohl nie überwinden, da hat sich bereits ein neuer, ein wissenschaftlicher, besonders exaktwissenschaftlicher Illusionismus gebildet. Illusionismus ist jede Einmischung von Wunsch und Willen in die Wirklichkeitsfeststellung. Illusionismus ist organisierter Irrtum. Auf allen Gebieten entfaltet er seine Macht. Auch Sozialismus und Kommunismus sind in der unreifen Form, in der sie heute oft auftreten, Illusionsprodukte. Die Illusion steckt bei ihnen in der falschen oder unzureichenden Psychologie, die sie den Systemen zugrunde legen, in der falschen Psychologisierung der Systeme. Die Verwechslung von Ideologie und Idealismus ist eine Gefahr. Die Kommunisten, wenigstens bestimmte Richtungen unter ihnen, beschließen, es soll keine Selbstsucht mehr geben. Die Pazifisten beschließen, es soll keinen Krieg mehr geben. Man kann ebenso beschließen, es soll keine Krankheiten mehr geben. Diese letzten Dinge sind unserem Einfluß entzogen. Es gilt bescheidener zu sein in seinen Zielen. Es gilt die Mittelglieder nicht zu vergessen und die Voraussetzungen zu schaffen, dann fällt der Menschheit einmal das Letzte von selbst zu, das Letzte, das gewiß die Sehnsucht aller Menschen ist.

Endlich ist auch der sich an der exaktwissenschaftlichen Forschung orientierende Agnostizismus, der Verzicht also auf alle wissenschaftlich nicht kontrollierbare Urteilsbildung, abzulehnen. Eine versteckte Hypothesenbildung über Wert oder Unwert des Lebens schleppt er ja doch immer mit sich.

Der nächste Versuch, mit dem wir uns auseinanderzusetzen haben, ist der Versuch einer rein ästhetischen Lebensorientierung. Jedes wirkliche Kunstwerk ist der Ausdruck eines inneren Erlebnisses und seiner Wertung. So liegt aller Kunst in der Tat Lebenskunst zugrunde. Wir wollen aber hier nicht nur im allgemeinen die Bedeutung der Lebenskunst feststellen, sondern die rechte, die beste, also eine normierende Lebenskunst. Die braucht der Mensch. Die Künste aber suchen nicht das objektiv Gültige, sie sind subjektiv. Sie geben Leben, Material des Lebens, das interessanteste, das auserlesene, das „gedichtete" Leben. Sie bereichern unsere Anschauung, unser Wissen um das menschliche Leben, wie es ist, taugen aber nicht zur Orientierung im Leben.

Es wird auch an ihrer Verwendbarkeit für diesen Zweck dadurch nichts gebessert, daß man eine Ergänzung der Wissenschaft in ihnen sieht. Sehen wir uns den berühmten Ausspruch unserer Klassiker an, die große Kanone gegen alle Mystik, die immer aufgefahren wird, wenn man die Überflüssigkeit der Religion beweisen will:

Wer Wissenschaft und Kunst besitzt, hat Religion.

Wer Wissenschaft und Kunst nicht besitzt, der habe Religion.

Wer Wissenschaft und Kunst im Sinne Schillers und Goethes hat, hat auch Religion, wie Schiller und Goethe das zeigen. Aber allgemeingültig ist das Wort keineswegs. Es ist ein dichterisches Stimmungswort, ein polemisches Wort, das nur unter sehr großen Vorbehalten eine gewisse Wahrheit ausdrückt. Der durch und durch naturhafte und dabei doch durch und durch mystische Goethe, der größte Lebenskünstler der Moderne, sagt ein anderes Mal:

Jüngling, merke dir bei Zeiten,
Daß die Muse zu geleiten,
Doch zu leiten nicht versteht.

Die Helden in „Das Bild des Dorian Grey“ von Oskar Wilde haben gewiß eine Lebenskunst, eine raffinierte, aber zugleich eine entsetzliche. Der Ästhet vergißt oder sucht zu vergessen, daß es in bezug auf alles, auch das Ethische einen objektiven Willen in den Dingen gibt. Und das geht eben nicht.

Ich muß nun auch den Versuch des Sozialismus, bzw. des Kommunismus, allein und vollständig die Erfüllung des Lebens zu sein, erwähnen — nicht nach innerem Recht, nur wegen ihrer Bedeutung und der Vollständigkeit wegen. Ähnlich wie von der exakten Wissenschaft ist von hier aus der Versuch gemacht worden, alle

Probleme des Menschen zu disqualifizieren, die nicht in ihren Rahmen passen. Der Sozialismus hat bisher jeden ernsten Hinweis darauf hin, daß man Gesinnung als notwendige Ergänzung zu guten Gesetzen und Einrichtungen schaffen müsse, und ebenso jeden Versuch, eine moderne Mystik zu schaffen, als mindestens überflüssig abgelehnt. Als nun mit der Revolution die Stunde der Erprobung und Entscheidung kam, hat der Sozialismus versagt. Das liegt nicht nur an den schlechten äußeren Bedingungen, die Deutschland zurzeit für derartige gewaltige Experimente bietet, es liegt mehr noch an den fehlenden inneren Bedingungen. Es fehlte im Volke überall, in allen Schichten, nicht zum wenigsten auch im Arbeiterstande, die den Einrichtungen entsprechende soziale Staatsgesinnung. Dieser ethische Mangel stammt aus dem Verzicht auf die Hilfe der Mystik. Vielleicht lassen uns die Kommunisten dieselbe Erfahrung noch einmal machen. Ideologen lernen schwer. Dann gibt es wieder Enttäuschung, Blut und Tränen und Rückschritt statt Fortschritt. „Der Mensch lebt nicht vom Brot allein“ — das ist eine ewige und ganz realistische Wahrheit. Wohl aber hat der Sozialismus darin recht, daß zuerst das Brot da sein muß. Die höheren Triebe können erst gedeihen, wenn die einfachen zuvor befriedigt sind. Die Kultur ist das Ergebnis des Überschusses an Kraft und des Überflusses an Gütern. Sie setzt Zivilisation voraus. Das ist eine der größten sowohl biologischen wie ethischen wie geschichtlichen Grundwahrheiten, mag sie auch noch soviel Ausbau und Einschränkung nötig haben. Die wichtigste Einschränkung besteht in der Genügsamkeit. Bei schmaler Kost ist die Kultur meist besser gediehen als in der Üppigkeit. Eine allumfassende Lebenskunst jedenfalls kann der Sozialismus, der nur einen, wenn auch noch so wichtigen Trieb vertritt, nicht schaffen.

Ich glaube nun gezeigt zu haben, daß die großen willenbestimmenden Lebensmächte in der Vereinzelung das nicht leisten können, was wir zur Erfüllung der Lebensaufgabe unbedingt geleistet sehen müssen.

Wir brauchen von neuem eine Zusammenfassung aller wichtigen Erkenntnisse aller verschiedenen Wissenschaften und aller Lebenspraxis unter eine Lebenseinheit zur Schaffung eines einheitlichen starken Lebenswillens. Ich kann es nun bestimmter, gegenständlicher ausdrücken. Diese Lebenseinheit heißt Lebenskunst, und zu ihrem Aufbau brauchen wir die exakten Wissenschaften, die Geisteswissenschaften, die Kunst und die Mystik. Von der Lebenspraxis habe ich im einzelnen nur noch den Sozialismus genannt, obgleich zu ihr natürlich noch sehr viel andere Lebensbetätigung gehört. Aber es ist mit den übrigen praktischen Lebensmächten eine prinzipielle Auseinandersetzung nicht nötig, da sie keine universellen Ansprüche auf Alleinberücksichtigung bei der Bildung von Weltanschauung und Lebenskunst stellen.

Ich kann diese einleitende Ausführung nicht ohne einen Nachsatz schließen. Da mein Gegenstand nicht wissenschaftlich theoretische, sondern praktische Natur hat, so muß ich auf die großen Wucherungen des Charlatanismus hinweisen, die in unserer so außerordentlich aufklärungsstolzen Zeit gar nicht am Platze zu sein scheinen. Der Charlatanismus hat ein scharfes Auge für die Schwächen und Lücken einer Kultur. Er erweist sich der heutigen Wissenschaft an Wirklichkeitssinn und Wirklichkeitserkenntnis in dem Punkte überlegen, daß er sieht, daß das Leben in der Hauptsache ein Geheimnis ist und bleibt, und daß diese Tatsache für das menschliche Bewußtsein von ungeheurer Bedeutung bleibt. Und ein Zweites: In der Masse des Volkes ist zwar wenig klare Erkenntnis aber viel starkes Gefühl dafür vorhanden, daß die heutige Zivilisation ihre Erfolge auf Kosten der Kultur schafft, daß man allgemein das Wichtigste vergessen hat, das Studium, die Pflege und die Förderung des menschlichen Wesens, daß es deshalb an starken inneren Kräften fehlt, die trösten, die Lebensfreude bringen, die den Willen organisieren können. Der Charlatanismus verspricht das und macht sich anheischig, auf neuen geheimnisvollen, aber letztlich unmöglichen Wegen, mit neuen geheimnisvollen, aber letztlich unmöglichen Mitteln in das Innere des Menschen einzudringen, um das Fehlende zu schaffen. Daher der Zuspruch, der Zulauf, den er findet. Es ist trotzdem ausgeschlossen, daß ein Volk wie das deutsche, ein Volk von so starkem intellektuellem Gewissen bis zur ausgesprochenen Skepsis hin, ein Volk von seiner geistigen Vergangenheit sich von diesen Händen mit einer neuen Pseudolebenskunst beschenken läßt.

Sowohl um die Lücken der Lebenskenntnis und Auffassung auszufüllen, die die Wissenschaft läßt, wie um den Charlatanismus abzuwehren, brauchen wir eine gesunde, d. h. eine mit allen übrigen Kulturfaktoren ausgeglichene neue Mystik.

Lebenstechnik und Lebenskunst.

Ich habe die gesuchte Lebenseinheit in eine zu schaffende Lebenskunst gesetzt. Dies Wort trägt durch sich selbst jedem Hörer eine reiche Vorstellungswelt zu. Ich hoffe, daß durch die bisherige Ausführung der Begriff bereits soweit gestaltet ist, daß die Mißdeutung in Lebensroutine oder in irgendein savoir vivre ausgeschlossen ist. Ich hoffe, daß der Begriff von Seite zu Seite an Klarheit gewinnen wird, und daß das Endergebnis der Arbeit seine feste Prägung sein wird.

Ich sehe in diesem Begriff die Erfüllung des Lebens, die Erfüllung der Gesamtaufgabe, die das Leben durch sich selbst stellt. Das Wort Lebenskunst hat keine große geschichtliche Vergangenheit, ist darum aber auch nicht wie die Begriffe Religion und Ethik mit vielen hergebrachten Vorstellungen belastet, mit denen man sich erst auseinandersetzen muß. Es scheint mir aber die Fähigkeit zu besitzen, wie diese, ein großes und umfassendes Erkenntniswort zu werden, und ein ebenso großes Normwort, ein Wort, das lehrend gibt und fordert. Ich möchte aus ihm ein großes Symbol machen, ein leicht verständliches Sigill, eine Losung, in der möglichst viele ernste Menschen ihre eigenen Ziele wiedererkennen und zusammenfassen können und zum Siege führen sollen.

Ich will einmal zeigen, daß und wie Lebenskunst irgendwelcher Art der wichtigste Inhalt alles Menschenwesens überhaupt ist. Ich will zum andern versuchen, die beste Lebenskunst zu finden und den Weg zu ihr zu zeigen.

Der Inhalt der Lebenskunst wird um so reicher sein, und sie um so zuverlässiger, je mehr es gelingt, die Erträge aller menschlichen Geistesarbeit dafür heranzuziehen. Wir sahen aber die starken Spannungen zwischen den einzelnen Geistesmächten, die bis zur gegenseitigen Verneinung gehen. Es wird darum alles darauf ankommen, den richtigen Ausgangspunkt und ein Ordnungsprinzip zu gewinnen. Der Ausgangspunkt kann nur der Mensch selbst sein und nicht etwas außer ihm, etwas, was er aus sich herausgesetzt hat. Das ist natürlich nur annäherungsweise möglich. Das Wissenssystem, das uns am ehesten den Menschen selbst gibt, ist die Psychologie. Die Aufgabe, die wir uns stellen, wird also wesentlich eine psychologische sein, aus der sich dann die ethische Aufgabe entwickeln wird. Das Ordnungsprinzip wird sich dann aus der ethischen Triebwertung ergeben. Das ist zunächst nur eine Behauptung. Ich hoffe aber den Beweis dafür zu erbringen.

Aber hat die Erkenntnis und Lehre für praktische Lebenskunst überhaupt eine Bedeutung? In der Tat, das Wort des großen Dialektikers Sokrates „niemand ist wissend schlecht" ist ein Irrtum, es enthält wenigstens einen großen Irrtum. Es hat die Überschätzung des Intellektualismus in die Menschheitserziehung hineingebracht. Die richtige Auffassung des Menschen ist die dynamische. Der Mensch ist ein Triebkomplex, ein Kräftekomplex. Gedanken sind an und für sich den Trieben gegenüber machtlos. Aber durch ihre Fähigkeit, die vorhandenen Triebe auszulösen, sie gegeneinander auszuspielen, genau so wie wir die Kräfte der äußeren Natur gegeneinander ausspielen, durch diese Fähigkeit können Gedanken über die innere Welt des Menschen allmächtig werden. Je mehr der Mensch die objektive Gewalt seiner Triebe über sich erkennt, um so mehr wird er die Wohltat der Vernunft und der Erkenntnis zugeben. Er wird aber auch erkennen, daß das Leben in seiner Tiefe in den Trieben besteht, daß die Triebbegabung sowohl Tatmöglichkeit wie Schicksalsmöglichkeit erst schafft. Die Vernunft ohne Triebe ist ein General ohne Heer. Die Triebe ohne Vernunft sind ein Heer ohne Führer. Also gibt es eine Lehre der Lebenskunst. Wer sie sich angeeignet hat, hat darum noch keine Garantie, daß ihm die Lebenskunst selbst gelingt. So oft sind ja die besten Schüler und Studenten nachher im Leben in ihren Leistungen äußerst mittelmäßig. Aber niemand wird deshalb Schule und Universität für unnütz erklären. Die Aufgaben, die im Kriege und in den Gefahren des Lebens der körperlichen Anpassungsfähigkeit gestellt werden, sind ganz andere wie die in einem Turnsaal verlangten. Und doch wird niemand das Turnen für unnütz erklären. In diesem beschränkten Sinn ist die Tugend oder die Lebenskunst also doch lehrbar. *Psychologie und ethische Lebenskunde* sind, wie diese Arbeit zu zeigen versucht, die Grundlagen der Lebenskunst.

Die *Naturwissenschaften* haben die neuere Psychologie außerordentlich befruchtet. Der Versuch besonders, den Menschen in die Kette aller Geschöpfe einzugliedern, hat eine völlig neue Orientierung und neue Fragestellungen mit sich gebracht. Bei der faszinierenden

Wirkung des Gedankens ist aber äußerste Vorsicht geboten. Auf die Abstammungslehre einzugehen, bin ich nicht genötigt, da ich nur die Erlebniszusammenhänge des gegenwärtigen Menschen aufzuhellen versuchen will. Nur die Nebeneinanderstellung der Geschöpfe interessiert in diesem Zusammenhange, nicht ihr eventuelles nacheinander. Aber auch da ist zu beachten, daß die Vertreter der Naturwissenschaften vielfach dazu neigen, tierisches und menschliches Leben im Interesse von Lieblingstheorien zu vereinerleien. Andererseits ist unverkennbar, daß die Vertreter der Geisteswissenschaften öfter aus Vorurteil und falscher Gemütseinstellung heraus die vielen Gemeinsamkeiten, auch des inneren Lebens, des Menschen mit der übrigen organischen Welt ableugnen oder in ihrer Bedeutung herabsetzen. Die Christen unserer Tage könnten von den Mystikern des Mittelalters, besonders von Franz von Assisi lernen, sich ihrer Verwandtschaft mit den übrigen Geschöpfen ihres Gottes nicht zu schämen. Man muß bei allen Vergleichungen aber streng darauf achten, daß man nur die Tatsachen zu sich reden läßt. Die Physiologie stellt der Vergleichung keine Hindernisse in den Weg, um so mehr aber die Wissenschaft, die die Welt des Bewußtseins aufzuhellen strebt, die Psychologie. Es ist sehr schwierig, sich vom Innenleben anderer Geschöpfe eine richtige Vorstellung zu machen. Es bereitet darin bereits ein Mensch dem anderen die größten Schwierigkeiten. Diese aber wachsen ins Unmeßbare, je unähnlicher die innere Einrichtung der Lebewesen uns ist. Man wirft deshalb der Tierseelenkunde beständig vor, daß sie anthropomorphisiere. Das muß natürlich vermieden werden, ist aber bis zu einem gewissen Grade unvermeidbar und auch unschädlich. Wir anthropomorphisieren ja die ganze uns gegebene Welt, uns selbst eingeschlossen, durch unsere Sinne und unsere Vernunft. Der Mensch ist nun einmal das Maß der Dinge für den Menschen. Sollen wir wegen der Gefahr des Anthropomorphisierens ganz auf die Erkenntnis des Innenlebens der Tierwelt verzichten? Das hieße das Kind mit dem Bade ausschütten. Es liegen hier zweifellos große Erkenntnismöglichkeiten, die auch die Selbsterkenntnis des Menschen einzigartig fördern. Die Tierpsychologie steht noch in ihren Anfängen, aber sie hat bereits Erfolge aufzuweisen. Bedienen wir uns ihrer.

Stellen wir zuerst fest, was das menschliche Innenleben mit dem der Tiere gemein hat.

Dies gemeinsame ist grundlegend die Triebbegabung. So verschiedenartig sie immer auftritt, ihr Grundcharakter ist unverkennbar und darum läßt sie sich überall als solche feststellen. Der Trieb ist Spontaneität, ist Eigenbetätigung. Er ist als solche das Grundelement alles organischen Lebens. Genauer: Trieb ist alles, was als innere Disposition zur Betätigung befähigt und auf irgendeine Auslösung hin zu ihr drängt. Diese Definition faßt alle Triebe zusammen von den Urtrieben der einfachsten organischen Wesen an bis zu den höchsten Geistestrieben des Menschen hin. Auch die höchsten Erzeugnisse des Menschengeistes, Religion, Kunst und Sympathie (d. i. die Liebe im Unterschiede von dem Geschlechtstriebe und dem sozialen Triebe) sind Trieberscheinungen. Man soll an solchen wissenschaftlichen Subsummierungen keinen Anstoß nehmen. Das Wertvolle einer Lebenserscheinung ist ja nie das, was sie mit anderen gemeinsam hat, sondern ist ihr Besonderes. In seinen Trieben erlebt sich jedes Wesen als etwas Besonderes, die Amöbe, deren Innenwelt nur in einem Nahrungs- und einem Fluchttrieb besteht, ebenso wie der Mensch. Die Entwicklung des Organischen besteht in der Aus- und Umgestaltung der Triebe. Die dadurch geschaffene Verschiedenheit ist eine ungeheure. Aber ob man eine Äußerung des Trieblebens nun als Reflexbewegung auffaßt oder als Instinkt oder als Trieb im engeren Sinne, in jedem Fall ist es Eigenbetätigung.

Die Frage des konsequenten Determinismus, der alle Eigenbetätigung auch beim Menschen leugnet und in allem Geschehen nur immer dieselbe Betätigung derselben Kraft oder desselben Willens sieht, scheidet zunächst bei dieser Betrachtung aus. Hier soll die Eigentümlichkeit alles Organischen festgestellt werden, die es einmal als eine Einheit zusammenfaßt und zum andern von der anorganischen Welt unterscheidet. Das ist die Eigenbetätigung im obigen Sinne.

Erst in zweiter Linie von Bedeutung ist die Anzahl der Triebe. Es braucht nur der Ernährungstrieb vorhanden zu sein. Schon bei den niedersten Tieren gesellt sich alsbald als zweiter der Fluchttrieb dazu. Es gibt Triebe der sinnlichen Wahrnehmungen, Sehen, Hören, Schmecken, Riechen, Fühlen, dazu noch andere, deren Feststellung uns kaum überwindliche Schwierigkeiten macht, da der Mensch sie nicht besitzt. Es gibt Triebe der Ernährung, der Flucht, des Schutzes vorm Wetter und vor Feinden, z. B. durch Mimikry, durch Maskierung, es gibt Triebe des Raubes, der List, der Reinlichkeit, der Fortpflanzung, der Brutpflege, des Familienlebens, der

Geselligkeit, der Wanderung, es gibt die eigentümlichsten Betätigungstriebe, etwa der Termiten, der Ameisen, der Bienen usw., endlich die Triebe, die nur der Mensch hat. Oft vereinigen sich Triebe in Kombinationen und Systemen. Auch die verschiedene Stärke des Triebbewußtseins bei den verschiedenen Geschöpfen bedeutet keinen grundlegenden Unterschied. Jeder Trieb stellt selbst Bewußtsein dar. Man muß aber das Triebbewußtsein scharf von einem Bewußtsein vom Triebe trennen, welches letztere seine Besitzer über den Trieb stellt. Wir müssen den Tieren, wenn wir sie in ihrer Eigenart gegenüber dem Unorganischen verstehen wollen, in irgendeinem Maße Bewußtsein zusprechen, ähnlich, wie wir es dem neugeborenen Kinde zusprechen, sobald es seine animalischen Funktionen verrichtet und sieht und hört. Die Stufe des fertigen Menschen besteht dann darin, daß er Bewußtsein vom Bewußtsein hat. Der Ausdruck ist klarer als der Ausdruck Selbstbewußtsein. Er mag wunderlich klingen, aber ich glaube nicht, daß man ihn entbehren kann. Man muß dem Tier Selbstbetätigung zusprechen. Ein Selbst ohne Bewußtsein gibt es aber nicht. Im Unterschiede wird man dann dem Menschen bewußte Selbstbetätigung zusprechen. So kommt der Ausdruck Bewußtsein vom Bewußtsein ganz natürlich zustande. Ähnlich sprechen die Psychologen schon lange von Bewußtseinserscheinungen erster, zweiter und dritter Ordnung. Aber zunächst gehört ganz allgemein zum organischen Wesen der Trieb und zum Trieb das Triebbewußtsein, ganz gleich, welchen Grades. Auch die durch den Trieb geschaffenen ganz verschiedenen Fähigkeiten ändern das Wesen der Sache nicht. Wir nennen höhere Triebe die, die zur Lösung höherer schwierigerer Aufgaben befähigen. Die individuelle Verschiedenheit der Triebbegabung erreicht beim Menschen eine mit der gleichen Erscheinung bei den Tieren kaum vergleichbare Höhe. Sie findet sich aber auch schon bei den Tieren und ändert darum an der Gemeinsamkeit der Grundtatsache auch nichts. Die gesamte organische Welt wird also durch die Triebbegabung zu einer Einheit zusammengefaßt.

Triebe sind schaffende Kräfte, sind die wunderbaren Werkzeuge, mit denen die Natur schafft, sie sind die Gnadenbegabungen des Lebens, sind das Leben selbst. Darum sind alle Triebe gut. Die Triebe bestimmen den Lebens- und Wesensinhalt jedes Geschöpfes, sie machen durch ihre Unterschiedlichkeit seine Originalität aus, sie sind zwar nicht allein sein Schicksal, aber doch die Grundvoraussetzung und die Begrenzung seiner Schicksalsmöglichkeiten. Der Mensch macht davon keine Ausnahme. Der Besitz von vielen und starken und seltenen oder wenigen und schwachen und gemeinen Trieben bestimmt in erster Linie den Inhalt jedes einzelnen menschlichen Lebens. Trieblosigkeit ist Lebensverödung auch beim Menschen. Ohne Triebe ist er eine Larve. In dem Schauspiel „Die Schwestern und der Fremde" hat ein Dichter — sein Name ist mir entfallen — einen solchen entsetzlichen Menschen geschildert, der auch dem Eros nach dem Kantischen Imperativ der Pflicht dient.

Die zweite Gleichheit aller organischen Wesen besteht darin, daß ihre Triebe und damit diese Wesen selbst, daß ihr Leben die Aufgabe hat, sich in der Welt zurechtzufinden und sich mit der Umwelt, mit seiner Umwelt irgendwie, etwa durch irgendeine Betätigung, durch Kampf, durch Herrschaft oder Dienst, z. B. in der Symbiose, abzufinden. So behaupten sie sich und finden ihre Befriedigung bzw. erreichen ihren Zweck. Jeder Trieb hat einen objektiven Zweck.

Die dritte Gleichheit ist, daß die verschiedenen Arten sich dabei besonderer Methoden, besonderer Betätigungssysteme bedienen, die wir Lebenstechnik nennen wollen im Unterschiede von der Lebenskunst. Daß ein solcher Unterschied besteht, muß natürlich noch bewiesen werden.

Triebbegabung, Triebbetätigung und Lebenstechnik finden sich bei allen organischen Wesen. Sie schließen den Menschen mit ihnen zu einer Einheit zusammen.

Stellen wir nun fest, wodurch das menschliche Innenleben von dem der Tiere sich unterscheidet.

Ich stelle das Wichtigste, Entscheidende an die Spitze. Der Mensch unterscheidet sich dadurch absolut von den Tieren, daß er eine ganz andere Stellung zu seinen Trieben hat. Genau genommen hat überhaupt nur der Mensch eine Stellung zu seinen Trieben, das Tier nicht. Das Tier ist wesentlich mit seinen Trieben identisch, und zwar jedes Mal mit dem Triebe, der gerade auftritt. Das Tier ist durch seine Triebe eindeutig bestimmt. Auch in ihm bedrängen die Triebe einander. Aber der, der die Oberhand gewinnt, gewinnt sie rein dynamisch, also nur, weil er unmittelbar durch sich selbst der stärkere ist. Es mischt sich kein übergeordnetes Allgemeinbewußtsein hinein. Das Tier erlebt sich allein in dem jedesmal herrschenden

Trieb und in dem Schicksal seines Triebes, das diesem bei seiner Auseinandersetzung mit der Umwelt zuteil wird. Die Tiere haben kein Allgemeinbewußtsein, darum keinen Trieb zur Triebordnung, also keine Ethik und kein Gewissen. Das Gewissen bedeutet nicht nur die Bewußtseinsgegenwart anderer Triebe neben dem gerade herrschenden. Diese haben manchmal auch die Tiere. Das Gewissen gehört zum Bewußtsein vom Bewußtsein und bedeutet die Unsicherheit in der bewußten Bewertung der verschiedenen Triebe. Die haben die Tiere nicht. Das Tatsachenmaterial, das hiergegen vorgebracht zu werden pflegt, bekommt seine scheinbare Beweiskraft durch falsche Auslegung. Bekannt ist das Beispiel von der Jagdhündin, die Junge hat: Der Herr geht mit der Flinte aus. Sie läuft ihm nach, kehrt dann aber zu ihren Jungen zurück. Sie wiederholt das unschlüssige Hinundherlaufen mehrfach, bis sie sich zum Bleiben bei ihren Jungen entschließt. Das ist eine rein dynamische Triebkollision. Der stärkere Trieb siegt. Der naschhafte Pudel, der ertappt wird, schämt sich nicht vor sich — das wäre ethisch — sondern vor seinem Herrn, mit dem er in Symbiose lebt. Er hat seine soziale Stellung verschlechtert. Daher die Galgenreue. Auch hier haben wir rein dynamische Triebkollision. Der Nahrungstrieb hat den sozialen Trieb verdrängt, bis der soziale Trieb beim Anblick des Herrn sich verstärkt wieder einstellt. Die Verwechslung des Triebordnungstriebes mit dem sozialen liegt besonders nahe, weil jener die gleichen Resultate liefert.

Dagegen hat der Mensch ein Allgemeinbewußtsein. Er erlebt deshalb nicht nur das äußere, sondern das innere Schicksal seiner Triebe. Neben oder über allen Einzeltrieben erscheint der Lebenstrieb in Selbständigkeit. Er erscheint als nebengeordnete Gewalt mit der Tendenz die übergeordnete zu werden. Man könnte ihn auch den Manteltrieb nennen. Dadurch werden alle Einzeltriebe Triebe zweiter Größe. Keiner vermag ohne weiteres herrschend aufzutreten. Im Blickpunkt des Bewußtseins stehen mindestens immer zwei Triebe, der Lebenstrieb und der jedesmalig sich vordrängende Einzeltrieb. Eine weitere Folge pflegt aber zu sein, daß alle Triebe sich ständig in irgendeinem Maße in den Blickpunkt des Bewußtseins drängen und Berücksichtigung vom Ich heischen. Hier wirkt zugleich die immense Kraft des menschlichen Gedächtnisses mit. Das Gedächtnis findet sich schon bei den Tieren. Aber erst der Mensch hat es so virtuos ausgebildet, daß es ständig eine Fülle von Vorstellungen präsentiert, die zugleich die Schwelle des Bewußtseins überschreiten oder doch ständig dicht davor stehen und, bald die eine, bald die andere, sie überspringen — so hier die anderen Triebe. Die Triebvorstellung pflegt den Trieb auch als Willensmacht herbeizuführen.

Was das Ich noch ist neben allen Trieben, ist schwer zu sagen. Es kommt bei dieser Ausdrucksweise leicht eine irrtümliche Verdopplung des Menschen heraus. Am besten sagt man: das Ich besteht in der dem Menschen gegebenen Möglichkeit, eigenwillig seinen Schwerpunkt in einen seiner Triebe zu verlegen und damit die anderen zu entkräften oder zu schwächen oder auch zu stärken. Das Verhältnis der Triebe zueinander ist sehr verschieden. Das Ich ist der Schwerpunkt des Menschen. Jeder sich innerlich regende Trieb ist an sich schon Bewußtsein, das Ich ist also Bewußtsein vom Bewußtsein, welches wir vorhin schon als das Kennzeichen des fertigen Menschen ansprachen. Die Frage, wie entsteht und vergeht Bewußtsein, ist unbeantwortbar. Dann ist natürlich auch die Frage unbeantwortbar: wie entsteht Bewußtsein vom Bewußtsein. Dann kann man letztlich auch nicht sagen, was das Ich innerhalb der übrigen inneren Lebenserscheinungen eigentlich ist. Aber als Erlebnis steht es fest. Man kann sich darauf berufen und kann mit dem Erlebnis-Ich in psychologischen Auseinandersetzungen arbeiten. Es offenbart sich uns als Trieb zur inneren Einheit, zu dem, was wir Persönlichkeit nennen. Die Persönlichkeit als neue Triebschöpfung im Menschen hat die Fähigkeit der eigenwilligen Triebbetonung, besteht wohl wesentlich nur in ihr. In dieser Möglichkeit der Selbstorganisation, in dem Besitze eines Mittelpunktes oder Schwerpunktes besteht die relative Freiheit, die den Menschen auszeichnet. Auch der Mensch hat keine absolute Freiheit. Das ist überhaupt eine unsinnige Vorstellung. Denn es würde Grundlosigkeit des Wollens bedeuten, was etwas Unmögliches wäre, oder etwas Entsetzliches, nämlich der Wahnsinn. Der Wille muß bestimmt werden, wenn er überhaupt in Erscheinung treten soll, und er gehorcht, weil selber Kraft, nur Kräften. Die verständige Überlegung wirkt immer nur indirekt dadurch, daß sie einem Triebe eine Empfehlung mit auf den Weg gibt, ihn stärkt, ihn in den Vordergrund schiebt. Kann die Überlegung keinen Trieb ins Feld führen, ist sie machtlos wie ein König ohne Soldaten. Aber eine relative Freiheit kommt dem Menschen zu, und diese hebt ihn von der Unfreiheit der Tiere klar und deutlich, groß und wichtig als eine neue Schöpfung ab. Diese Freiheit ist etwas wesentlich anderes wie die Spontaneität, zu deutsch die Eigentätigkeit, die das Tier von einer Maschine unterscheidet, und die die Psychologie jedem Tier vom Protozoon an, neben der Rezeptivität oder Empfänglichkeit zuerkennt. Denn diese Eigentätigkeit des Tieres wird durch den Einzeltrieb ausgelöst, während der Entschluß des Menschen durch eine Gesamtvorstellung von sich selbst, Bewußtsein vom Bewußtsein, und eine Gesamtbewertung des Lebens hervorgerufen wird. Soweit der Mensch wirklich Mensch ist, muß jeder Trieb ehe er den Willen in Bewegung setzt, erst das Gesamtbewußtsein passieren.

Was veranlaßt nun aber den Menschen, den erstaunlichen Versuch, seine Selbständigkeit gegen seine eigenen Triebe, also gegen sich selbst zu suchen, sich nicht der Eigenkraft der Triebe zu überlassen, sondern sie durch eigenwillige Betonung zu beherrschen zu suchen — was veranlaßt ihn, diesen Versuch wirklich auszuführen? Bald steigert er willkürlich einen Trieb, bald unterdrückt er ihn, bald läßt er ihn nur gewähren, bald auch sucht er ihn mit anderen Trieben auszugleichen, ganz wie ein kluger Herrscher die Interessen seiner Untertanen auszugleichen sucht. Warum tut der Mensch das?

Er erkennt die Bedeutung der Triebe, und zwar hat er eine doppelte Bedeutung erkannt.

Zum ersten erkennt der Mensch den Zweck der Triebe und damit ihren Zweckwert. Alle Triebe in der gesamten organischen Welt, auch die des Menschen, haben einen objektiven Zweckwert. Aber der völlig bewußte Mensch — es ist ein Zustand, in dem auch der normale Mensch sich durchaus nicht immer befindet — wird in jedem einzelnen Falle um seine Meinung gefragt, ob er den objektiven Zweckwert durch seine Zustimmung zum subjektiven machen will, oder ob er bei der ständigen Konkurrenz der Triebe den Zweck eines anderen Triebes für wichtiger hält, darum diesen Trieb auch höher bewerten und deshalb mehr betonen will und die Ansprüche des ersten zurückweisen.

Ein Landwirt läßt seine Söhne als Kriegsfreiwillige in den Kampf ziehen. Er schätzt den Zweckwert des Triebes zum Vaterland höher ein als den Zweckwert des Triebes der Liebe zu seinen Kindern. Der eine Zweck ist die Rettung des Vaterlandes; der andere Zweck ist die Erhaltung der Nachkommenschaft und der Arbeitskraft für sein Gut.

Die Triebe des Menschen sind nicht mehr blind, sondern sehend. Die Fähigkeit des Menschen, seine Triebe und damit sich in der Umwelt durchzusetzen, sich, wie wir sagten, in seiner Umwelt zurechtzufinden, und sich mit der Umwelt abzufinden, ist durch die Zweckbewertung so ungeheuer gestiegen, daß die Resultate, die der Mensch erzielt, mit denen der Tiere kaum noch verglichen werden können. Die ganze Zivilisation ist eine Folge dieser Fähigkeit. Immerhin eine Vergleichung der Ergebnisse des Trieblebens bei Mensch und Tier ist auf dieser Stufe noch möglich. Wir werden sie nachher durchführen. Es sind nur quantitative Unterschiede, wenn auch noch so gewaltige, aber keine qualitativen. Die **Zweckbewertung der Triebe führt über die Aufgabe, sich, also seine Triebe gegen die Umwelt durchzusetzen, und damit über die Lebenstechnik nicht hinaus.**

Die zweite Bedeutung der Triebe. Der Mensch erkennt also, wie wir feststellten, wie die Triebe durch ihren Zweck in sein Gesamtleben und in den Gesamtorganismus der Welt eingefügt sind. Damit aber, also mit der möglichen Unterscheidung von Zweck und Mittel, ist dem Menschen auch die Macht gegeben, seine Triebe, losgelöst von ihren Zwecken, zu betrachten, seine Triebe aus dem Zusammenhang der Dinge herauszutrennen und für sich zu bewerten. Es ist dies die gewaltigste und damit auch für ihn selbst gefährlichste Fähigkeit des Menschen.

Durch die Fähigkeit, seine Triebe zweckzubetonen, hat er die Macht bekommen, die Umwelt zu vergewaltigen, und er hat reichlich davon Gebrauch gemacht. Durch die Fähigkeit der Eigenbewertung und der Eigenbetonung — Eigenbetonung ist die Folge der Eigenbewertung — der Triebe kann er sich selber vergewaltigen, und er hat auch davon reichlich Gebrauch gemacht. Ein Beispiel genügt an dieser Stelle: nur der Mensch ißt, um zu essen und trinkt um zu trinken, ohne alles Sättigungsbedürfnis und ohne allen Sättigungszweck.

Aber die Erkenntnis des Eigenwertes der Triebe und ihre demgemäß vollzogene Eigenwertung machen den Menschen erst ganz zum Menschen, ermöglichen erst die eigentümliche menschliche Innenwelt. Ein Beispiel: Der Mensch hört, um zu hören, und schafft sich dafür die Musik, er sieht, um zu sehen, und schafft die graphischen Künste und die Skulptur. Die durch Eigenbewertung hervorgerufene Triebbetätigung hat ihren Zweck nicht außer sich, sondern in sich. Der Mensch arbeitet nunmehr durch seine Triebbetätigung an sich selbst, er schafft sich selbst. Der Mensch dient und lebt allein sich selbst. Der Mensch arbeitet durch Eigenbewertung seiner Triebe direkt und bewußt an sich, das ist das Neue. Denn auch jede Betätigung der Triebe, die durch deren Eigenkraft oder durch die Zweckbewertung, die der Mensch auf sie legt, zunächst nach außen wirkt, hat immer zugleich auch eine Rückwirkung nach innen, aber eine dem Geschöpf unbewußte. Es ist eine ganze Welt neuer Möglichkeiten, die dem Menschen durch die Fähigkeit, seine Triebe eigenzubewerten, erschlossen ist.

Aber, wenn der Zwang, auf äußere Erfolge zu sehen, den die Zweckbewertung der Triebe ausübt, fortfällt, fällt auch zugleich die wichtigste Kontrolle des Wertes der menschlichen Handlungen fort. Die Möglichkeit zur Verirrung ist bei der Eigenbewertung der Triebe riesig. Es muß darum für die Befriedigung des Triebes in sich selbst ein neues Ziel aufgestellt werden.

Dieses ist die Schöpfung und Ausgestaltung der Persönlichkeit.

Der Gedanke, der in diesem Satze steckt, bedarf natürlich noch eines intensiven Ausbaues. Dieser Gedanke ist der eigentliche Gegenstand dieses Buches. Alles andere ist nur Vorbereitung oder Folge. In dem Zusammenhang meiner Ausführungen an dieser Stelle ist mir aber zunächst nur wichtig, daß ein neues Ziel für das Triebleben da ist — und doch kein neuer Zweckwert. Die Persönlichkeit ist ja nichts anderes als die Summe der Triebe, vielmehr richtiger die Organisation der Triebe. Das berechtigt und zwingt, statt von einer Zweckbewertung von einer Eigenbewertung zu sprechen.

Wenn einer darüber nachdenkt, wie die Elektrizität als Energiequelle für die praktischen Bedürfnisse noch besser ausgenutzt werden kann, so ist sein Denken zweckbewertet. Sinnt er über die Elektrizität nach aus reinem Forschertriebe, so ist sein Denken eigenbewertet. Das Resultat seines Nachdenkens ist Veränderung, Bereicherung des Wesens und Bestandes seiner Persönlichkeit. Ergibt sein Denken zugleich praktische Resultate, und werden diese dann von ihm oder anderen zweckbewertet, so ist das eine Sache für sich.

Die Zweckbewertung der Triebe läßt, trotz der ungeheuren Dimensionen, die sie in das Triebleben hineinbringt, doch noch eine Vergleichung ihrer Ergebnisse mit denen, die die instinktive Eigenkraft der Triebe der Tiere bewirkt, zu. Die Eigenbewertung der Triebe dagegen hat Ergebnisse, denen in der Tierwelt jede Analogie, jede Ähnlichkeit fehlt. Es wird dem Menschen mit dieser Begabung eine ganz neue Aufgabe gestellt, die nur er hat: sich in sich selbst zurechtzufinden und sich mit sich selbst abzufinden. Bewußt arbeitet er so an seiner eigenen Schöpfung mit. Das ist die besondere Lebenserfüllung des Menschen. Er braucht deshalb auch eine neue Methode. Sie heißt Lebenskunst. Sie hat ein neues Resultat. Es heißt Kultur, im Unterschiede von der Zivilisation, die das Ergebnis der menschlichen Lebenstechnik ist.

Ich will an einem Beispiel den Unterschied des blinden Triebes und des, einmal durch Zweckbetonung, zum anderen durch Eigenbetonung sehend gewordenen erhärten.

Eigenkraft eines Triebes. Eine Biene fliegt, ihrem blinden Betätigungstriebe folgend, aus und trägt Honig in den Stock für den Winter.

Zweckbewertung eines Triebes. Ein Bergführer übt, seinem bewußten Betätigungstriebe folgend, seinen Beruf aus und für den Erlös seiner Betätigung kauft er sich einen Honigvorrat für den Winter.

Eigenbewertung eines Triebes. Der Bergsteiger selbst, der Geführte, macht dieselbe Fahrt, aber in Eigenbetonung seiner Triebe. Er klettert, um zu klettern, er sieht, um zu sehen.

In dem vorgetragenen Beispiel verteilen sich Zweckbetonung und Eigenbetonung auf zwei verschiedene Personen. Das ist natürlich nicht immer so. In unzähligen Fällen fallen Zweckbetonung und Eigenbetonung zusammen und fallen damit Zivilisation und Kultur zusammen. Ich komme noch einmal auf das Beispiel von dem Vater zurück, der seine Söhne in den Krieg schickt. Diese Tat kann natürlich zugleich eine Kulturtat sein, wenn er den Trieb zum Vaterlande als in sich wertvoller empfindet und bewertet als den Trieb der Liebe zu seinen Kindern.

Aber die Unterscheidung von eigenwilliger Zweckbetonung, die der Mensch auf seine Triebe legt, und von eigenwilliger Eigenbetonung ist dennoch von ungeheurer praktischer Bedeutung und für die Erkenntnis menschlichen Wesens und Wertes ist sie grundlegend und darum unentbehrlich. Nunmehr kann auch das Letzte über die menschliche Freiheit gesagt werden. Weil der Mensch die Bedeutung der Triebe erkennt, ihren Zweckwert und ihren Eigenwert, ist er frei. Die Freiheit besteht in der Voraussicht der Folgen seines Gehorsams gegen einen Trieb, sowohl der Folgen, die dieser Gehorsam für seine Stellung in der Umwelt hat, wie der Folgen, die dieser Gehorsam für die Um- und Ausgestaltung seiner Persönlichkeit hat. Die Wertung der Folgen befähigt den Menschen, unter Umständen dem schwächsten Trieb zu folgen und den stärksten zu unterdrücken.

Das Entscheidende für die Feststellung des Unterschiedes zwischen menschlichem und tierischem Triebleben ist damit gesagt. Alles andere sind nur Folgeerscheinungen, aber manche derselben sind von so wesentlicher Bedeutung, daß sie als Entfaltungen des Grundgedankens vorgetragen werden müssen.

Erstens steigert die mögliche Willkür die Kraft der Triebempfindung schier in das Ungemessene. Besonders ihre Dauerhaftigkeit kann mit der, die sich bei den Tieren findet, kaum noch verglichen werden.

Zweitens werden die Triebe ungemein viel zweckdienlicher. So nehmen z. B. der soziale Trieb und der Denktrieb, beide schon im Tiere vorhanden, ganz ungeheure Dimensionen an. Der soziale Trieb schafft die Familie und den Staat, der Denktrieb das Handwerk, die Technik, die Wissenschaft.

Drittens ist die individuelle Triebbegabung der einzelnen Menschen von einer Verschiedenheit, wie sie bei den einzelnen Individuen der Tiergattung nur angedeutet ist.

Aber absolut neues Leben schafft erst die Eigenbetonung der Triebe. Die Eigenbetonung der Triebe erst erzeugt ganz neue Triebe, von denen sich auch im hochentwickeltsten Tiere nicht der leiseste Ansatz findet.

Es sind das

Erstens: der Persönlichkeitstrieb und der religiöse Trieb. Beide sind Ausdruck des eigenbewerteten Selbsterhaltungstriebes. Sie sind reziproke Begriffe.

Zweitens: Die Sympathie oder der Liebestrieb, der nicht mit dem Geschlechtstrieb und auch nicht mit dem sozialen Trieb verwechselt werden darf. Er entsteht durch Eigenbewertung des sozialen Triebes.

Drittens: Der Kunsttrieb, nicht zu verwechseln mit den technischen Trieben. Er entsteht durch Eigenbewertung der Sinnestriebe unter Mitwirkung des sympathetischen Triebes.

Der einzige ganz neue Trieb, der schon durch die Zweckbewertung der Triebe geschaffen wird, der aber durch die Eigenbewertung derselben dann noch eine völlige Umgestaltung erfährt, ist der ethische Trieb. Er ist der Trieb zur Triebordnung, also zur grundsätzlichen oder gesinnungsmäßigen Triebbewertung. Die Zweckbewertung eines Triebes ist zunächst eine willkürliche. Hat der Mensch aber einen Maßstab, der den Wert der verschiedenen Zwecke ordnet, so erhalten damit auch die Triebe eine Rangordnung. Die Zweckbewertung wird eine grundsätzliche. Die Eigenbewertung der Triebe ist zunächst auch eine willkürliche. Kann der Mensch einen Wertmaßstab für sie gewinnen, diesmal direkt, ohne den Umweg über Zwecke, so wird die Eigenbewertung eine gesinnungsmäßige. Die gesuchte Ethik wird also zwie Stufen haben. Die Ethik ist zum ersten der Trieb, die Zweckbewertungen der Triebe zu ordnen. Ihr Ergebnis ist ethische Lebenstechnik. Die Ethik der zweiten Stufe ist der Trieb, die Eigenbewertungen der Triebe zu ordnen. Ihr Ergebnis ist ethische Lebenskunst.

Der ethische Trieb ist ein Trieb ganz für sich, er ist von ungeheurer, ja entscheidender Bedeutung für das Gelingen der menschlichen Lebenserfüllung. Aber in den Erkenntnisgedankengängen über Lebenstechnik und Lebenskunst, die wir bisher gegangen sind, haben wir noch keine moralischen Erwägungen nötig gehabt. Um der Klarheit willen dürfen sie nicht zu früh in die Auseinandersetzung eingemengt werden. Die Begriffe der Lebenstechnik und der Lebenskunst im allgemeinen sind zu unterscheiden von den Begriffen der richtigen Lebenstechnik und der richtigen Lebenskunst. Weder die Fähigkeiten der Zweckbewertung und der Eigenbewertung der Triebe noch ihre Ergebnisse, also die Persönlichkeit, die Kultur und die Zivilisation sind an und für sich moralisch gut. Sie sind an und für sich weder gut noch schlecht. Auch ein Lump kann eine Persönlichkeit sein. Ein Volk kann eine miserabele Zivilisation und eine hohe Kultur, eine raffinierte Zivilisation und eine menschenunwürdige Kultur haben. Es kann alles beides gut, und es kann alles beides so schlecht sein, daß der Mensch weit unter das Tier sinkt, und es ist eben doch Zivilisation und Kultur. Eine Sklavengaleere ist ein Stück Zivilisation, eine Opiumkneipe ein Stück Kultur. Ob es möglich ist, eine richtige, eine sein sollende Lebenstechnik, eine richtige, sein sollende Lebenskunst zu finden, hängt davon ab, ob es möglich ist, Gesetze, oder besser gesagt, Ideale für die Begriffe der Persönlichkeit, der Zivilisation und der Kultur aufzustellen.

Die ethische Lebenskunst ist die höchste Aufgabe des Menschen. Ihre Lösung bedeutet Erlösung und Vollkommenheit. Die Arbeit an ihr, das Nachdenken über sie ist darum in unvergleichlichem Maße der Hingabe wert. Das Wort Ethik erzeugt leider die größten Mißverständnisse. Sowie der Mensch das Wort Ethik hört, fürchtet er, daß ihm etwas zugunsten anderer oder Gottes weggenommen werden soll. In Wahrheit handelt es sich darum, dem Menschen zu zeigen, wie er alle seine Möglichkeiten erkennen und auskaufen kann, um einmal der Umwelt die meisten Vorteile abzugewinnen, zum andern aber sich innerlich zu bereichern und so sein Leben zu erfüllen. Ethik ist die Wissenschaft von den Gesetzen, unter denen die Entwicklung der Seele vor sich geht, wie Chemie die Wissenschaft von den Gesetzen ist, nach denen die Materie sich verändert, oder Biologie die Lehre von den Gesetzen, unter denen der Bau des organischen Körpers sich vollzieht.

Die Aufgabe, uns in der Welt zurechtzufinden und uns mit der Umwelt abzufinden, teilen wir mit den Tieren. Wenn wir sie in ungleich gewaltigeren Dimensionen lösen, so ist sie doch *wesentlich* die gleiche. Die besondere Aufgabe des Menschen ist, sich sich selbst und seinen höchsten Trieben zu widmen und zu diesem Zwecke sich in sich selbst zurecht zu finden, sich mit sich selbst abzufinden, um über sich selbst hinauszufinden. Die lebenstechnische Gewalt des Menschen, die er über die Erde und über ihren gesamten Inhalt ausübt, deren Grenzen überhaupt noch nicht abzusehen sind, empfängt ihren Sinn und ihr Recht überhaupt erst dadurch, daß sie dem Menschen seine eigentliche, seine lebenskünstlerische Aufgabe zu lösen erleichtert, ja erst ermöglicht.

Aber auch über seine jedesmalige Lebenskunst muß

der Mensch immer wieder hinaus. Endlich muß die Lebenskunst überhaupt wieder überwunden werden. Eine neue Naivität ist das letzte Ziel. Das Tier ist immer naiv und durch seine Naivität vollkommen. Der Mensch will und soll auch vollkommen sein. Aber die Vollkommenheit des Menschen ist eine andere und darum auch seine Naivität. Die Naivität des Tieres beruht darin, daß es sich mit jedem seiner Triebe identifiziert. Der Mensch hat seine Naivität dann wieder gewonnen, wenn die komplizierte Organisation seiner Triebe sich von selbst, also wiederum triebhaft, richtig betätigt, ohne Einmischung von Überlegung und Gewissen, wenn der Mensch sich bewußt bejahen kann, so wie er sich vorfindet. Wo einem in sich oder in anderen Menschen diese Naivität begegnet, begegnet einem die köstlichste Offenbarung menschlicher Möglichkeit, menschlicher Seele. Nach unseren ehrwürdigsten Mythen — Mythen sind das Ehrwürdigste, was die Menschheit hat — bedeutet der Verlust der Naivität den Sündenfall. Sie wiederzugewinnen auf dem Wege der rechten Lebenskunst und der rechten Kultur ist das Ziel der Menschheit.

So, wie der Mensch ist, ist er das einzige unglückliche Geschöpf unter allen. Er ist eben das Geschöpf, das in der Auflösung begriffen ist und seine Neubildung noch nicht fand. Das ist seine Entsetzlichkeit, seine Interessantheit und seine Schönheit. Das Ziel liegt in unendlicher Ferne, aber schon das Wissen um das Ziel, die Erkenntnis der großen Möglichkeit, die Gewißheit, den rechten Weg unter den Füßen zu haben, sei's auch nur, um wenige Schritte vorwärts zu kommen, bedeutet Überwindung und Frieden.

Ich habe nunmehr alles Wesentliche gesagt, was unbedingt nötig ist, um die große Aufgabe, die richtige Lebenskunst zu schaffen, in ihrer überragenden Bedeutung für die Erfüllung des Lebens zu zeigen. Theoretisch müßte das, was ich gesagt habe, vorausgesetzt, daß nicht ein fundamentaler Irrtum in meinen Beobachtungen und Folgerungen aus ihnen steckt, als Vorbereitung genügen, um nun sofort an die Lösung der Aufgabe zu gehen, die Forderungen der ethischen Lebenskunst aufzustellen. Aber um mich selbst und andere kräftiger zu überzeugen, will ich doch noch mehr Material, mehr Vorstellungsmassen aufbieten, um die einzigartige Bedeutung des Unterschiedes zwischen der Zweckbetonung der Triebe und der Eigenbetonung der Triebe, zwischen der Lebenstechnik und der Lebenskunst, zwischen der Zivilisation und der Kultur zu zeigen.

Ich werde im nächsten Abschnitt die Lebenstechnik bei Tier und Mensch im Zusammenhange vorführen. Dann folgt die Lebenskunst. Das letzte Ziel meiner Arbeit ist aber, nicht nur das Wesen der Lebenskunst zu zeigen, sondern die Möglichkeit und Notwendigkeit ihrer Anwendung im praktischen Leben, also neben den Forderungen der Lebenstechnik, die sich nicht aus der Welt schaffen lassen. Der Abschluß der Arbeit soll eine Synthese sein: Die Lebenserfüllung.

Lebenstechnik.

Wir müssen vor Augen behalten, daß wir im Interesse der Erkenntnis eine Sektion vornehmen, und daß sich die einzelnen seelischen Vorgänge, die wir von einander trennen, im wirklichen Leben ebensowenig isoliert vorfinden wie die Organe des Leibes ihre Funktionen isoliert ausüben. Der Mensch ist immer nur einer, und das Leben ist immer nur eines, auch das seelische. Sobald die Absonderungen innerhalb unseres Trieb- und Willenslebens nicht nur durch wissenschaftliche Beobachtung willkürlich hervorgerufen sind, sobald sie praktische Wirklichkeiten sind, sind sie immer ein Zeichen von Unvollkommenheit oder Störung. Solche Störungen und Unvollkommenheiten finden sich heute überall im Kulturleben, besonders auch im deutschen Leben. Deshalb, aus dieser Überzeugung heraus, schreibe ich ja diese Arbeit. Dennoch, wir dürfen es nie vergessen, findet sich Lebenstechnik nie ganz isoliert von Lebenskunst und umgekehrt. In irgendeinem Maße hat jeder einzelne Mensch und jedes Volk stets beides. Wir dürfen auch nicht vergessen, daß die Eigenkraft der Triebe die durchgängige und bleibende Voraussetzung alles seelischen Lebens ist. Ja darüber hinaus wird kein Mensch je ganz und durchgehend davon frei, daß die Eigenkraft seiner Triebe ihn in manchem oder vielem, bald selten, bald öfter souverän bestimmt. Der Mensch wird vom Haß, von der Liebe, von allen großen

Gefühlen überwältigt. Den Mann hat's, sagen die Schwaben von einem Verliebten. Es denkt im Dichter. Der Grübler wird seine Gedanken nicht los, und er wird auch nicht Herr über sie. Die Leidenschaft packt den Menschen. Er wird ihr Sklave, er läßt ihr die Zügel schießen, er überläßt sich seiner Leidenschaft. Er wird schwach, er kennt sich nicht mehr, die andern kennen ihn nicht wieder, es übermannt ihn, es kommt über ihn. Er hat Angst vor sich selbst, d. i. vor seinen Trieben, er flieht vor Versuchungen, d. i. vor Anreizen, die seinen Trieben werden könnten, er traut sich selber nicht, er wird sich so fragwürdig, daß er Selbstmord verübt. Eine Fülle von Ausdrücken und Tatsachen redet von dem gigantischen Kampf des Menschen mit der Eigenkraft seiner Triebe. Unmöglich ist es, das, was die eigenwillige Triebbetonung leistet, quantitativ von dem zu sondern, was die Natur uns selbst geliefert hat. Auch das ist nur in der Theorie möglich. Ebenso wird es bei unseren praktischen Handlungen unmöglich sein, die Eigenbetonung von der Zweckbetonung genauer zu unterscheiden. Sie sind ja beide zugleich entstanden. In dem Moment, als der Mensch in seinem Bewußtsein den Zweck vom Trieb und den Trieb vom Zweck löste, war eben beides da. Nur in der Idee sind alle diese tiefgreifenden Abscheidungen vorhanden. Auch die Zivilisation und die Kultur sind in der praktischen Wirklichkeit untrennbar ineinander verschlungen. Es ist unmöglich, die Geschichte der Kultur ohne Darstellung der Zivilisation zu schreiben. Dennoch ist jede von ihnen ein besonderes Wachstum. Denn sie verdanken ihr Dasein zwei verschiedenen Mächten, der Lebenskunst und der Lebenstechnik. Bis in ihre letzten psychischen und ethischen Wurzeln hinein lassen sie sich voneinander lösen. Nur so werden die Worte Kultur und Zivilisation zu zuverlässig reinen Begriffen. Nur so erbringt man den Beweis, was Mittel, was Zweck und was letztes Ziel in der Erfüllung des Lebens ist. Diese Feststellung aber ist letzte Orientierung und Maßstab für die Bildung einer Lebensauffassung, die den Willen mit ausreichender und sicherer Begründung leitet, ihn damit ganz in ihre Gewalt bekommt und ihn doch nicht vergewaltigt, sondern ihn durch Überzeugung lenkt.

Wir haben erkannt, daß der Mensch mit den übrigen Geschöpfen die Triebbegabung und die Triebbetätigung und die Lebenstechnik teilt, daß der Mensch aber, als ein mit Bewußtsein vom Bewußtsein begabtes Wesen die Fähigkeit hat, nach Willkür auf seine Triebe eine Zweckbewertung zu legen. Wir wollen nun die verschiedenen Triebe und ihre Resultate in der Lebenstechnik bei Mensch und Tier betrachten und ihr Gemeinsames und ihr Besonderes feststellen.

Ich zeige an charakteristischen Fällen aus dem Leben der höchststehenden Arthropoden und Vertebraten, was die Natur ohne Inanspruchnahme des Bewußtseins vom Bewußtsein und ohne die willkürliche Triebbetonung des Geschöpfes zu leisten imstande ist.

Jedes Geschöpf erscheint als Einheit, die durch objektiv gegebene, instinktive Trieb- und Zweckorganisation gewonnen wird — den Menschen ausgenommen. Die letzten Zwecke, die die Natur durch die Triebbegabung der Tiere und durch die souveräne Gewalt der Triebe über die Tiere zu erreichen trachtet, sind erstens die Erhaltung des Einzelwesens und zweitens die Erhaltung der Gattung. Im Interesse dieser Oberzwecke ist ein ganzes Zwecksystem und Triebsystem in jedem Geschöpf aufgebaut. Die Obertriebe, die den Oberzwecken, also der Erhaltung des Einzelwesens und der Gattung dienen, sind der Selbsterhaltungstrieb und der Geschlechtstrieb. Im Interesse dieser Obertriebe stehen alle noch so verschiedenen Triebe und Triebsysteme. Zweck und Zwang sind die Regulatoren im Bereiche der Lebenstechnik ganz im Gegensatz zur Lebenskunst, die, wie wir später sehen werden, das Reich der Freiheit ist.

Im Zusammenhange der Welt verfolgt die Natur mit jeder Einzelschöpfung noch andere Zwecke. Nur dadurch wird die Mannigfaltigkeit des Seienden verständlich. Im Haushalte der Natur ist jedes Geschöpf, ausgenommen den Menschen, den großen absoluten Störer und Zerstörer, zweckmäßig in das Ganze verwoben. Das Leben von Flora und Fauna erscheint als eine einzige große Symbiose. So wird auch jeder Trieb und jeder Zweck, für den der Trieb da ist, innerhalb des gesamten kreatürlichen Lebens noch eine weitere Bedeutung haben. Uns interessiert hier aber nur jede Kreatur für sich und ihre Eigenbetätigung nur in Beziehung auf sich selbst. Wir betrachten das Eigenleben und den Eigenzweck jeder Kreatur in sich, wir nehmen jedes Geschöpf als abgeschlossene Zweckorganisation für sich selbst. Die Lebenstechnik jedes Geschöpfes ist auf sich selbst, auf Selbst- und Arterhaltung eingestellt, und da sind in der Tat die Oberzwecke jedesmal die gleichen, nämlich Selbst- und Arterhaltung und alles andere, noch so Mannigfaltige, Eigentümliche, Gesonderte ist nur um ihretwillen da.

Nur der Mensch kann aus dieser naiv egoistischen Stellung zur Umwelt herauskommen. Dazu kommt es nicht durch die Lebenstechnik. Die verwandelt den naiven Egoismus nur in den bewußten. Dazu kommt es durch die Sympathie, die den Menschen mit aller Schöpfung, abgesehen vom Schaden und Nutzen, die sie ihm bringen, verbinden kann. Der Sympathietrieb gehört aber der Lebenskunst an.

Mir liegt in dieser Schrift daran, einige wenige große Erkenntnisse in ihrer alles überragenden entscheidenden Wichtigkeit für die Feststellung von Sinn und Wert und Aufgabe des Lebens zu zeigen. Dazu ist es nötig, die engen Beziehungen dieser wenigen bedeutsamen Wahrheiten zueinander, wie eine die andere treibt und nötig hat, aufzuweisen. Zu diesem Zwecke muß ich sie möglichst nahe aneinander rücken und kann mich mit Einzelheiten nicht aufhalten. Ich geb nur das notwendigste Beweis- und Anschauungsmaterial, also keine vollständige Tierseelenkunde, auch nicht eine vollständige Trieblehre aus dieser. Mir liegt nur daran, die *Lebenstechnik als beherrschenden Begriff der Daseinserfüllung von Tier und Mensch zu zeigen.* Die Beziehungen der Triebe in Dienst und Gegensatz, in Wirkung und Gegenwirkung sind ungemein mannigfaltig. Fast jeder wirkt auf alle und alle wirken auf einen, so daß es fast unmöglich ist, sie in einer, aus dem Sachverhalt sich ergebenden, notwendigen Reihenfolge vorzuführen. Es entstehen Trieborganisationen und Triebsysteme, ohne die die Einheitlichkeit der Wesen gar nicht möglich wäre.

Aus dem Selbsterhaltungstrieb ergibt sich einerseits der Schutztrieb und andererseits der Nahrungstrieb, aus dem Schutztrieb der Fluchttrieb, der Trieb zur Maskierung und List. Der einfachste Schutztrieb ist der Fluchttrieb, den schon das Urtier, die Amöbe, hat, und der uns im Pferd noch heute durch sein oft so unbegreifliches Scheuen zu schaffen macht. Aus dem Nahrungstrieb ergeben sich der Wandertrieb, der Kampftrieb, der Trieb zur List, die Triebe, Nahrung zu suchen und zu sammeln, hieraus wieder der Trieb zur Anwendung der Sinne. Aus dem Trieb zur Erhaltung der Gattung ergibt sich der Trieb zur Triebbenutzung eines andersgeschlechtlichen Individuums, den wir Geschlechtstrieb nennen, der zugleich der Trieb ist, den eigenen Trieb benutzen zu lassen, hieraus wieder der Trieb zum Flirt, d. h. der Trieb, den Trieb des anderen Geschöpfes zu wecken. Aus dem Triebe zur Erhaltung der Gattung ergeben sich weiter die Triebe zur Brutfürsorge und Brutpflege. Diesen beiden dient vielfach der soziale Trieb, der aber für die eigene Erhaltung auch von größter Bedeutung ist. Er steht auch im Dienste der technischen Triebe, wie diese wiederum ihm dienen. Die Wurzel des sozialen Triebes scheint der Geschlechtstrieb zu sein, weil der soziale ja im allgemeinen will, was der Geschlechtstrieb zuerst innerhalb der Entwicklung der Organismen auf einen besonderen Fall anwendet, nämlich Benutzung der Triebe anderer Wesen, verbunden mit dem Trieb, die eigenen Triebe von anderen benutzen zu lassen. Die technischen Triebe, also die Triebe zur Herstellung künstlicher Hilfsmittel zur Erhaltung und Förderung des Lebens stehen in den mannigfachsten Beziehungen zu anderen Trieben. Mit allen Trieben ohne Ausnahme sind der Trieb zur Benutzung der Sinne und der Denktrieb, der bei den höchsten Säugetieren in seinen Anfängen nachweisbar ist, zweckverbunden.

Wenn der Zweck es verlangt, steigert sich die Eigenkraft der Sinnestriebe zu wunderbarer Höhe. Die Sehkraft des Falkenauges ist erstaunlich, ebenso der Spürsinn der Nasentiere, das Gehör des Wildes. Sowie die Zwecke schwinden, verkümmern die Triebe, und die Sinne werden rudimentär. Ist es nötig, so stellt sich der Trieb ein, den Sinn künstlich zu verbessern. So bringt der Krebs mit seiner Scheere ein Steinchen in seinen Gehörgang, um dem sogenannten Gleichgewichtssinn die Betätigung zu ermöglichen. Es steht das auf gleicher Stufe, wie wenn ein Mensch sich eine Brille aufsetzt oder ein Hörrohr benutzt.

Die Techniken der List, die Tiere zu ihrem Schutz oder zur Jagd anwenden, sind der mannigfaltigsten und interessantesten Art. Löwe und Löwin beschleichen das Wild gegen den Wind, und beide, oder auch mehrere Löwen jagen mit verteilten Rollen. Bekannt ist nicht nur das wunderbare Gewebe der Spinne, sondern auch ihre versteckte List. Auch die Libelle hat ihre besondere Kampfart. Die Tiere wissen genau, an welcher Stelle sie ihre Gegner oder ihr Opfer packen müssen. So verdrehen die Insekten einander die Flügel, etwa die Arbeitsbienen den Drohnen in der Drohnenschlacht.

Das berühmteste Beispiel listigen Jagdtriebes bietet der Ameisenlöwe, die Larve eines geflügelten Insektes, das der Wasserjungfer gleicht. Das Tier hat zwei große Krallen an den Füßen und einen großen beweglichen

Kopf mit vielen Augen und mit furchtbaren Kiefern, die zugleich ein Saugwerk enthalten. Es gräbt sich unter dem Schutz von Wurzeln Trichter von etwa 5 cm Tiefe in die Erde und verbirgt sich selbst im Grunde des Trichters. Sobald nun etwa eine Ameise den Trichter hinabfällt, faßt der Ameisenlöwe diese mit seinen Kiefern, zieht sie unter den Sand, saugt sie dort aus und wirft die Hülse wieder hinaus. Erscheint ein Insekt nur oben am Rande des Trichters oder sucht es wieder hinauszuklettern, so schießt der Ameisenlöwe mit Sand nach ihm, um es herunterzustürzen. Diese ganze raffinierte Technik soll durch wenige einfache Reflexbewegungen zustande kommen. Um so wunderbarer, daß ein blinder Trieb hier erreicht, was die Menschen erst lange Zivilisationserfahrung gelehrt hat.

Der Instinkt des Schutzes vor Feinden, der zugleich eine bessere Möglichkeit auch des Angriffs gewährt, veranlaßt viele Meertiere, sich selbst mit Erde anzustreichen, sich mit Algen oder anderen Wasserpflanzen zu bepflanzen und die Maskierung je nach der Umgebung und dem Untergrunde zu wechseln.

Ein erstaunliches Beispiel der Brutfürsorge bietet die Schlupfwespe. Ihr Geruchssinn sagt ihr ganz genau, wo tief verborgen in einem Baumstamm, für den Menschen unwahrnehmbar, die Larve etwa einer Holzwespe steckt. Ihr Trieb, bzw. ein besonderes Wahrnehmungsvermögen sagt ihr auch, ob bereits eine andere Wespe diese Larve als Wirtstier zur Eiablage benutzt ha+ oder nicht, zeigt ihr weiter genau die richtige Stelle an, wo sie ihren Legstachel in das noch nicht benützte Wirtstier einzubohren hat. Dann bohrt sie ihren Legstachel durch so und so viel

Millimeter Holz hindurch und genau in diese Stelle ein und legt ihre Eier in das Wirtstier.

Nicht minder zweckdienlich ist das Verhalten der sogenannten Mordwespe, die zu ihrer getanen Eiablage eine Raupe schleppt, sie aber nicht tötet — dann würde sie verwesen — sondern sie durch einen Stich an richtiger Stelle nur betäubt, damit sie als zukünftiger Fraß liegen bleibt.

Der Betätigungstrieb in Verbindung mit dem Nahrungstrieb läßt viele Tiere Nahrung für die Zukunft sammeln und zweckmäßig aufbewahren, so das Eichkätzchen und den Hamster. Sie haben in ihrem Nest und Grabenbau eine interessante Technik dafür entwickelt. Große Resultate ergibt dieser Trieb aber erst in Verbindung mit den feiner ausgearbeiteten technischen und mit den sozialen Trieben. Die Termiten, Ameisen und Bienen brauchen da nur genannt zu werden.

Die spinnenden und webenden Tiere haben eine wunderbar feine Technik. Die Blattlauszucht der Ameisen stellt ein Seitenstück zu unserer Viehzucht samt Melken und Stallfütterung dar. Die berühmte Pilzzucht der Blattschneiderameisen mit ihrer künstlichen Anlage, Bedüngung und Beeinflussung des Pflanzenwuchses entspricht durchaus unserer Gartenbaukultur. Auch ackerbautreibende Ameisen gibt es. Zur Lebenstechnik der Bienen gehört die künstliche Erwärmung und Abkühlung der Luft im Stock.

Der interessanteste aller Triebe scheint mir der zu sein, den Trieb eines anderen Wesens zu benützen. Er tritt am ehesten, auf sehr primitiver Stufe schon, als Geschlechtstrieb auf. Während sonst die Tiere sich oder ihre

Triebe nur in Gegenüberstellung gegen ein sachliches „etwas“ (die gesamte Umwelt) zu erleben scheinen, scheint im Geschlechtstrieb etwas dem Analoges erlebt zu werden, was wir als ich und du bezeichnen. Es wird nicht nur der eigene Trieb erlebt, sondern der noch eines anderen Wesens, es wird mit ihm gerechnet. Der Flirt ist der Trieb, den gleichen Trieb, den man selbst hat und in einem anderen Wesen vermutet oder angelegt sieht bzw. empfindet, zu wecken. Er hat die eigentümlichsten Techniken zur Folge, von denen der Gesang und das Balzen der Vögel die bekanntesten sind. Hier erscheint wohl die größte Geistigkeit im Tierleben. Das geistige Leben hat vielleicht überhaupt seinen Ursprung im differenziierten und verfeinerten Geschlechtsleben. Ganz eigentümliche Erscheinungen werden gezeitigt, einmal solche, die ganz an den menschlichen Sadismus erinnern, dann solche, die ganz dem entsprechen, was man beim Menschen Rücksicht, Großmut, Anstand, Ritterlichkeit, Verpflichtungsgefühl nennt. Es ist vielfach auch mit der Schutztrieb und der Nahrungstrieb des oft schwächeren Weibchens, der es dem stärkeren Männchen Gefolgschaft leisten und ihm willfährig macht. Diese Triebe benützt das stärkere Männchen seinerseits.

Dieser wunderbare Trieb, die Triebe anderer Geschöpfe zu benützen, erscheint aber nicht nur im Geschlechtstrieb, sondern auch im sozialen Triebe. Der soziale Trieb ist einer derjenigen, die vom Menschen ungemein gesteigert und zweckbewertet werden. Es liegen hier aber nicht nur Verschiedenheiten vom Tier vor, sondern auch erstaunliche Übereinstimmungen mit ihm. Tier und Mensch b e n u t z e n erstens die Triebe anderer, zweitens pflegen und schützen sie sie, drittens züchten sie sie. Die Dimensionen, in denen das der Mensch vollbringt, sind ungeheuer größer. Aber Quantitätsunterschiede bedeuten sehr wenig in diesen Dingen. Es fragt sich immer nur, ob die Prinzipien da sind. Und die sind da. Die Bienen benutzen den besonderen Trieb des Weisels, für Nachkommenschaft zu sorgen. Sie pflegen und schützen ihn und züchten ihn durch besondere Nahrung. Bestimmte Raubameisen sind jetzt darauf angewiesen, weil selbst mit unzureichendem Kauwerkzeug ausgerüstet, sich Sklaven von anderer Ameisenart zu halten, die ihnen dann ihren Trieb, andere zu ernähren, als ihren Sklavenhaltern zugute kommen lassen. Man kann nicht annehmen, daß diese Raubameisen von vornherein der genügenden Kauwerkzeuge ermangelt haben. Die natürlichere Vorstellung ist die, daß sie Sklavenhalter erst wurden. Was zuerst Annehmlichkeit war, also sich ernähren zu lassen, wurde dann durch Dekadence Notwendigkeit, ein Vorgang, der in der menschlichen Zivilisation seine Gegenstücke findet. Manches Erobervolk wurde abhängig vom unterjochten Stamm. Die Ameisen stellen auch sonst verschiedene Stadien der Entwicklung des menschlichen Zivilisationslebens dar, vom primitiven Nomadenhäuflein an bis zur volkreichen wohlgeordneten seßhaften Staatsorganisation. In allen Symbiosen liegt Triebbenutzung eines anderen Individuums, oft von allerverschiedenster Art vor. Auf diese Weise ist der Hund der Gefährte des Menschen, zunächst bei der Jagd geworden. Jener gab seinen Spürsinn, dieser seine Kraft und List her.

Die Lebenstechnik mancher Arthropoden, besonders

der Termiten, der Ameisen und der Bienen, ist so ausgearbeitet, daß man wohl von einer unbewußten Triebzivilisation bei ihnen reden kann. Der soziale Staat ist ausgearbeitet. Die Königin, die Drohnen, die Arbeitsbienen stehen mit besonderen sozialen Rechten nebeneinander. Die Arbeitsbienen betätigen sich verschieden. Auch die Betätigungen der Arbeitsameisen sind eingeteilt. Es gibt eine Kriegerkaste und eine Arbeiterkaste. Der Sinn für Eigentum ist ausgebildet. Bei manchen Ameisen erstreckt er sich bis auf die Straßen, die sie benutzen. Aber alle kennen nur Staatseigentum. Sie sind ausgesprochene Kommunisten. Der Räuber des sozialen Eigentums wird abgewehrt. Soweit Unterschiede da sind, wird das Individuum genau nach seinem sozialen Wert bewertet, also nach ihm gepflegt und gefüttert und beschützt. Verliert es seinen sozialen Wert, so wird es ausgemerzt. Der Fremdling und der Räuber wird abgewehrt. Es ist der Trieb zum Rechte vorhanden, das sehr primitiv ist und mit sehr primitiver Gewalt durchgesetzt wird, das aber dem menschlichen Recht wesensgleich ist. Es ist der Trieb zum omnipotenten Staate da. Der Trieb der hochentwickelten Arthropoden ist völlig sozialistisch und antiindividualistisch orientiert. Das Volk ist alles, das Einzelwesen nichts. Jedes Einzelwesen wird zum besten des Ganzen ohne weiteres aufgeopfert oder opfert sich selbst. Es lebt ja nur in der Gattung.

Der Trieb, in dessen Besitz man meist und meist allein den Unterschied von Mensch und Tier zu setzen pflegt, ist der Denktrieb. Bei unserer noch immer geringen Kenntnis der Arthropoden und bei der Unmöglichkeit, uns in ihre Seelen einzufühlen, ist Konstatierung des

Denktriebes bei ihnen kaum möglich. Dagegen scheint mir, daß wir den höchststehenden Vertebraten, z. B. dem Hunde, dem Pferde, dem Elefanten und besonders den anthropoiden Affen den Denktrieb zuerkennen müssen. Wegen der Bedeutsamkeit dieser Tatsache bringe ich hier einen Auszug aus einer Abhandlung von Dr. W. Köhler, im Jahre 1917 von der Kgl. Preußischen Akademie der Wissenschaften veröffentlicht, über die Intelligenzprüfungen an Anthropoiden, zum Abdruck.

Im Jahre 1913 wurde aus Mitteln der Berliner Akademie eine wissenschaftliche Versuchsstation auf Teneriffa gegründet, in welcher neun Schimpansen gehalten wurden. Es waren junge Tiere, welche zwar nicht ganz gleich waren in ihren Fähigkeiten, aber doch alle deutliche Beweise ihres Denkvermögens gegeben haben. Besonders wichtig war die Verwendung von Werkzeugen. Manche der Affen warfen mit Steinen nach ihren Genossen innerhalb des Geheges oder nach außenstehenden Menschen oder Hunden. Eine Stange diente als Springstange wie bei den Turnern, ein Stock wurde wie eine Waffe zur Drohung benutzt oder nach dem Gegner geworfen, ein Stock diente auch als Grabwerkzeug wie bei primitiven Menschen. Mit einem Stock wurde ein Gegenstand herangeholt, der außerhalb des Gitters in einiger Entfernung lag. Sehr beachtenswert sind die Versuche mit zwei Bambusstöcken. Zuerst wurden sie an den Enden aneinander gehalten, was sachlich keinen Fortschritt bedeutet. Dann wurde der eine Stock mittelst des anderen fortgeschoben, was wenigstens eine Berührung mit dem entfernt liegenden Ziele ermöglichte. Zufällig bemerkte ein Tier, daß man das Ende des einen Stockes in den anderen schieben konnte, um so die Verlängerung zu erreichen; dies wurde nun oft ausgeführt, und es konnten in solcher Weise auch drei Stöcke verbunden werden. Als man eines Tages einem der Schimpansen ein schmales Brett gab, das zum Einstecken in das Rohr zu breit war, nagte er an einem Ende auf beiden Seiten Holz ab, um es zuzuspitzen, und probierte, ob es zum Einstecken passend war. Oft haben die Affen Kisten als Schemel benutzt, um höher hinaufzureichen. Sie haben auch zwei oder drei Kisten aufeinander gestellt, um eine in der Höhe aufgehängte Frucht zu bekommen. In solchen Fällen ist unzweifelhaft ein zweckmäßiges Handeln zu bemerken. Ebenso in dem folgenden noch etwas komplizierteren Falle. Der Affe war mit einer Kette angebunden und konnte eine Frucht nicht erreichen; aber in seinem Raum befand sich eine Kiste und hoch oben an einer Wand war ein Stock aufgehängt; der Affe kam nun nach einigem Zaudern und verschiedenen nutzlosen Vorversuchen zu der richtigen Lösung, die Kiste unter den Stock zu bringen, so den Stock herabzuholen und mittelst desselben die Frucht herbeizuziehen.

Man kann bei solchen Experimenten oft bemerken, daß die Tiere überlegen, wie sie ihren Zweck erreichen können. Macht eines zufällig oder infolge einer Überlegung eine nützliche Entdeckung, so wird diese oft auch von den anderen benutzt. Z. B. verlief an einem Balken außerhalb des Gitters ein Ameisenweg; erst begann einer, dann der andere und schließlich die ganze Gesellschaft Strohhalme und Stäbchen durchs Gitter heraus zu halten, welche sich in wenigen Sekunden ganz mit Ameisen bedeckten, worauf dann die Beute schnell hereingezogen und im Munde abgestreift wurde, da der saure Geschmack der Ameisen den Affen zusagte. So sah man sämtliche Tiere den Ameisenweg entlang hocken, jedes mit seinem Halme wie eine Reihe Angler an einem Flußlauf.

Überhaupt ist das Verhalten der anthropoiden Affen unzweifelhaft in vieler Hinsicht sehr menschenähnlich. So spricht Dr. Köhler sein Endurteil dahin aus: „Die Schimpansen zeigen einsichtiges Verhalten von der Art des beim Menschen bekannten." Demnach ergibt sich auch auf psychischem Gebiete die nahe Verwandtschaft der anthropoiden Affen mit den Menschen, welche aus der anatomischen und zoologischen Betrachtung schon lange erkannt wurde.

Die vorgetragene kleine Beispielsammlung aus dem Triebleben und der Lebenstechnik der Tiere, willkürlich dem unübersehbaren Material der Naturbeobachtung entnommen, zeigt die bedeutsamsten und wesentlichsten Ähnlichkeiten mit dem menschlichen Leben, aber ebenso auch fundamentale Unterschiede. Alle Triebe der außermenschlichen Lebewesen dienen Zweckwerten, und die dabei gebrauchte Lebenstechnik ist von einer erstaunlichen Zweckdienlichkeit. Aber alle diese Zweckwerte sind objektiv, nicht durch Zweckbewertung subjektiv angeeignet, und alle Triebe sind blind, sie stellen an sich Bewußtsein dar, aber das Bewußtsein vom Bewußtsein fehlt. Alle Triebe sind blind, auch der Denktrieb ist blind, wie jeder andere, solange Zweck und Trieb nicht auseinander tritt und der Trieb nicht bewußt bewertet wird. Das tierische Denken bringt es nie zum Bewußtsein vom Bewußtsein.

Darum bleiben die Tiere unvernünftige Tiere, auch wenn die höchsten unter ihnen logische Denkoperationen verrichten. Ebenso nennen wir einen Menschen unvernünftig, wenn er, von der Eigenkraft eines Triebes überwältigt, zwar noch denkt, aber den Hauptzweck seines Denkens, nämlich ihn über seine Triebe zu stellen und sie eigenwillig zu bewerten, nicht mehr sieht.

Die Ergebnisse, die die Natur schon mit den geringeren Mitteln, die sie zur Leitung der außermenschlichen Schöpfung aufwendet, erzielt, sind erstaunlich und bewunderungswürdig. Aber ebenso sind auch die Mängel und Unvollkommenheiten des außermenschlichen organischen Lebens, welche die Blindheit der Triebe und die objektive Gegebenheit der Zweckwerte mit sich bringen, sichtbar. Das Wort Schillers:

> Die Welt ist vollkommen überall,
> Wo der Mensch nicht hinkommt mit seiner Qual,

ist nicht beweisbar. Als Unvollkommenheit erscheint, vom menschlichen Standpunkt aus, die ungeheure Materialverschwendung, durch die allein mit den im Vorigen aufgedeckten beschränkten Mitteln die Natur ihre Zwecke in der Tierwelt erreicht. Den meisten Individuen gelingt es nicht, sich selbst zu erhalten, noch wenigeren, etwas für die Erhaltung der Gattung zu tun. Es scheint alles auf Wahrscheinlichkeitsrechnung aufgebaut. Da die Anpassungsfähigkeit an sich verändernde Verhältnisse eine nur unwillkürliche und darum sehr beschränkte ist, gehen trotzdem viele Tiergattungen ein, sterben aus. Besonders gefährlich und verderblich wird vielen der Zusammenstoß mit den Menschen. Während der Mensch seine Triebe in seine eigene Hand bekommt, kommen die Triebe der Tiere in die Hand des Menschen und damit die Tiere selbst. Der Mensch benutzt die Triebe der Tiere für sich. Er führt die Tiere durch ihre eigenen Triebe in die Irre. Er benutzt ihren Nahrungstrieb beim Angeln. Er ahmt ihre Stimme nach und fängt sie. Er gibt den Krebstieren statt Steinchen Eisenfeilspäne ins Wasser. Dann tun sie sich diese in ihren Gehörgang. Mittelst eines Magneten veranlaßt sie nun der Mensch, auf dem Rücken zu schwimmen. Soweit die Herrschaft des Menschen über die Tiere nicht rohe Gewalt ist, beruht sie auf Triebkenntnis und Triebbeherrschung.

Erstaunlich ist auch die Bildung von Irrtrieben oder die Ablenkung der Triebe von ihren Zwecken. Findet sich dergleichen bei den Tieren, so sind sie rettungslos verloren. Sie haben nicht, wie der Mensch, die Möglichkeit ihre Triebe zu korrigieren. Wir sehen am Tierschicksal, welche rettende Bedeutung das Bewußtsein vom Bewußtsein und besonders die Fähigkeit der Triebbewertung und die Erkenntnis des Triebes zur Triebordnung oder die Ethik hat. Kleine Vögel folgen blind ihrem Bruttrieb, indem sie den jungen Kuckuck füttern und darüber ihre eigenen Jungen vernachlässigen, ja sie verhungern lassen. Dem blinden Trieb folgend, fliegt die Motte in das Licht.

Das Tier ist wie der Mensch Perversitäten ausgesetzt. Aber das Tier kann sich nicht durch sittliche Erkenntnis, durch Erkenntnis der ethischen Naturgesetze wehren. Ein berühmtes Beispiel hierfür ist das — menschlich geredet — unsittliche Verhältnis der blutroten Raubameise zur Larve von Lomechusa, einem Kurzflügler. Diese Larve wird reichlicher mit Nahrung versorgt und besser gepflegt als der Ameisennachwuchs selbst, so daß dieser oft völlig degeneriert und mancher Staat eingeht. Die Käfer werden aus dem Munde der Ameisen reichlich gefüttert. Sie begnügen sich trotzdem damit nicht, sondern fressen außerdem oft die sogenannten Puppen ihrer Wirte in großer Zahl auf. Der Grund für das unnatürliche Benehmen der Ameisen ist, daß diese Käfer an bestimmten Stellen des Körpers ein ätherisches Öl ausscheiden, das auf die Ameisen beim Genuß angenehm narkotisch wirkt, wie Alkohol auf den Menschen. Die Ameisen werden darum nicht müde, an diesen Käfern herumzulecken.

Die Behauptung, daß Triebbegabung und Lebenstechnik den Menschen mit allen Lebewesen zu einer Einheit zusammenschließt, scheint mir bewiesen. Nun ist zu zeigen, wie es die nur beim Menschen sich findende eigene Bewertung der Triebe ist, die die ganz neuen Lebensmöglichkeiten heraufführt.

Zunächst befassen wir uns nur mit der Zweckbewertung, die noch durchaus nicht den Höhepunkt menschlichen Wesens bezeichnet. Den schafft erst die Eigenbewertung. Aber auch die Zweckbewertung schon hat gewaltige Folgen. Sie offenbart sogar selbstschöpferische Kraft, sie schafft einen neuen Trieb, nämlich den Trieb zur Triebordnung. Die schon vorhandenen Triebe aber werden sehend und ihre einzelnen Zwecke subjektiv. Damit werden die Oberzwecke der Selbst- und Arterhaltung, besser sagt man wohl, der Selbsterhaltung im einzelnen und in der Art, unendlich viel leichter und sicherer erreicht.

Der Mensch kann seine Triebe pflegen und steigern.

Dadurch verschafft er sich neue Techniken der Triebbefriedigung. Die Techniken des Menschen, sich dauernd mit geeigneter Nahrung zu versehen, sich vor Feinden zu schützen, die Brut zu pflegen, sich Wärme, Kleidung und Behausung zu verschaffen, sich den Klimaten anzupassen, nicht nur die eigenen Triebe, sondern auch die der anderen auszunützen, sind unvergleichlich besser, zweckdienlicher als die entsprechenden Techniken aller anderen organischen Geschöpfe, auch der von Natur damit am besten, oft ungleich besser als der Mensch, versehenen.

Dazu hat der Mensch Techniken zum Schutz vor Triebirrungen und Triebwucherungen, die den Tieren überhaupt abgehen. Er kann eben seine Triebe auch zügeln und verneinen.

Und alles ist beim Menschen nicht ein einmaliger Fortschritt, sondern befindet sich im Fluß ständiger Entwicklung.

Der Trieb, der in anderen Geschöpfen am schwächsten angedeutet ist, dem aber der Mensch alles verdankt, ist der Denktrieb. Auch im Menschen hat er sicherlich anfangs blind gewaltet. Erst seitdem er sehend wurde und in dem Maße, in dem er sehend wurde, also erst, nachdem der Mensch ihn eigenwillig bewertete, kam die rasche Entwicklung zu einem neuen Wesen. Das müssen wir nach dem gegenwärtigen Befunde, nach dem, was wir an der Entwicklung des einzelnen Menschen beobachten, wenigstens annehmen. Es ist ein Schluß von der Ontogenesis auf die Phylogenesis. Wie Denken, Bewußtsein vom Bewußtsein und die Fähigkeit der eigenwilligen Triebbewertung vor oder nach, mit oder durcheinander aus unbekannten Tiefen des Lebens aufgestiegen sind, wissen wir nicht. Wir können nur versuchen, ihr gegenseitiges Aufeinanderwirken, das wir in uns erleben, etwas zu erhellen.

Tatsache ist, daß der Mensch sein Menschentum der eigenwilligen Triebbewertung in allem, überall und immer neu verdankt.

Tatsache ist, daß er den Unterbau dieses seines Menschentums, die Zivilisation, der eigenwilligen Zweckbewertung seiner Triebe verdankt.

Tatsache ist, daß innerhalb dieser Zweckbewertungen die des Denktriebes die wichtigste Stelle einnimmt.

Triebkombinationen spielen schon im außermenschlichen organischen Leben eine große Rolle. Ihre Bedeutung ist im Menschen noch ungleich größer, und die bedeutsamste Tatsache ist, daß der Denktrieb in Kombination mit allen anderen Trieben tritt. Der anerkannte Zweckwert des Denktriebes besteht darin, daß er

erstens den Menschen befähigt, Zweck und Trieb zu unterscheiden, daß er

zweitens durch verbesserte Technik für eine vollkommenere Befriedigung der meisten Triebe sorgt, und daß er

drittens die einzelnen Zwecke der einzelnen Triebe in eine geklärte und sie unterordnende Beziehung zum Oberzweck der Selbst- und Arterhaltung und damit auch in eine Ordnung untereinander bringt.

Jeder Trieb beansprucht in seiner Betätigung einen Teil der im Individuum disponiblen Kraft des Willens und der Zeit — auch Zeit stellt Kraft dar — welche demgemäß anderen Trieben nicht mehr zur Verfügung steht. Durch die allseitigen Ansprüche der verschiedenen Triebe und die vermittelnde Tätigkeit des Denktriebes entsteht im Menschen ein neuer Trieb, der Trieb zur Triebordnung oder die Ethik. Der Maßstab, an dem man in der Ethik innerhalb der Zweckbewertung das Recht der Ansprüche der einzelnen Triebe mißt, ist das Maß von Nutzen, welches ihre Befriedigung dem Selbst- und Arterhaltungstriebe bringt. Da die Selbst- und Arterhaltung der Abschluß ist, kann der Trieb zu ihr nicht mehr zweckbewertet werden, und jede kombinierte Entwicklungsreihe — Denktrieb plus einem anderen Triebe — hat hier ihr Ende. Der Selbst- und Arterhaltungstrieb selbst tritt uns innerhalb der Lebenstechnik nur in seiner Eigenkraft entgegen. Auch er kann eigenwillig bewertet werden, aber das ist dann nicht eigenwillige Zweckbewertung, sondern eigenwillige Eigenbewertung. Wir haben bereits gesehen, daß mit ihr die Lebenserfüllung in eine neue Bahn überspringt und eine neue Methode verlangt, die wir Lebenskunst nannten. Um der Klarheit willen weise ich schon hier darauf hin, daß der Selbsterhaltungstrieb vom Menschen, und zwar nur vom Menschen, wie eigenbewertet, so auch eigen**ent**wertet werden kann. Der Mensch, nur er allein von allen Wesen, die wir kennen, kann das Leben verneinen und sich das Leben nehmen, er kann sich dem Leben nehmen. Exitus patet. Aber das greift der Gedankenentwicklung dieser Arbeit vor. Hier wollen wir zunächst die Auswirkungen des Denktriebes in der Zweckbewertung und Lebenstechnik feststellen.

Denken ist besonders gedenken, das Vermögen, Vorstellungen festzuhalten und zu reproduzieren. Das Gedächtnis geht den Tieren nicht ab. Aber der Mensch ist in einem Maße damit begabt, das den Tieren fremd ist. Aus dem Gedächtnis in Verbindung mit dem gegenwärtigen Erleben ergibt sich die Voraussicht. Das Gedächtnis belehrt den Menschen, worauf seine Triebe hinaus wollen. In komplizierten Fällen, in schwierigen Triebkombinationen — beides ist häufig im menschlichen Leben — muß sich der einzelne auch vom Gesamtgedächtnis der Artgenossen, also von der Gesamterfahrung oder der Geschichte beraten lassen. Der Mensch weiß, was dabei herauskommt, wenn er, wenn sein Gesamtbewußtsein, in welchem seine sämtlichen Triebe samt ihren Zwecken immer zugleich gegenwärtig sind, dem im Augenblick am lautesten redenden und fordernden Triebe sein Plazet gibt. Billigt der Mensch das voraussichtliche Resultat seines Triebes, so verstärkt er dessen Eigenkraft durch Zweckbewertung, er verlegt seinen Schwerpunkt in diesen Trieb, sein Gesamtbewußtsein identifiziert sich mit ihm. Der Mensch kann aber ebenso dem schwächsten Triebe den Vorzug geben, wenn er seinen Zweck höher schätzt. Auch mit ganzen Triebsystemen kann er so verfahren. Die übrigen Triebe werden dadurch in den Hintergrund gedrängt, ja sie können auf Zeit fast ganz aus dem Bewußtsein schwinden. Dies letztere ist nichts besonders Menschliches. Es findet bei den Tieren, bei denen allein die Eigenkraft des Triebes entscheidet, in noch höherem Maße statt. Aber dadurch, daß der Mensch zur Eigenkraft eines Triebes die Zweckbewertung hinzutut, vermag er seine Triebe zu einer Kraft und Leistungsfähigkeit zu steigern, die den Tieren fremd ist. Besonders in der Dauerhaftigkeit der Trieberregung ist der Mensch den Tieren unvergleichlich überlegen. Er kann aber auch einen Trieb in seiner Eigenkraft nur einfach gewähren lassen, falls er nichts gegen ihn einzuwenden hat. Er kann endlich die

Eigenkraft eines Triebes abschwächen oder brechen, falls ihm dessen Zweck nicht wertvoll genug oder schädlich erscheint, und er kann einen anderen Trieb, der mit viel leiserer Stimme redet, um seines Zweckes willen herausheben und zur Wirkung bringen.

Hier liegt das Geheimnis der Weltherrschaft des Menschen.

Hiermit ist auch zugleich, schon in der Lebenstechnik und für die Lebenstechnik die Notwendigkeit und Tatsächlichkeit der Selbstbeherrschung gegeben. Es ist aber ein fundamentaler Unterschied, ob die Nötigung zur Selbstbeherrschung von außen oder von innen kommt, ob sie um des Triebzweckes willen und um seines Wertes willen geübt wird, oder um des Triebes selbst willen und um seines Wertes willen. Die Aufgabe der Selbstbeherrschung wird uns darum, wie die ganze Ethik, in der Sphäre der Lebenskunst noch einmal beschäftigen. Es gibt eine lebenstechnische und eine lebenskünstlerische Ethik. Die lebenstechnische Ethik stellt die Skala ihrer Werte nach der verschiedenen Bedeutung der Zwecke der Triebe für die Selbst- und Arterhaltung auf (iustitia civilis). Die lebenskünstlerische Ethik stellt die Skala ihrer Werte nach der Bedeutung der Triebe selbst auf, nach dem Maße ihrer Fähigkeit, Persönlichkeit zu schaffen.

Die Tatsache, daß es bereits in der Lebenstechnik eine Ethik gibt, also auch innere Kollisionen, lädt dazu ein, das ganze vorgetragene System von ihr aus aus den Angeln zu heben, die grundsätzliche Trennung von Lebenstechnik und Lebenskunst anzuzweifeln. Die Definitionen, von denen wir ausgingen, lauteten: Die Aufgabe der Lebenstechnik ist, sich in der Umwelt zurecht zu finden, um sich mit der Umwelt abzufinden. Die Aufgabe der Lebenskunst ist, sich in sich selbst zurecht zu finden, um sich mit sich selbst abzufinden. Nun verlangt der Trieb zur Triebordnung aber schon innerhalb der Lebenstechnik, daß der Mensch sich in sich selbst zurecht findet. Dadurch, daß der Mensch genötigt ist, Zwecke auszuwählen, über sie zu urteilen, den einen zu verwerfen, den anderen zu erküren, ist er auch genötigt, über die Triebe zu urteilen, die diesen Zwecken dienen, also einen zu bevorzugen, einen andern zu benachzugen. Aber die Orientierung geschieht nicht an einem wünschenswerten Ich, sondern an einer wünschenswerten möglichst günstigen Abfindung mit der Umwelt. Oft tritt dem zweckbetonten Triebe die Eigenkraft eines anderen gegenüber. Das Alphorn tuts dem Schweizer an. Die Vaterlandsliebe verleitet ihn zur Fahnenflucht. Hier kämpft die Eigenkraft des einen Triebes mit dem Zweckwert eines anderen. Die Eigenbewertung spielt in diese Kollision nicht hinein.

Tritt aber ein zweckbetonter Trieb einem anderen zweckbetonten Triebe gegenüber, so wertet der Mensch hier nicht Trieb gegen Trieb, sondern Zweck gegen Zweck ab. Ein Kaufmann sitzt im Interesse des Erwerbstriebes in seinem Büro und hat keine Bewegung, er wird frostig und asthmatisch. Da kommt der Bewegungstrieb mächtig über ihn, er läuft in den Stadtpark, sich Wärme und frische Luft zu holen. Freilich wird es auf diesem Wege oft zur Eigenbewertung kommen. Das Bewußtsein der Zweckmäßigkeit eines unterdrückten Triebes führt dazu. Jener Kaufmann macht bald darauf eine Wanderfahrt. Hierfür ist die Lust schlechthin am sich Ausleben des Triebes der Beweggrund. Das ist Eigenbewertung.

In der Lebenstechnik ist die Losung, sich in sich zurechtzufinden nur Mittel zum Zweck. Dieser Zweck ist nicht, sich mit sich abzufinden, sondern nur mit einem einzelnen Triebe. Erst in der Lebenskunst ist es die Aufgabe sich in sich selbst zurecht zu finden zu dem Zweck, sich mit sich selbst, also mit dem Gesamtbewußtsein abzufinden, und das dann weiter zu dem Ziel, um über sich hinauszufinden. Erst in der Lebenskunst wird der Wert der Seins- und Arterhaltung selbst zweifelhaft, und erst damit wird die Möglichkeit der bewußten Selbstbewertung gegeben. Erst in der Lebenskunst kommt es zu einer bewußten eigenen Schöpfung der Persönlichkeit.

In der Lebenstechnik ist der Trieb zur Selbst- und Arterhaltung in seiner Eigenkraft gegeben. So wird er bei der Entfaltung der Lebenstechnik stets vorausgesetzt. In dieser Form ist er der letzte Zweck, dem alle Triebe zu dienen haben. Auch die Lebenstechnik gestaltet das Ich des Menschen. Aber das geschieht nicht bewußt und nicht mit Absicht. Und darauf kommt es an. Ungewollte und unbewußte Rückwirkung auf jedes Geschöpf hat auch schon die Eigenkraft jedes Triebes bei seiner Wirkung nach außen. In der Sphäre der bewußten Zweckbewertung der Triebe findet sich die ungewollte Beeinflussung und Gestaltung des sich betätigenden Menschen selbst, durch seine nach außen gerichteten Taten, in erhöhtem Maße. Aber erst in der lebenskünstlerischen Lebenserfüllung beabsichtigt der Mensch bewußt seine eigene Gestaltung und Schöpfung und sieht auch in der Ausnützung der Rückwirkung seiner nach außen gerichteten Taten auf sich selbst seine eigentliche Lebensaufgabe. Erst dort wird alle Betätigung der Aufgabe der Selbstseelsorge untergeordnet. Darum, also weil in der Lebenstechnik noch keine Veränderung der Zielsetzung unserer Triebbetätigung eintritt, erfahren die Triebe durch die Lebenstechnik wohl eine unendliche Steigerung ihrer Kraft und Leistungsfähigkeit, aber keine Wesensänderung, keine Wesenssteigerung. Die bringt ihnen erst die Lebenskunst. Erst da kommen die großen Metamorphosen des sozialen Triebes in den sympathetischen, der Sinnestriebe in die Kunsttriebe, des Selbsterhaltungstriebes in den Persönlichkeitstrieb und in den ihm komplementären religiösen Trieb. Das ist der Inhalt der Lebenskunst.

Hier zeige ich nun im einzelnen an den wichtigsten Trieben die Bedeutung der Zweckbewertung. Die geistige Arbeit des Menschen ist eine doppelte. Erstens nimmt der Mensch von den Zwecken aus Stellung zu seinen Trieben. Zweitens arbeitet er bewußt an den Techniken, welche zur Triebbefriedigung führen.

Sehr schwierig ist es, eine sichere Ordnung in der Reihenfolge der Vorführung zu finden und Wiederholungen zu vermeiden. Die verschiedenen Triebe treten in der Lebenstechnik nicht nur alle in Verbindung mit dem Denktrieb auf, sondern sind auch sonst untereinander in den mannigfaltigsten Kombinationen und Systemen versippt. Ein Geflecht von Denktrieb, Betätigungstrieb und sozialem Trieb schafft die Zivilisation. Alle größeren Leistungen des Menschen werden nie von einem Trieb vollbracht, sondern immer von Triebsystemen. So besteht die Bindung der Geschlechter aneinander in einer ganzen Fülle von gemeinschaftlichen Trieben, für deren Erfüllung sie aufeinander angewiesen sind. Das Ergebnis ist die Ehe. Ein beliebiges anderes Beispiel ist die Verbindung von Denktrieb, Nachahmungstrieb und Wandertrieb. Aus fahrenden Leuten werden erfahrene.

Der Nahrungstrieb als der erste der Urtriebe kann vom Menschen getrost seiner Eigenkraft überlassen werden. Die Sitophobie ist eine seltene Krankheitserscheinung. Dagegen ist die Ernährungstechnik für den Menschen eine schwierige und umfassende Aufgabe. Schon bei den Tieren ist die Ernährungstechnik der Hauptbestandteil ihrer Lebenstechnik überhaupt. Die Tiere können nicht wie die Pflanzen die ihnen nötigen Substanzen direkt aus der anorganischen Natur sich aneignen und in Bestandteile ihres eigenen Körpers verwandeln. Sie sind auf Pflanzensubstanz oder in tierische umgewandelte vegetabilische Substanz angewiesen. Der Raubtrieb, der Jagdtrieb mit allen dazu gehörigen Listen, der Trieb zum Vorräte sammeln, die Anfänge des Ackerbaus, der Viehzucht und der Gartenkultur bei den höchststehenden Arthropoden und die sonderbaren Techniken der Nahrungsmittelbehandlung und Aufbewahrung bei ihnen und auch anderen Tieren stehen im Dienste des Nahrungstriebes. Die menschliche Zivilisation besteht in gleicher Weise hauptsächlich darin, um so den Menschen, die ständig zunehmende große Menschenmasse, mit Nahrungsmitteln zu versehen. Die Lebensmittelindustrie auf der Grundlage von Landwirtschaft und Viehzucht bildet der Menge nach den Hauptbestandteil auch der menschlichen Lebenstechnik. Besondere Erfolge der menschlichen Technik sind, daß er die Nahrungsmittel durch die Kochkunst verdaulicher macht und daß er sie zu Heilmitteln zu verfeinern weiß. Die medizinische Wissenschaft stellt fest, wieviel Wasser, Salze, Eiweiß, Fett und Kohlehydrate ein Mensch bedarf.

Auch die Bekleidungs- und Behausungstechnik, vom Schutztrieb hervorgebracht, ist den Tieren durchaus nicht fremd. Der blinde Trieb leistet Wunderbares in ihr, also etwa im Puppenkokon eines Schmetterlings, im Köcher einer Köcherfliege, im Termitenbau, im Bau des Bibers. Die entsprechenden Triebe sind in vielen Tieren bedeutend stärker und entwickelter als im Menschen, aber durch ihre Zweckbewertung hat der Mensch es zu seinen überlegenen Leistungen gebracht. So schuf er sich die Kleidung und verlegte den Ausgleich des großen Unterschiedes zwischen der Körpertemperatur und der Außentemperatur durch die Luftschicht zwischen Haut und Kleidung von der nerven- und gefäßreichen Haut auf jene. So schuf er sich den Hausbau, der zwar in ähnlichen Werken der Tiere manchen Prototyp findet, aber dem Menschen unvergleichlich mehr leistet, z. B. betreffs der Sicherheit. Neben Ernährungs-, Kleidungs- und Wohnungstechnik, die fast die ganze Zivilisation ausmachen, ist die Waffentechnik des Menschen die wichtigste. Die Zweckbewertung des Kampftriebes hat sie geschaffen. Viele Tiere sind von Natur mit dem Kampftrieb stärker ausgerüstet als der Mensch. Wie sein Gebiß lehrt, ist der Mensch von Hause aus kein Raubtier. Er hat sich erst durch Zweckbewertung seines Kampftriebes dazu gemacht. Er war ursprünglich sehr auf den Fluchttrieb angewiesen. Erst die Technik der Waffe machte ihn allen anderen Geschöpfen überlegen.

Dagegen ist der Geschlechtstrieb wieder einer der

Urtriebe, die der Mensch innerhalb der Lebenstechnik seiner Eigenkraft überlassen kann. Da auf dem Nahrungstriebe und dem Geschlechtstriebe alle weiteren Lebensmöglichkeiten der Kreatur beruhen, hat die Natur hier sich selbst schon gründlich vorgesehen und die Triebe mit einer unvergleichlichen Eigenkraft ausgestattet, so daß auch die stumpfsten Geschöpfe unter den Tieren wie unter den Menschen in ihnen Leidenschaft entwickeln. Nicht den Geschlechtstrieb zu treiben, wohl aber im Interesse anderer wichtiger Lebenstriebe zu zügeln, hat der Mensch darum mannigfach versucht. Die Lebenstechnik des Menschen besteht hauptsächlich darin, daß er das Triebgeflecht, in welchem der Geschlechtstrieb auch innerhalb der Tierwelt schon erscheint, noch zu verdichten und zu verfeinern trachtet. Schon bei den Tieren, und zwar schon bei großer Primitivität, erscheint der Geschlechtstrieb nicht isoliert, sondern in Verbindung mit dem Nahrungstrieb, dem Schutztrieb, dem Bruttrieb, dem Betätigungstrieb und dem sozialen Trieb. Dieses Triebgeflecht ist in der menschlichen Ehe lebenstechnisch ausgestaltet, und die Folgen davon sind die für die Selbst- und Arterhaltung denkbar nützlichsten. Die vollkommene soziale Symbiose von Mann und Weib ist ungemein vorteilhaft. Die monogamische Dauerehe ist ganz realistisch für den menschlichen Bruttrieb eine Notwendigkeit, da die Erziehung eines neuen Geschlechts etwa 20 Jahre, also die mannbare Lebenszeit des alten Geschlechts währt, und Mann und Weib, bzw. Vater und Mutter nebeneinander dazu notwendig sind. Der Zivilisationsfortschritt hängt davon ab, daß die Loslösung der jungen Generation vom Stamme möglichst lange herausgeschoben wird, damit sie in möglichster Reife geschehe, und daß der jungen Generation möglichst lange die Sorge um den Unterhalt abgenommen werde. Wenn der heutige Mensch den Geschlechtstrieb isoliert, das Verhältnis zwischen Mann und Weib auf ihn reduziert, so zerstört er nicht nur die Zivilisation und die Kultur, sondern die Natur selbst. Nirgend im tierischen Leben findet sich dergleichen. Die sogenannte freie Erotik kann sich in keiner Weise auf den Naturzustand berufen und ihr Recht aus ihm ableiten.

Auch die Leistungsfähigkeit der Sinne, in der die Tiere ursprünglich mannigfach überlegen sind, hat der Mensch auf die uns nun schon geläufige doppelte Weise gesteigert. Das Zweckbewußtsein schärft die Sinne des Menschen so, daß er kaum auf einem Gebiete von einem Tiere übertroffen wird. Die Ausbildung des Geruchssinnes bei primitiven Menschen, die Ausbildung des Gesichts- und Gehörsinnes bei den Jägern erreichen eine Höhe, die uns ebenso in Erstaunen setzt wie die gleichen Leistungen bei den Tieren. Wo eine ganz andere Ausrüstung in Frage kommt, wie bei manchen Insekten, da gilt das natürlich nicht. Wir sahen, daß auch schon die Tiere nicht ganz ohne Sinnestechnik sind. Aber die künstliche Herstellung des Gleichgewichtssinnes bei den Krebstieren ist doch eine seltsame Ausnahme. Die Technik des Menschen zur Sinnesschärfung ist eine ungeheure und verspricht auch noch für die Zukunft sowohl makrokosmisch wie mikrokosmisch eine nicht abzumessende Erweiterung der uns gegebenen Welt. Hört auch der direkte Weg vom Auge und vom Ohr zu den Dingen bald auf, so sind die Möglichkeiten des indirekten unbegrenzt, und das photographische Sehen und das radiotechnische Hören ist nur ein Anfang davon. Augenblicklich verspricht das Mikrophon für die Erforschung der Insektenwelt große Überraschungen.

Der Betätigungstrieb gehört wieder zu den Trieben, mit denen der Mensch von Natur gering begabt ist. Er ist z. B. in den Bienen und Ameisen unvergleichlich stärker angelegt. Durch Zweckbewertung aber stärkt der Mensch auch diesen Trieb so, daß er auch in ihm allen anderen Wesen überlegen wird. Der Mensch vermag die Leistungsfähigkeit seines Arbeitstriebes so zu steigern, daß sie selbst die der Bienen und Termiten und Ameisen übertrifft. Durch gewaltsame Mittel hat die Natur selbst in diesen Tieren etwas der menschlichen Leistungsfähigkeit Analoges geschaffen. Sie ließ in bestimmten Individuen der Gattung andere Triebe verkümmern, in der Arbeitsbiene und in der Arbeitsameise den Geschlechtstrieb, in einem Teil der Arbeitsameisen außerdem den Kampftrieb. Der Mensch dagegen vermag selbst alle seine übrigen Triebe zugunsten des Betätigungstriebes zurückzudrängen. Im Einfluß auf den Betätigungstrieb erreicht die Zweckbewertung ihre größten und bedeutsamsten Erfolge. Dadurch, daß der Mensch den Zweck der Betätigung vom Trieb zur Betätigung unterscheidet, macht er die Betätigung zur Arbeit. Kein Tier arbeitet ungezwungen. Auch die „Arbeits"biene arbeitet nicht, sie folgt nur ihrem blinden Betätigungstriebe. Ganz ausschließlich und allein der Mensch arbeitet. Durch seine Befähigung zur Arbeit wird er auch zum sozialen Wesen im eminenten Sinne des Wortes, weit über die sozialen Arthropoden hinaus. Die Trennung des Zweckes vom Betätigungstriebe hat auch sehr üble Folgen, die wir später besprechen werden. Ebenso werden wir später darüber sprechen, wie erst Kultur und Lebenskunst imstande sind, diese Folgen wieder aufzuheben. Zunächst rede ich nur von dem Nutzen, den die menschliche Lebenstechnik dem Menschen bringt.

In der Anwendung auf den Betätigungstrieb erweist sich die Richtigkeit der in dieser Schrift vorgetragenen Theorie besonders klar.

Jeder Arbeit des Menschen, auch der nicht vom eigenen Triebe veranlaßten, sondern irgendwie erzwungenen liegt eine Anlage zugrunde. Eine Anlage ist eine Triebknospe, eine Disposition, die auf innere oder äußere Auslösung hin zum Triebe wird. Ist die Anlage erst einmal zum Triebe erwacht, so ist eine bleibende Disposition da, eine Fähigkeit. Geweckte oder erwachte Anlagen werden Triebe, geübte Triebe werden Fähigkeiten. Diese Fähigkeiten können dann auch ohne den Trieb in Anspruch genommen werden. So entsteht die Arbeit. Wo gar keine Anlage zu einer Betätigung ist, ist es auch unmöglich, die entsprechende Arbeit zu leisten, da ist also auch Zwang sinnlos. So kann man auch umgekehrt von jeder Leistung, auch der erzwungenen auf Anlage, Trieb und Fähigkeit als ursprünglich vorhanden schließen.

Der Betätigungstrieb kann, wie bei den Tieren immer und allein, so auch im Menschen durch seine Eigenkraft wirken. Der Mensch kann ihn aber auch von außen, durch einen erkannten und gewünschten Zweck, wecken. Dann nennt er die Betätigung Arbeit. Wieder macht es einen großen Unterschied, ob der direkte Zweck der Arbeit sein eigener oder der anderer ist. Auch wenn der Zweck der eigene des sich Betätigenden ist, wenn der Bauer seinen

Acker bestellt, um selbst von den Früchten zu essen, ist seine Betätigung Arbeit. Der Knecht, der auf seinem Acker arbeitet, und den er dafür mit Geld ablohnt, tut Berufsarbeit. Arbeiten die Menschen gegenseitig füreinander, so leisten sie soziale Arbeit.

Um der Vollständigkeit dieser Ausführung willen, sage ich auch hier schon, daß endlich auch die Arbeit, bzw. der Betätigungstrieb eigenbewertet werden kann. Aber damit treten wir von der Lebenstechnik in die Lebenskunst über.

Die Fähigkeit des Menschen zur Arbeit, besonders zur Berufsarbeit und zur sozialen Arbeit, ist recht eigentlich die Grundlage aller Zivilisation. Die Betätigung wird aus ihrer nächsten persönlichen Zweckverbundenheit herausgelöst, verliert ihren Wert für den sich Betätigenden, bekommt aber dafür einen neuen Wert, nämlich den für die Gesamtheit. Die Berufsarbeit hat einen eminent sozialen Wert, ja sie ist geradezu der soziale Wert. Die Tiere sind in der Produktion, auch dann, wenn sie von den Betätigungsprodukten anderer leben, ganz auf die Eigenkraft der Triebe der Produzenten angewiesen. So die Bienen. Auch die roten Raubameisen haben deshalb keine volle Sklavenwirtschaft. Wenn die kleinen geraubten schwarzen Ameisen sie füttern, so tun sie das nicht gezwungen, sondern ihrem Triebe folgend. Anders der Mensch. Er kann durch Furchterregung vor Mißhandlung und Hunger eine wirkliche Sklavenarbeit schaffen. Er kann aber auch dem Arbeiter, dem er den nächsten Zweckwert seiner Arbeit nimmt, oder dem er eine Arbeit gibt, die für ihn keinen direkten Zweckwert hat, einen Ersatzwert dafür geben. Dieser Ersatzwert ist die Teilnahme an dem Zweckwert der Arbeit aller. Er erhält sie meist in der Gestalt des Geldes.

Die zweite große Kombination, in der sich der Denktrieb auf den Betätigungstrieb auswirkt, ist die Schöpfung von Arbeitstechniken. Das große Neue, das der Mensch hat, ist das von ihm geschaffene Werkzeug. An Arbeitstechniken fehlt es den Tieren nicht, aber das Werkzeug ist in allen Fällen ihr eigener Körper und seine oft so wunderbare Ausstattung. Das geschaffene Werkzeug ist den Tieren fremd, auch den so hoch entwickelten Arthropoden. Wir sahen den Anfang der Werkzeugbenutzung bei den anthropoiden Affen. Aber erstens waren diese Werkzeuge in der Hauptsache von Menschen gemacht und vom Menschen ihnen zugespielt. Zweitens lebten diese Affen nicht unter natürlichen Bedingungen, sondern unter solchen, die nur der Mensch schaffen kann (Gefängnis, Ketten, Fütterung). Drittens war es nur die Eigenkraft des Denktriebes, die die anthropoiden Affen zum Gebrauch der Werkzeuge brachte. Die wirkliche Werkzeugschöpfung ist nur möglich durch Zweckbewertung des Denktriebes. Beides ist miteinander geworden und hat miteinander zugenommen. Die ersten Werkzeuge des Menschen waren gewiß auch Ergebnisse der Eigenkraft seines Denktriebes, und der Zufall hat bei ihnen auch das Meiste getan.

Wir haben den sozialen Trieb als den Trieb definiert, die Triebe anderer Wesen zu benutzen und die eigenen Triebe von anderen benutzen zu lassen. Die angenommene Richtigkeit dieser Definition ist die Grundlage der folgenden Erörterung. Neben dem Denktrieb und dem Betätigungstrieb ist es ganz besonders der soziale Trieb, der die Zivilisation schafft. Es gibt aber auch eminent soziale Tiere. Der Geschlechtstrieb, auf den die gegebene Definition ebenso paßt, erweist sich damit als Spezialfall des sozialen Triebes. Wahrscheinlich ist dieser aus jenem hervorgegangen. Die Eigenkraft des sozialen Triebes ist beim Menschen im Verhältnis zu den sozialen Tieren sehr schwach. Nur durch Zweckbewertung hat der soziale Trieb im Menschen seine außerordentliche Steigerung erfahren. Der soziale Trieb kann beim Menschen allerdings nicht wie beim Tier letzter Selbstzweck werden, sondern muß Mittel zum Zweck bleiben. Denn für die Natur selbst ist beim Menschen offenbar die Arterhaltung nur Mittel zum Zweck. In einzigartiger Weise geht die Natur selbst beim Menschen auf Individualisierung aus, durch Schöpfung eines dementsprechenden Triebes. Das Ziel der Natur ist beim Menschen die Schöpfung hochwertiger, die Artgenossen weit überragender Individuen, während bei allen anderen Wesen, auch bei weitgehender Differenzierung der Individuen bezüglich ihrer generellen Funktionen (Bienen, Ameisen), das einzige letzte Ziel die Arterhaltung ist. Aber als Mittel zum Zweck der Arterhaltung, die ja die Voraussetzung auch für das höhere Ziel der menschlichen Individualisierung ist, ist der soziale Trieb von einzigartiger Bedeutung. Der zweite Zweck des sozialen Triebes ist die Bereicherung an Macht durch Arbeitsteilung. Bei dem ungeheuren Reichtum des Menschen an Triebausstattung und bei seiner Fähigkeit, alle diese Triebe durch Zweckbetonung beliebig zu steigern, würde es dem einzelnen Menschen nicht möglich sein, seine fast unbegrenzten Möglichkeiten wenigstens einigermaßen auszuschöpfen, wenn er nicht die Möglichkeit der gegenseitigen Triebbenutzung auch in einem einzigartigen Grade besäße. Der Mensch zweckbewertet deshalb den sozialen Trieb mit denkbar größter Energie.

Die Ähnlichkeit der eigenkräftigen Betätigung des sozialen Triebes bei den Tieren und seiner zweckbewerteten Betätigung bei den Menschen geht weit. Fortgeschrittene Tiere, Bienen, Ameisen, Termiten, haben die gegenseitige Triebbenutzung nicht nur im Geschlechtsverkehr. Sie benutzen den Betätigungstrieb, den Kampftrieb, den Bruttrieb der damit behafteten Artgenossen.

Unter dem Begriff der Symbiose versteht man, dem sprachlichen Herkommen gemäß, ausschließlich den Trieb zur Triebbenutzung eines Geschöpfes anderer Art. Das Freundschaftsverhältnis zwischen Einsiedlerkrebs und Seerose ist ein Beispiel dafür. Der Einsiedlerkrebs benutzt den Kampftrieb der Seerose, die ihn durch ihre gefährlichen Nesselorgane gegen Feinde, z. B. die Tintenschnecken, schützt. Dagegen hat der Krebs durch seine freie Beweglichkeit eine bessere Ernährungstechnik, die er dem Beschützer zugute kommen läßt. Hinweisen möchte ich auf die sonderbare Lebenstechnik der Hydromedusen und der diesen zugeordneten Siphonophoren. Kolonien bildend, teilen sie sich die Arbeit so, daß bestimmte Individuen die Ernährung, andere die Bewegung, andere die Fortpflanzung, andere noch andere Funktionen leisten. Die Kolonie der ersteren besteht aus Freßpolypen und Geschlechtspolypen, die einander brauchen, die der letzteren aus Nährtieren, Geschlechtstieren, Schwimmglocken und noch anderen Berufsindividuen.

Die Ameisen und Bienen benutzen nicht nur die besonderen Triebe, sondern sie pflegen, sie schützen, sie züchten sie. Die eigentümliche Behandlung, die die Bienen dem Weisel in bezug auf Nahrung, Wohnung, Schutz angedeihen lassen, ist ein Beleg dafür. Dagegen kennen die Tiere keinen Triebzwang und keine Triebunterdrückung. Wird so etwas gewünscht, so muß die Natur es selber leisten. Sie schafft die Differenzierung der oben genannten Cölenteraten, sie schafft die geschlechtslosen Arbeitsbienen und erreicht so, was der Mensch durch die verschiedensten Maßnahmen, z. B. des Zwanges, teilweise auch durch Kastration zu erreichen sucht. Auf Grund der Zweckbewertung des sozialen Triebes hat die Triebzüchtung beim Menschen ungeheure Dimensionen angenommen. Der Inhalt der Zivilisation ist zum größten Teil Triebzüchtung beim einzelnen durch die Gemeinschaft. Der Mensch züchtet mit aller Gewalt und mit allen Mitteln den Betätigungs- und Erwerbstrieb, den Kampftrieb, den Denktrieb, den sozialen Trieb, den Trieb zur Triebordnung oder ethischen Trieb. Er dämpft den Geschlechtstrieb, er unterdrückt mit aller Gewalt den antisozialen Raubtrieb, der im Menschen atavistisch immer wieder durchbricht. In der zunächst so rätselhaft erscheinenden Kleptomanie erwacht auch ein Urtrieb wieder zu neuem Leben.

Ins Ungeheure sind die Techniken gewachsen, die der menschliche Geist den Trieben zu ihrer Befriedigung zur Verfügung stellt. Der soziale Trieb schafft den Staat und die Wirtschaftsorganisation als Möglichkeiten der gegenseitigen Triebbenutzung. Der Hauptberuf des Staates ist es, wertvolle Triebe zu pflegen, zu stärken, zu züchten und der Gemeinschaft schädliche zu unterdrücken. Die mannigfaltigsten Institutionen, Organisationen und

Methoden arbeiten alle auf dasselbe Ziel hin. Die Schulen, die Universitäten, die allgemeine Wehrpflicht, Gehälter, Gehaltsstufen, Belohnungen, Ehrungen, die Einrichtungen des Privateigentums und des Rechtes, haben alle ein und dasselbe Ziel, die Triebzüchtung. In wieweit diese Behauptung, z. B. in bezug auf die Schulen, sich Einschränkungen gefallen lassen muß, wird bei der Behandlung der Lebenskunst zur Sprache kommen. Ohne die großen und mannigfaltigen Triebzüchtungsveranstaltungen des Staates und deren Zwang würden die meisten Menschen, der Eigenkraft ihrer Triebe überlassen, wieder in den Naturzustand oder in Barbarei zurücksinken. Die wenigen, die allein von sich selbst aus ihre Triebe richtig zweckbewerten, und noch mehr, wie wir später sehen werden, allerdings die, die sie richtig eigenbewerten, sind die seltenen Genies der Menschheit. Die übergroße Mehrheit der Menschen z. B. zweckbewertet ihren Denktrieb nur unter dem Druck des sozialen, des Nahrungs- und des Ehrtriebes.

Die Bedeutung des Rechtes ist, den Anteil am Arbeitszweck, der in Geld und Ware vorliegt, zu regeln und den Austausch der Arbeitszwecke zu ermöglichen, um auch auf diese Weise den Betätigungstrieb zu fördern. Die Tiere haben auch schon das Recht, aber sie haben es nur bis zum Kommunismus gebracht. Sie kennen nur Staatseigentum und Staatsrecht, aber kein Privateigentum und kein Privatrecht. Die zum Stock gehörige Biene hat ein Recht auf Wohnung und Nahrung. Beides wird Fremdlingen verweigert. Gewisse Ameisen haben sogar ein Wegerecht in der Nähe ihrer Wohnung. Königinnen und Drohnen werden bevorrechtet und benachrechtet, aber das ist auch Staatsrecht, denn es geschieht aus sozialen Gründen. Die Schöpfung des Privateigentums und des Privatrechtes ist ein ungeheurer Fortschritt auch im Interesse des eigentlichen letzten Zieles des Menschentums, nämlich der Individualisierung. Innerhalb der Zivilisation ist das Privateigentum aber als soziale Einrichtung beabsichtigt. Denn es steigert den Erwerbstrieb und mit ihm den Betätigungstrieb einzigartig. Das Privateigentum darf natürlich nicht als Gegensatz zum gemeinsamen Eigentum aufgefaßt werden. Es ist eine Form des Anteils des einzelnen am Gemeineigentum. Das ergibt sich ja daraus, daß der einzelne stirbt, die Gemeinschaft aber bleibt. Der einzelne ist also immer nur Nutznießer. Auch diese Nutznießung wird noch durch Gesetze beschränkt. Das Privateigentum ist also so weit gut, als das Gemeineigentum dadurch geschützt und gemehrt wird.

Ehrungen, Orden und Titel sind ausgezeichnete Mittel zur Triebzüchtung. Der einzelne Mensch zweckbewertet auch selbst von sich aus einen seltenen wertvollen Trieb, also den Betätigungstrieb, den sozialen Trieb, den Denktrieb, den Trieb zur Triebordnung. Er ist aber darin nicht sicher, nicht stark genug in sich, etwa gegen die konkurrierende Empfindung für den Erwerbstrieb. Da kommt ihm das Gemeinurteil der Gesamtheit zu Hilfe, indem es die gleiche Wertung ausspricht. Der Ausdruck hierfür ist etwa ein Orden. Das ist eine durchaus sinnvolle Einrichtung. So entsteht die besondere Kaufmanns-, Krieger-, Beamtenehre. Der Kaufmann wird Kommerzienrat, der Krieger wird nobilitiert, der Beamte erhält einen Orden. Dadurch wird ihre soziale Zuverlässigkeit gestärkt. Jeder fühlt sich verpflichtet, den seiner Tätigkeit zugrunde liegenden Trieb nicht zu vernachlässigen, sondern zweckzubewerten und so sich selbst nicht zu desavouieren. Die Menschen werden dadurch an die allgemein üblichen Triebwertungen, an die Mores, Moral, Sitte erinnert. Die Gewöhnung wird gestärkt, diese und damit Staatswohl und Staatswillen zu berücksichtigen. Die common sense Moral mit ihren einfachen Urteilen „so etwas tut man doch nicht" und „das ist vorbildlich", ist eine große Macht. Wer sich ihr fügt, gewinnt meist dadurch zunächst nur sogenannte ideale Vorteile, die aber sehr oft sich auch in reale verwandeln. Beispiele hierfür sind der gute Ruf und der Kredit. Zum mindesten erhält der Mensch das sehr angenehme Gefühl einer größeren inneren Sicherheit. So entsteht der Ehrtrieb, also der Trieb, die Schätzung der Gesamtheit für seine Triebe und durch seine Triebe zu erlangen. In der Lebenstechnik erweist sich der Ehrtrieb als Triebförderer nützlich. Solange noch die Zivilisation nicht in einem unvergleichlich höheren Grade zur Kultur umgestaltet ist als heute, muß der Ehrtrieb gepflegt und gezüchtet werden. Es ist einer der vielen psychologischen und ethischen Irrtümer der Zeit, ist eine von den vielen Illusionen wirklichkeitsfremder Ideologen, daß man meint, auf den Ehrtrieb verzichten zu können, daß man also etwa die Orden abgeschafft hat.

Ehrungen der Gemeinschaft als Triebwertbestätigungen des einzelnen haben aber auch ihre sehr großen Schäden. Der Ehrtrieb wuchert, er wird zum Ehrgeiz. Seine ganze Schädlichkeit und Unmöglichkeit offenbart dieser erst innerhalb der Sphäre der Lebenskunst. Aber auch schon in der Sphäre der Lebenstechnik ist der Ehrgeiz äußerst schädlich. Er verhindert die eigene ehrliche Selbsteinschätzung des Nutzens, den man der Gemeinschaft bringt. Er veranlaßt die Menschen, sich und den anderen den Besitz von Trieben einzubilden, die sie in Wahrheit gar nicht haben. Er schafft den Blender, den Streber, den Pfuscher. Der Ehrgeiz schadet der Menschheit ganz ungeheuer. Der ehrgeizige Streber läßt die wahrhaft großen Leistungen des eigentlich Tüchtigen und des Könners nicht aufkommen, sondern unterdrückt sie nach Möglichkeit schonungslos. Überall, wo im Wettlauf des Lebens der Könner kommt, sitzt schon ein Swinegel im Graben un röpt: ik bün schon do. Die Zahl der Swienegels ist Legion, und sie alle sehen einer aus wie der andere. Durch Triebzüchtungsauswahl in der Kindheit sucht man heute „dem Tüchtigen freie Bahn" zu schaffen und dem talentlosen Strebertum entgegenzutreten. Die Methoden, die man dabei anwendet, sind interessant, sind geistreich. Vor allen Dingen ist wichtig, daß unsere, nivellierenden Tendenzen huldigende Zeit damit doch das Recht und die Notwendigkeit der Individualisierung anerkennt. Nicht Förderung der Gleichheit, sondern Förderung der Ungleichheit bringt die Menschheit vorwärts. Diese bringt die größte Produktionssteigerung an Werten, und das ist die Hauptsache auch im sozialen Interesse von Zivilisation und Lebenstechnik. Der Konsum kann nachher so sozialistisch geordnet werden, wie nur irgend möglich. Nur durch Vorrechte ist es möglich in der Zivilisationssphäre aus dem Menschen die größtmögliche Leistung herauszuholen. Der Mensch macht da weiter nichts, als was ihm die Bienen durch besondere Fütterung ihres Weisels vormachen. Die Menschen suchen die höheren Triebbegabungen auszunützen. Wenn es gelingt, einen Begabten, der sonst verloren gegangen wäre, herauszufischen, kann der Nutzen für die Gesamtheit ungeheuer sein. Ein Erfinder produziert mehr als Millionen Arbeiter. Trotzdem verspreche man sich von der sozialen Maßnahme der Begabtensuche nicht zu viel. Die Begabtenprüfungen finden in früher Jugend statt. Die Leistungskräftigsten sind aber nicht immer die Frühreifen, sondern meist gerade die Spätreifen. Dann stehen den Prüfenden nicht für jeden Fall neue Ideen zur Verfügung. Es bilden sich Methoden. Alle Methoden aber nivellieren. Diesem Schicksal entgeht keine Schule. Ferner prüft man, kann man nur die Intelligenz prüfen, nicht den Willen, nicht die irrationale Begabung. Drittens muß man es dem Genie später doch selbst überlassen, sich Bahn zu brechen, sich die Techniken, auch das Geld privat zu besorgen, um seine Gedanken zu verwirklichen. Sonst müßte man ja immer wieder an eine noch höhere Intelligenz appellieren können als die seine. Die ist aber nicht da. So wird also das große Lotteriespiel der Menschheit, bei dem die wenigen Genies, neben ungezählten Nieten herausspringen, weiter gespielt werden müssen. Bevorrechtete Stände und Kasten, in denen als besonderen Bassins unter besonders günstigen Umständen die Individuen ihre Triebbegabungen allein selbst finden und nach eigenem Geschmack und auf eigene Gefahr ausbilden können, bleiben für die Gesamtheit notwendig und nützlich. Die Ausmerzung ungeeigneter unproduktiver Elemente in diesen Kasten und Ständen besorgt die Natur selbst gesetzmäßig verblüffend schnell. Ebenso vollzieht sich der Aufstieg geeigneter Elemente in höhere Lebensmöglichkeiten von selbst schnell. Beobachtung und Statistik beweisen das. Immerhin, der Versuch der Begabtenprüfung ist nicht nur gut gemeint, er ist als Ergänzung und Ausgleich notwendig. Er wird auch durch Erfahrung noch verbessert werden.

Dagegen sollte man sich damit begnügen, die eigene Triebzweckbewertung, wenn sie auch der Gesamtheit besonders wertvoll erscheint, durch Ehrungen zu bestätigen. Sie hervorzurufen, ist gefährlich. Es wäre besser, man verzichtete darauf. Viel mehr als den Ehrtrieb sollte die Gemeinschaft den Trieb zur Triebordnung, zur eigenen rein sachlichen Einschätzung der eigenen Triebe fördern. Es ist einer der größten Zivilisationsschäden unserer Zeit, daß man die Ethik so wenig pflegt. Freilich, hier zeigt sich dann eben die Ergänzungsbedürftigkeit von Zivilisation und Lebenstechnik. Es ist noch nie gelungen, eine wirksame, rein lebenstechnische und darum vor allem auch mystiklose Ethik zu schaffen. Darum wird ja auch jeder Staat, der sein eigenes Wesen und sein eigenes Wohl richtig versteht, und zugleich die Beschränkung seiner Mittel, zu wirken, einsieht, die Kirchen pflegen, schützen, fördern. Denn sie allein vermögen den Trieb zur Triebordnung wirklich zu nähren und zu stärken, ihn zum unbedingten letzten, alle anderen bestimmenden zu machen, eben weil sie ihn nicht lebenstechnisch, sondern individuell, lebenskünstlerisch begründen. Wenn die ethische Kraftentfaltung der Kirchen in den ihr Zugehörigen zurzeit gering ist, so liegt das nicht in ihrem Wesen, also in der Mystik und Religion begründet, sondern in der merkwürdigen Stellung, die die Kirchen zu der modernen Wirklichkeitserkenntnis einnehmen. Die Weltanschauungskämpfe in den Kirchen und in den Kirchenlehren werden aber erledigt werden, sie sind eine vorübergehende Erscheinung. Dann wird die Mystik ihre alte Bedeutung für die Ethik zurückgewinnen, und dann wird die Menschheit wieder eine starke, weil lebenskünstlerische Ethik haben.

Wir wollen aber zunächst von der Ethik oder dem Trieb zur Triebordnung und seiner Zweckbewertung innerhalb der Lebenstechnik sprechen. Ohne Ethik gibt es keine Zivilisation, geschweige denn eine Kultur. Die lebenstechnische Ethik vermag, wie die Zivilisation überhaupt, zwar keine Begeisterung zu schaffen, aber sie hat doch eine bewahrende Macht. Die Gemeinschaft hat das größte Interesse an ihr. Sie hat einmal das Interesse, daß jeder den sozialen Trieb richtig und voll bewertet. Jedoch, da ihr Wohl sich aus dem Wohl aller zusammensetzt, hat sie auch das Interesse, daß jeder einzelne durch vernünftige Triebordnung im allgemeinen sich selbst erhalte und seine Interessen fördere.

Sobald der Mensch den ethischen Trieb erkennt und anerkennt, so hat er sich die folgenden Fragen über sich selbst zu beantworten. Welche Zwecke haben die Triebe, und was leistet jeder dieser Zwecke für den Oberzweck der Selbst- und Arterhaltung in zuverlässiger bestimmter Reihenfolge als das Nötige, das Nötigere, das Nötigste? Welches ist meine besondere Triebbegabung, welche Triebe muß ich also besonders pflegen? Danach hat er dann den Zweckwert jedes Triebes gegen den Zweckwert der anderen und gegen die Eigenkraft der anderen abzuwerten. Die Forderung des Menschen an sich selbst, die so zustande kommt, nennt der Mensch Pflicht. Die lebenstechnische

Ethik ist utilitaristisch. Ihre Schwierigkeit ist ihre doppelte Orientierung, einmal an dem Oberzweck der Selbsterhaltung, zum anderen an dem Oberzweck der Arterhaltung. Ein Kreislauf der Triebzwecke verläuft im individuellen Interesse allein, ein anderer zugleich mit im sozialen. Wäre der Oberzweck ausschließlich die Arterhaltung wie bei den Bienen und Ameisen, so könnte sich der soziale Trieb auch beim Menschen viel sicherer ausleben. Bei Bienen und Ameisen hat der soziale Trieb die absolut höchste Eigenkraft. Das Individuum lebt nur in der Art, es bedeutet an sich nichts, die Gemeinschaft, das Volk, der Staat alles. Der Mensch aber hat außerdem den entgegengesetzten Trieb zur Individualisierung. Die verlangt durch die individuell unendlich differenzierte Triebbegabung auch schon innerhalb der Zivilisation ihr Recht. So ist die Ethik auf Kompromisse angewiesen.

So weit sie als Individualethik nur die Pflichten des Menschen gegen sich selbst vertritt, ist sie sehr stark. Einem leidlich vernünftigen Menschen macht man leicht klar, daß er Ethik als Triebzwang auf sich selbst im eigenen Interesse braucht. Die objektive Gewalt der Triebe über den Menschen ist zu deutlich, und der praktische Nutzen, den die Ethik bringt, ebenso. Der Trieb, Vorräte zu sammeln, dessen Eigenkraft in vielen Tieren schon bedeutend ist, übt Kritik am Nahrungstrieb und macht den Menschen sparsam. Der Trieb, für die Nachkommen zu sorgen, dämpft den Geschlechtstrieb. Der fleißige Betätigungstrieb, der Haus und Hof mit Gütern füllt, der Kampftrieb, der den mühsam erarbeiteten Besitz verteidigt, verdrängt meist leicht die Faulheit und die Feigheit.

Auch die Sozialethik hat Argumente, die stark auf den Menschen wirken. Die Abhängigkeit des Wohles jedes einzelnen vom Wohle der Gesamtheit ist deutlich. Das stärkt den sozialen Trieb ständig. Bei jeder Versuchung, den eigenen Vorteil auf Kosten der Gesamtheit zu suchen, stellt sich die Überlegung ein: „Wenn es alle so machten, ihre Pflicht vernachlässigten, könnte der Staat nicht bestehen, und du dann auch nicht." Es ist töricht, den Ast abzusägen, auf dem man sitzt, auch wenn man damit einheizen kann. So tut der einzelne seine Pflicht gegen den Staat in der Erkenntnis des Wertes seines sozialen Triebes, tut sie auch gegen den einzelnen anderen Staatsbürger, damit der nicht sein Interesse am Staat verliere.

Aber es gibt auch sehr viel entgegengesetzte Erwägungen. Dem naiven Menschen erscheint so wie so jede ethische Betrachtung als Vertreterin „fremder" Interessen, etwa der eines „Sittengesetzes" oder „Gottes" oder aber „der anderen", und darum als anrüchig. Besonders der soziale Trieb erscheint ihm als gegnerischer Anwalt des Staates, als ein Feind im eigenen Lager. Der Staat ist der überlegene Partner, der immer mehr fordert als er gibt. Er ist ein „Racker", hat grobe Hände, seine Omnipotenz ist gefährlich, er wahrt sein Recht viel leichter und sicherer als der schwache einzelne. Er hat die gewaltigen Waffen des Staatsrechtes und der Staatsgewalt. Nun kommt ihm auch noch die Ethik zu Hilfe. Hat der Staat denn *selbst* Moral? Welche denn? Wo zeigt sie sich? Ist der Staat als Interessengemeinschaft nicht lediglich auf das Recht gegründet? Jeder verständige und menschliche Richter wird immer die moralischen Verpflichtungen auch der Gesamtheit gegen den einzelnen anerkennen und zur Wirkung bringen, aber in seinem Beruf liegt das an und für sich nicht. Wer ist denn dieser Staat, außer daß er eine harte Notwendigkeit ist. Ist er wirklich der Ausbund von Weisheit, der die wertvollsten Triebe des Menschenwesens züchtet und bevorzugt? Welches sind die Triebe, die ihm willkommen sind? Ist es nicht vor allem der Trieb zur materiellen Gütererzeugung für seine Massen und abermals Massen und immer neue Massen? So nimmt der einzelne gern zur List seine Zuflucht, um sich mit seinem sozialen Triebe abzufinden. Die anderen, so argumentiert er, sündigen auch, hinterziehen auch die Steuern, und mein Tun, das Tun eines einzelnen, ist den Millionen gegenüber wohl kaum von Belang. Man muß freilich ein gutes Beispiel geben. Ja, das gilt ja nur, wenn die anderen erfahren, was ich tue. Und sie erfahren meist meine guten Taten nicht, und noch weniger meine schlechten. Wenn mein Tun nur nach außen einen guten Schein erweckt, das reicht aus. Die utilitaristische Sozialethik der Zivilisation bringt viel Heuchelei hervor. Der Nützlichkeitstheoretiker Bentham sagt, da ein ständiges Heucheln einmal unerträglich und zum anderen auch riskant sei, so empfehle es sich, uneigennützig zu werden. Diese naive Deduktion hat der Welt noch wenig Segen gebracht. Welchem raffinierten antisozialen Egoisten fällt es wohl ein, ständig zu heucheln. Die utilitaristische Staatsethik bleibt also doch ein höchst gebrechliches Ding, und der Triebzwang durch das Recht und durch den Ehrtrieb müssen das Meiste tun, um den Staat lebensfähig zu erhalten, so weit nicht die höheren und selbständigen Mächte der Kultur und der Lebenskunst ihm zu Hilfe kommen.

Das große Problem für die Menschen, aus dem gegenseitigen Verhältnis zu einander den größtmöglichen Nutzen für einander zu ziehen, kann eben nicht durch die einseitige Betonung des sozialen Triebes allein, noch überhaupt durch einen möglichst omnipotenten Staat, durch Zivilisation und Lebenstechnik allein, erschöpfend gelöst werden. Die Bienen und die Ameisen, bei denen die Arterhaltung und der soziale Trieb das unbestritten einzig Höchste und Letzte ist, haben ihre Lebensaufgabe in ihrem Staatswesen erschöpfend gelöst. Die Menschheit kann ihr Leben nicht so einfach erfüllen, weil sie eben aus Individuen besteht. Die Formen des menschlichen Staates dürfen nicht erstarren, sondern müssen elastisch bleiben, gerade auch die Formen des sozialen Staates, vor allem bezüglich der Produktion. Es muß Raum im Staate sein für die eigene, persönliche Triebzweckbewertung. Die Gemeinschaft hat keine Organe dafür, die unübersehbar differenziierten Produktionsfähigkeiten des einzelnen zu erkennen und entsprechend zu verwerten. Es muß deshalb auch Raum im Staate sein für freie Gemeinschaftsbildungen des Handels, des Verkehrs, der Gütererzeugung und aller möglichen besonderen Interessen. Es muß Raum auch sein für individuelle Lebenskunst. Nur in einem lebenskünstlerischen Reich der Freiheit und der Liebe in Gestalt der Sympathie kann der einzelne Mensch der Menschheit zum vollen Segen werden und sie ihm.

Aber wenn man den Blick rückwärts richtet, so sieht man, welchen Fortschritt die eigenwillige Zweckbewertung der Triebe, und weit darüber hinaus die durch den Trieb zur Triebordnung geschaffene grundsatzmäßige Zweckbewertung für die Vergeistigung der organischen Schöpfung bedeutet. Gewiß bringen die Techniken der Triebe, etwa des Betätigungstriebes in Schiffahrt, Bergbau, Fabrikwesen — des sozialen Triebes in kriegerischen Auseinandersetzungen durch die modernen Kriegsmaschinen — den Untergang vieler Individuen mit sich. Auch die gesteigerte Rechtsentwicklung wird vielen zum Verderben, die unvollkommene soziale Gebarung schafft Enterbte, die die Gesetzgebung nur hindert, denen sie aber keine entsprechenden Vorteile verschafft. Eigentum bedeutet wirklich sehr oft Diebstahl. Auch an Schädigungen an Leib und Leben des einzelnen, etwa durch die moderne Großstadtkultur und durch zu große Arbeitsleistung fehlt es nicht. Aber es sind viel weniger, denen die Zivilisation den Untergang bringt, im Vergleich zu der ungeheuren Mehrzahl derer, denen sie materiellen Nutzen bringt, denen sie die Daseinsbedingungen überhaupt erst schafft. Gerade die schwächeren Individuen verdanken ihr das Meiste. Die Unsicherheit des Lebenskampfes hat auch für sie aufgehört. Der Verlust aller Tiergattungen an Individuen bei der Auseinandersetzung mit der Umwelt ist unvergleichlich größer.

Die Zivilisation bedeutet also die rationelle Bewirtschaftung der menschlichen Triebbegabung zu dem, allen einzelnen Triebzwecken übergeordneten Zweck, sich im Interesse der Selbst- und Arterhaltung mit der Umwelt abzufinden. Selbst- und Arterhaltung erscheinen als Oberzwecke der Lebenserfüllung, und diese werden durch die zweckbewerteten Triebe, die durch Recht und Pflicht noch gegeneinander richtig abgewertet sind, mit einer Leichtigkeit und Sicherheit erreicht, die den Tieren fremd sind. Aber die Aufgabe ist dieselbe geblieben: sich in der Umwelt zurechtzufinden und sich gegen die Umwelt durchzusetzen. Darum ist auch die Methode dieselbe geblieben: Lebenstechnik.

Woher nun, solange wir den Menschen kennen, seit Homer und darüber hinaus die Klagen und die Anklagen gegen die Zivilisation? Woher die oft wütenden Proteste? Woher das tiefe Unglücksgefühl des Menschen? Woher in so vielen großen Religionen und Philosophien der Rat zum völligen Verzicht oder doch zum mindesten zum Mißtrauen oder zur größten Vorsicht? Weshalb der von vielen Weisen aller Zeiten ständig wiederholte Rat, „sich nicht in die Welt zu verstricken"? Und wenn uns die Lebensbegeisterung entgegentritt, woher erscheint sie dann so oft krampfhaft gewollt und gesucht, unnatürlich, skeptisch, im Tiefsten ungläubig, als gewollte Illusion, als ein Betäubungstrank? Woher kommt es, daß die Zivilisation nach hoher und höchster Steigerung, nach Erreichung ihrer Ziele so oft entweder in Rohheit oder in Melancholie endet? Woher steigt geradezu die Melancholie in dem Maße, in dem die Zivilisation zunimmt?

Die Antwort lautet: Die Erkenntnis, daß die Zivilisation über sich hinaus muß, besser, daß der Mensch über die Zivilisation hinaus muß, diese Erkenntnis, die sich uns bei der voraufgegangenen Betrachtung des Nutzens der Zivilisation ständig aufdrängte, bleibt den Menschen meist verborgen. Sie sehen in der Zivilisation die ganze

Lebenserfüllung, während sie in Wahrheit nur eine Voraussetzung für diese ist. Der Mensch hat noch eine ganz andere und unvergleichlich größere Aufgabe, nämlich sich in sich selbst zurechtzufinden, um sich mit sich selbst abzufinden und ständig über sich hinaus zu finden. Diese Aufgabe muß der Mensch erkennen. Diese Aufgabe muß der Mensch lösen. Das erst ist seine wirkliche und volle Lebenserfüllung. Die Voraussetzung der Zivilisation, daß Selbst- und Arterhaltung an und für sich und ohne weiteres eine letzte sichere Orientierung auch für den Menschen sei, trifft nicht zu, und in dem Augenblick, in dem der Mensch das erkennt, wird ihm der Boden der Erde unter den Füßen fortgezogen, und nicht immer und nicht immer zugleich öffnet sich der Himmel einer neuen Möglichkeit und Gewißheit über und unter ihm, um ihn aufzunehmen. Die Lebenstechnik kann dem Menschen das Letzte und Höchste nicht geben, was er und nur er unter allen Geschöpfen neben den materiellen Daseinsbedingungen auch noch braucht, den Glauben an sich selbst und an das Leben. Die Zivilisation ist, wie sie selbst alles nach Zwecken ordnet, auch selbst als Ganzes nur ein Mittel zum Zweck, sie ist die Ermöglichung der Kultur. Erkennt der Mensch das nicht, so muß eine Mißbildung oder eine Enttäuschung das Ende sein. Diese Zivilisation ist ja nichts anderes als ein riesiges Zweck- und Zwangsystem, das alles unmittelbare, das alles individuelle Leben immer sehr gefährdet, oft auch zerbricht oder tötet und selbst auf ein letztes in seinem Wert völlig fragliches Etwas hinausläuft.

Während die Tiere ihre Bestimmung von innen empfangen, erhält sie der Mensch von außen, durch die erkannten Zwecke. Die Triebe werden zu Mitteln herabgesetzt. Der Mensch ißt, um satt zu werden, er betätigt sich, um bezahlt zu werden, er tut seine eheliche Pflicht. Das Kennzeichen für den zweifelhaften Wert der Zivilisation ist das ständige Mißtrauen gegen sich selbst, gegen seine Triebe, auch gegen die der anderen, das die Zivilisation zu ihrer Existenz braucht. Wie lieblich und majestätisch erscheint dem gegenüber die unbewußte Gläubigkeit der Tiere sich und ihren Trieben gegenüber. Jeder Trieb, auch des Menschen, ist ursprünglich ein kategorischer Imperativ, als eine Götterstimme erscheint er ihm. Alle Götter der Menschen sind, soweit sie nicht personifizierte Naturgewalten sind, personifizierte Triebe des Menschen. Die Zweckerkenntnis entgöttert die Natur. Das berühmteste Beispiel dafür, wie die ausschließliche Zweckbewertung die Triebe und damit das Leben entwertet, ist die Betrachtung Schopenhauers über die Übertölpelung Liebender durch die Natur. Sie denken ihr eigenes persönliches Glück zu machen, und in Wahrheit ist ihr Gefühl und Trieb nur Mittel zum Zweck, daß ein bestimmter neuer Mensch werde, den die Natur wünscht. Also ist der Mensch vor die Wahl gestellt, sich der Eigenkraft seiner Triebe zu überlassen oder durch Bewußtsein vom Bewußtsein zur Erkenntnis des objektiven Zweckwertes seiner Triebe zu gelangen. Diesen kann er dann zum subjektiven Zweckwert machen oder nicht. Aber das unmittelbare Leben geht — nach Schopenhauer — dem denkenden, also völlig selbstbewußten Menschen verloren. Der Mensch macht seinen Tanz mit dem Leben, bis er plötzlich erkennt, daß er eine künstliche Puppe, einen Mechanismus in den Armen hält, dem er am liebsten wie der Tänzer in E. T. A. Hoffmanns Erzählungen den Kopf abreißen möchte, sobald ihm die Brille der Täuschung genommen wird. Er fühlt sich als der Betrogene. Er ist Mittel zum Zweck.

Hat er aber wenigstens vermeintlich eigene Zwecke, so erreicht er sie nur auf dem Umwege der Befriedigung des sozialen Triebes, der im Grunde der Vertreter fremder Interessen in ihm selber ist. Er will Brot haben und muß zu diesem Zweck zwei Kilometer unter die Erde kriechen und Kohlen losschlagen. Die Beziehungslosigkeit seiner Betätigung zu seinen Trieben ist es, die den Industriearbeiter so mißmutig und aufsässig macht im Verhältnis zum Landarbeiter, der die natürliche Zweckmäßigkeit seiner Betätigung bei seiner Arbeit immer gleich miterlebt. Je mehr Zwischenglieder, je länger die Umwege, die der Trieb machen muß, ehe er seinen Zweck erreicht, je mehr andere Triebe und Zwecke sich dazwischenschieben, desto verworrener wird das Bewußtsein des Menschen, desto weniger findet er sich in sich selbst zurecht, desto unzufriedener wird er. Die soziale Gemeinschaft fragt nicht nach der Eigenkraft seiner Triebe, noch auch nach seiner eigenen Zweckbewertung, sondern schert alle über einen Kamm, züchtet nur wenige Triebe in den so verschiedenen Individuen groß und unterdrückt die anderen. Die Tiere können sich vielfach freier und ihrer Natur gemäßer entwickeln als der Mensch.

Wir entwickeln in den Menschen vor allem den Denktrieb. Das geschieht nicht nur zum Vorteil des Ganzen, sondern soll auch eine Wohltat sein. Ob sie es wirklich immer ist, ist gar nicht so sicher. Der Mensch behandelt sich auch selbst oft und gern wie seine Nutzpflanzen und seine Haustiere. Wie diese jedes auf ein Produkt hin gezüchtet werden, so auch er selbst. Manche Industrielle, Kaufleute, Börsianer, manche Spezialgelehrte, auch Künstler sogar, behandeln sich selbst wirklich nicht viel anders wie der Mensch eine Gans, wenn er eine möglichst große Leber von ihr haben will. Es ist ein Zeichen des menschlichen Stumpfsinns, daß die Menschen sich gegen die Einförmigkeit der Berufsarbeit nicht mehr auflehnen. Viele Betätigungen des Menschen sind einfach genug, für Begabte sind es die meisten, daß eine gegenseitige Ablösung sehr wohl möglich wäre, um dem einzelnen einen mannigfacheren Lebensinhalt und eine größere Lebenskenntnis und Erfahrung zuzuführen. Es liegt bei sehr vielen Menschen kein Bedürfnis danach vor, weil sie eigentlich keine Betätigung eigenbewerten, sondern jede nur zweckbewerten, nämlich als Mittel zum Geldverdienen. Es gibt sehr viele geborene Sklaven. Das innere Verhältnis zu seiner Arbeit wird dem Menschen nicht bestimmt, sondern das bestimmt er sich selbst, und je nachdem ist er ein Sklave oder ein Freier. Die Menschen könnten viel mehr „zu sich selbst kommen", wenn sie es wollten. Sie sind alle dazu veranlagt. Sie könnten gerade durch ihre Arbeit und Beschäftigung zu sich selbst kommen, wenn sie diese Arbeit zu sich selbst, zu ihrem Wesen in Beziehung setzten statt sie nur äußerlich als ein Mittel zum Geldverdienen zu nehmen. Im Grunde wollen viele gar nicht zu sich selbst kommen. Darum lieben sie für die arbeitsfreie Zeit die Geselligkeit so übermäßig. Das hat Schopenhauer richtig erkannt. Gerade das Übermaß von Zivilisation ist es, das dem Menschen die Flucht vor sich selbst ermöglicht. Sie ermöglicht es ihm damit, seiner eigentlichen Aufgabe auszuweichen. Neben vielem anderen ist da das Kino besonders gefährlich. Es verleitet den Menschen sich zu zerstreuen, bis zur völligen Auflösung, statt sich zu sammeln, und die Anschauungs- und Bildungsstoffe sich wirklich anzueignen.

Der soziale Trieb ist einer der wichtigsten, mit denen die Menschheit ausgerüstet ist, um sich gegen die Umwelt durchzusetzen. Die Menschen benötigen seiner ganz besonders, ganz über seine Eigenkraft hinaus, die er bei ihnen hat. Darum müssen sie ihn zweckbetonen und züchten. Aber der soziale Trieb darf nicht zu einem herrschenden Triebe werden, er muß ein dienender bleiben. Er gehört in die Zweckordnung, in das Zwecksystem der Zivilisation und der Lebenstechnik. Er darf die viel wichtigere menschliche Veranlagung zur Eigenbewertung der Triebe nicht unterdrücken. Das Originelle des Menschen ist, daß er zur Individualisierung befähigt ist, im Gegensatz zum Tier, das immer nur in der Gattung lebt und in dem immer nur die Gattung lebt. Das Wesen der Individualisierung besteht in der Eigenbewertung der Triebe.

Der Mensch braucht die soziale Trieborganisation, den Staat. Aber der Staat darf nicht Zweck werden, sondern muß Mittel bleiben. Er ist ein unentbehrliches Mittel. Darum ist auch die Staatsgesinnung unentbehrlich. Das Staatswohl geht dem Einzelwohl darum voran. Ich muß den Staat nicht nur meinetwegen haben, es brauchen ihn auch alle anderen wertvollen Individuen in ihm, mit denen ich durch Sympathie verbunden bin. Die Sympathie aber ist wiederum ein Trieb, der auf der Eigenbewertung ruht. So weisen die Zivilisation und die Lebenstechnik überall über sich hinaus.

Die Erfolge des Menschen in Beherrschung seiner Umwelt sind riesige. Er ist der Herr der Erde. Nur die Bakterien entziehen sich noch seiner Herrschaft. Aber indem er die Welt zwang, brachte er den Zwang über sich selbst. Die Zwecke herrschen und die Triebe dienen. Letztere aber sind er selbst, also er selbst dient. Die Herrschaft über die Welt bedeutet zugleich Verknechtung des Menschen.

Und der Mensch ward der Fluch der Erde. Wie die Ameisen alle übrigen Arthropoden vernichten, soweit sie sie nicht zur Symbiose mit sich annehmen, genau so, nur noch viel gründlicher, macht es der Mensch mit den Vertebraten, wiederum auch nur seine Symbioten ausgenommen. Es sieht aus, als ob die Zivilisation grausam Ernst machen wolle mit dem Termitenideal. Die ganze Erde wird zu einem einzigen Menschen-Termitenbau, in dem der soziale Trieb für Gleichheit sorgt. Das Antlitz der lieben und in ihrer Unberührtheit majestätischen Mutter Erde wird entstellt. An Stelle der Flora und Fauna in ihrer wunderbaren Mannigfaltigkeit, an Stelle der Tiger und Schlangen, der Hirsche, Büffel und des ungezählten Heeres schöner Kreatur treten Menschen, Menschen, Menschen, alle einander gleich, und alle auch gleich glücklich und zufrieden. Augenblicklich ist der Rohling Mensch dabei, das Känguruh auszurotten. Denn Kangarootailsoup ist eine Delikatesse. Auch die Tage der wundervollen seltenen Wale sind gezählt, weil die Menschen nach ihrem Tran gieren. An die Stelle der Flora mit ihren Urwäldern, Steppen, Sümpfen tritt die Forst-, Feld- und Gartenkultur in ihrer entsetzlichen Zweckmäßigkeit und Gleichmäßigkeit. Und die Menschheit nimmt immer zu an Masse. Sie ist ein riesiger Vermehrungs- und Verdauungsapparat. Das Gehirn dient dem Darm. Ständig wird die Erde in Menschenleiber verwandelt und diese wieder in Erde, wie der Regenwurm den Acker in sich verwandelt und dann selbst wieder zu Acker wird.

Wie eine Ameisenart danach trachtet, die anderen Arten auszurotten, so liegt in der menschlichen Zivilisation die Tendenz, mit kriegerischen und mit scheinbar friedlichen Mitteln, z. B. durch Nivellierung aller charakteristischen Eigenart, einen einzigen Typ durchzusetzen. Noch unterscheiden sich die verschiedenen Völker und Rassen durch verschiedene Triebbegabung. Bald bestimmt sie mehr der Kampftrieb, bald der Handelstrieb, oder ein anderer der verschiedensten Betätigungstriebe. Durch die Orientierung an dem einen letzten Zweck der Selbsterhaltung, Arterhaltung und möglichsten Artausbreitung wird die Menschheit vereinerleit, früher also europäisiert, jetzt amerikanisiert.

Die Gleichwesentlichkeit der tierischen und menschlichen Lebenstechnik ist trotz aller ungeheuren Verschiedenheiten frappant. Die Tendenz, sich auf Kosten von allen und von allem allein durchzusetzen, liegt in jedem Tier, und, je menschenähnlicher sie, innerhalb ihrer Beschränkung, sind, desto mehr. Aber eben diese ihre Beschränkung auf das einfache Triebbewußtsein sorgt dafür, daß sie die Harmonie der Erde, des gesamten kreatürlichen Lebens nicht stören können. Das aber kann der Mensch. Und er tut es in furchtbarer Weise. Innerhalb der Zivilisation wird er sich dessen nicht bewußt. Aber wenn dann in der Lebenskunst der neue Trieb der Sympathie erwacht, und diese Sympathie sich auf alles Außermenschliche ausdehnt, das der Allwille außer ihm noch wollte und schuf, erscheint ihm die Zivilisation oft als ein Jammer und eine Bosheit. Weil der Mensch sich nicht nur in seinen, auch schon Bewußtsein darstellenden Trieben erlebt, sondern Bewußtsein vom Bewußtsein hat, hat er die absolute Herrschaft über die Erde erlangt. Aber eben dieses Bewußtsein vom Bewußtsein überrascht ihn dann plötzlich innerhalb des riesigen Zwecksystems, als das sich die Zivilisation darstellt, mit der Frage: Verlohnt sich das Geschäft? Läßt sich das riesige Zerstörungswerk, das er auf dieser Erde angerichtet hat, rechtfertigen? Sind nicht die Tiere in ihrem Einheitserlebnis von Zweck und Trieb glücklicher als er? In ihrer Freiheit vom Zwang? In ihrer Möglichkeit, ihren Trieben ohne weiteres unbedingt zu folgen? Ist das nicht ein viel größeres, weil einheitlicheres Erlebnis als unsere ständig gebrochene und so oft zerbrochene Innenwelt? Sind die Tiere nicht sicher wenigstens weniger unglücklich? Ist nicht dies letztere ein viel sichereres Ziel als das Glück, von dem man nie sicher weiß, worin es besteht, und von dem man, wenn man es zu kennen glaubt, nicht weiß, wie man es erringen soll? Alle die ungeheuren Opfer an Wünschen oder Trieben soll man bringen um des Lebens willen? Ja, was ist denn das Leben, wenn nicht diese Triebe selbst? Schließlich gibt man den Saft her, um einen leeren Stengel dafür einzutauschen. Verlohnt sich dieses Leben? Ja, hat denn das Leben überhaupt einen Wert? Einen genügenden Wert?

Auf diese letzte Frage gibt die Zivilisation überhaupt keine Antwort mehr. Denn einen Zweck über sich hinaus kann der Mensch für das Leben nicht konstatieren. Er kann also dem Leben keine Zweckbewertung geben. Die Eigenbewertung aber gehört der Zivilisation nicht an. Alle Eigenbewertung ist etwas Unmittelbares, ist Glaube. Die Zivilisation ist ein Christophorus, der einem Höheren dienen muß. Findet sie den nicht, ist sie etwas Entsetzliches.

Wenn die Zweckbewertung der Triebe das letzte wäre, so wäre auch Schillers Spottvers das letzte Wort:

Einstweilen, bis den Bau der Welt
Philosophie zusammenhält,
Erhält sie das Getriebe
Durch Hunger und durch Liebe.

Dann brauchte man keine Philosophie. Es wäre dann tatsächlich kein tieferer Unterschied zwischen Tier und Mensch. Für den Bau dieser Zivilisationswelt genügen Hunger und Liebe.

Aber der Mensch gehört noch einer anderen Welt an. Das hat auch keiner besser gewußt als Schiller, der große Philosoph, der die Neigungsethik gegen Kant und die Pflichtethik vertrat, den der große Lebenskünstler Goethe darum so liebte, den Friedrich Nietzsche so gründlich mißverstanden hat wie das Wesen der Ethik überhaupt.

Der Mensch wirkt in dieser Welt so disharmonisch, weil er ihr nur halb angehört. Er ist eine neue Schöpfung, so wie die organische Natur eine neue Schöpfung gegenüber der anorganischen ist. Darum hat und braucht der Mensch Philosophie, er braucht Psychologie, die Kunde von der Seele, er braucht aber nicht nur das Wissen, er braucht ein Können, die Kunst der Seele, die Lebenskunst.

Die ganze Zivilisation ist Mittel zum Zweck, ist Durchgang, ist notwendiges Übel. Sie ist Vorbereitung für Größeres. Das Größere liegt deshalb nicht hinter ihr, sondern vor ihr, besser noch über ihr, ein Stockwerk höher. Nicht zurück zur Natur, wie Rousseau wollte, lautet die Losung, sondern vorwärts hin zur Natur, zur Natur des Menschen, der noch in der Geburt, der noch in der Schöpfung steht. Wir können nicht wieder zurück zur Eigenkraft der Triebe, sondern müssen vorwärts zur Eigenbewertung unseres Ichs und seiner Kräfte, vorwärts zum Glauben, denn alle Eigenbewertung ist das Unmittelbare, ist das Ergriffensein vom Allwillen, ist der Glaube. Der Rat secundam naturam vivere kann den Menschen vor manchem Mißgriff bewahren, aber eine lösende, eine erlösende Losung ist er nicht, weil ja der Mensch seine Natur ständig umbildet, schafft. Der Mensch kann seine Lebenserfüllung aber auch durch die Zivilisation nicht erringen. Sie ist ein Kind der Not, vom Kampf um Brot und Brut geschaffen. Sie steht letztlich überall im Dienste des Nahrungstriebes und des Geschlechtstriebes.

Zivilisation, die keine Kultur hervorbringt, die für sich etwas sein will, macht sich durch ihre Erfolge selbst überflüssig, wird, nachdem sie ihre Zwecke erreicht hat, selbst zwecklos und endet in Enttäuschung und Langeweile. Lebenstechnik, die etwas anderes will als die Bedingungen für Lebenskunst schaffen, macht den Menschen unglücklich. Der Mensch steckt mehr hinein an Lebenskapital als bei der Sache herauskommt. „Das Pferd frißt sich den Kopf ab“, sagt der Besitzer eines Gaules, wenn er mehr an Pflege und Futter in ihn hineingesteckt hat, als er durch geleistete Arbeit verdient.

Die Kultur dagegen ist das Kind der Freude und der Freiheit. Die Eigenbewertung der Triebe schafft die Befreiung vom Zwang des Zweckes, schafft die große Lebensbegeisterung. An die Stelle des Zweckes tritt das Ziel, das Ziel des Menschen in sich selbst. Die Einheit ist wieder da. Alle eigenbewertete Betätigung hat Ziel und Befriedigung immer zugleich schon in sich. Die unmittelbare Daseinsfreude des Tieres wird auf einer höheren Stufe zurückgewonnen.

Damit ist aber nicht das letzte Wort gesagt. Die Kultur trägt die Möglichkeit der letzten Erlösung, der Lebenserfüllung in sich, aber nicht die Wirklichkeit. Sie bedeutet eine neue Aufgabe.

Wir sahen, daß die menschliche Lebenstechnik dadurch zur Vollendung kommt, daß an die Stelle der willkürlichen Zweckbetonung die ethische, die grundsätzliche tritt. Genau so bedarf auch die Eigenbetonung der Triebe, die das Wesen der Kultur ausmacht, des wertenden Maßstabes. Die Eigenbetonung muß eine gesinnungsmäßige sein, ethisch orientiert an viel größeren Werten noch, als sie die utilitaristische Ethik der Lebenstechnik geben kann.

Gelingt das nicht, so wird zwar eine Kultur niemals in eine so öde Langeweile führen wie eine Zivilisation, die nichts Höheres kennt als sich selbst, aber sie führt zu einer um so größeren Verderbtheit der menschlichen Seele.

Aber der Unterschied bleibt bestehen: Auch die beste Zivilisation ist in sich kein Abschluß. Dagegen das gefundene Ideal der Kultur bedeutet wirklich die letzte befriedigende Lebenserfüllung.

Lebenskunst.

Das wichtigste Ergebnis unserer bisherigen Untersuchung, das die Grundlage für alles weitere abgab, war: Der Mensch erkennt die Bedeutung und die Absicht seiner Triebe.

Er erkennt einmal den Zweckwert seiner Triebe. Das führt zu seiner, aller Kreatur unendlich überlegenen Lebenstechnik, zur Zivilisation.

Die Unterscheidung von Zweck und Mittel gibt dem Menschen aber zugleich die Möglichkeit, seine Triebe auch für sich zu betrachten und an und für sich zu werten. Der Mensch erkennt den Eigenwert seiner Triebe. Das Ergebnis ist Lebenskunst und Kultur.

Es gibt keinen Trieb, den der Mensch nicht eigenbewerten könnte.

Der Mensch sieht, um zu sehen, er hört, um zu hören, er fühlt, um zu fühlen, er riecht, um zu riechen, er schmeckt, um zu schmecken.

Der Mensch ißt, um zu essen, er trinkt, um zu trinken.

Der Mensch betätigt sich, um sich zu betätigen, er denkt, um zu denken, er gräbt, um zu graben, er läuft, um zu laufen usw.

Der Mensch gibt sich der Erotik hin, um der Erotik willen, er gibt sich dem sozialen Trieb hin, um des sozialen Triebes willen.

Er eigenbewertet seine Triebkombinationen und den Trieb, Triebsysteme zu schaffen und zu pflegen.

Er eigenbewertet endlich den Selbsterhaltungstrieb. Da das Dasein selbst nicht zweckbewertet werden kann, bekommt er dadurch sein Leben selbst überhaupt erst in die eigene Hand.

Die Fähigkeit zur Triebzweckbewertung aber und ihr Ergebnis, die Zivilisation, sind es, die dem Menschen erst die Möglichkeit schaffen, jene zweite wunderbare Fähigkeit auch anzuwenden und immer mehr auszubilden. Sie machen ihn nicht nur zum Herrn der Erde, sondern stellen ihm auch, nachdem seine Bedürfnisse befriedigt sind, noch einen unverbrauchten Kräfteüberschuß in seinen Trieben zur Verfügung. Dieser Kräfteüberschuß ist die größte Gabe der Zivilisation für den Menschen, aber er ist auch die ungeheure Gefahr und Versuchung für ihn. Vielleicht haben auch andere Geschöpfe solchen Kräfteüberschuß. Sicher ists, daß sie nichts mit ihm anzufangen wissen. Nur der Mensch hat ihn bewußt, aber er ist auch das einzige Geschöpf, das Lebenskraft bewußt vergeudet. Die Versuchung besteht darin, daß die Urtriebe, also der Nahrungstrieb, der Geschlechtstrieb, der Erwerbstrieb und der Kampftrieb, die die höchste Eigenkraft haben, die Fähigkeit der Eigenbewertung des Menschen zuerst und am meisten anziehen, daß sie den Menschen verlocken, bei Fortfall der Zweckbewertung, Kritik, Überlegung und Selbstbeschränkung bei Seite zu stellen und sie vor allem, womöglich allein zu betonen. Die Versuchung ist deshalb so groß, weil nicht nur diese Triebe einzigartig und urgewaltig sind, sondern weil auch die Sättigung und Befriedigung, die sie bringen, so unmittelbar folgen, so absolut sicher sind. In seiner inneren Not hat der Mensch oft zu den gewalttätigsten und rohesten Mitteln seine

Zuflucht genommen, um sich von seinen Peinigern, zu denen die Urtriebe so oft werden, und von der ständigen Gefahr, durch Eigenbewertung noch mehr in ihre Sklaverei zu geraten, zu befreien, und durch den Gelübdezwang zu Armut, Keuschheit und Gehorsam hat er seine Triebe und damit einen großen Teil seines Lebens einfach getötet. Das ist gar nicht verwunderlich und ist sicher das geringere Übel gegenüber allen Entsetzlichkeiten, Verirrungen und Lastern, mit denen der Mensch sein Leben befleckt und belastet hat, die alle aus dem bewunderungswürdigen wertvollen, aber auch höchst gefährlichen Vermögen stammen, seine Triebe willkürlich zu bewerten und zu treiben, ohne sich dabei einen Zweck zu setzen. Die Eigenkraft der Triebe bringt auch manche Beschwerde, aber unvergleichlich furchtbarer ist die Not, in die sich der Mensch dadurch selber bringt, daß er seine Triebe durch Eigenbewertung aufpeitscht. Auch die Entgleisungen der Zivilisation sind Kleinigkeiten gegen die Sünden der Kultur. Aller Alkoholismus und Ähnliches, alle Geschlechtsverirrung, aller Mammonismus, alle Ehrsucht gehört in dies schwärzeste Kapitel vom menschlichen Wesen. Die Ehrsucht trägt mehr zur Verelendung der Menschheit bei als die meisten Menschen ahnen, weil sie dem Streben nach Persönlichkeitsbewußtsein Befriedigung mit betrügerischen illusionistischen Mitteln verschafft, und weil der ehrgeizige Streber überall die großen Leistungen der wahrhaft Tüchtigen nicht aufkommen läßt, sondern schamlos unterdrückt. Die innere Gefahr, in die die Eigenbewertung der Triebe den Menschen bringt, zeigt sich am deutlichsten in der Tatsache des Selbstmordes. In der Zivilisation kommt die Selbsttötung auch schon vor. Aber dort geschieht diese im Interesse des Lebens, ist Ergebnis der Eigenkraft des Selbst- und Arterhaltungstriebes. Der Spion nimmt sich das Leben, um sein Vaterland zu retten, ein Kranker, ein Gefangener, um Qualen oder Quälereien zu entgehen. In der Kultur wird die Selbsttötung zum Selbstmord. Der Mensch beseitigt sich, weil er sich selbst im Wege steht. Statt zur Eigenbewertung kommt es zur Eigenentwertung des Lebenstriebes. Das Ich wird eben von einem Trieb selbst noch ganz anders absorbiert, wenn der Mensch sich bewußt ihm hingibt, als von einem Triebzweck, wenn er ihn billigt. Mit der Möglichkeit der Entwicklung ist immer zugleich die Möglichkeit der Entartung gegeben. Das gilt sowohl von der zivilisatorischen wie von der kulturellen Entwicklung. Die Geschichte der Zivilisation ist den Menschen, wenn sie zurückblicken, oft als eine einzige große Dekadence erschienen. Die soziale Aufgabe z. B. wuchs ständig und mit ihr das soziale Unrecht. Dennoch hat die Zivilisation weit überwiegend Nutzen gebracht. Innerhalb der Kulturentwicklung ist jener pessimistische Eindruck oft noch stärker. Ist in der Zivilisation nur eine falsche Zweckbewertung möglich, so in der Kultur eine falsche Eigenbewertung der Triebe. Damit verdirbt der Mensch sich selbst, seine Persönlichkeit, seine Seele. Er tut „Sünde" im Gegensatz zum Unrecht, das der Zivilisation angehört. Sünde ist alle Eigenbewertung eines Triebes, dessen Sättigung auf Kosten des Gesamtwillens, des Persönlichkeitsideals, des Gewissens geschieht. Mit der Möglichkeit der Eigenbewertung der Triebe ist auch die Möglichkeit der Sünde gegeben. So sind die Menschen dazu gekommen, ihr Werden, ihre Geschichte mit dem „Sündenfall" beginnen zu lassen. Das ist aber ein ebenso unberechtigter Pessimismus, wie wenn sich Rousseau von der Zivilisation zur Natur zurücksehnt. Die dem Menschen gegebene Möglichkeit der Selbstschöpfung, der Selbstbejahung oder Selbstverneinung im ganzen wie in allen Einzelheiten muß naturgemäß von der Möglichkeit der Sünde ständig begleitet sein. Wird die Möglichkeit, eine Aufgabe durch eigene Kraft zu lösen, gegeben, so muß natürlich damit auch die Möglichkeit gegeben sein, sie nicht oder falsch oder schlecht zu lösen. Falsche Eigenbewertung der Triebe ist in der Kultur unvermeidlich.

Alle vergeudete Kraft des Menschen wendet sich mit naturgesetzlicher Notwendigkeit gegen ihn selbst. Der Mensch würde auch durch seinen Überschuß an Kraft und durch die fehlende Kontrolle durch die Zwecke, welche alle Lebenstechnik regeln, einfach zugrunde gehen, wenn es für diese Kontrolle keinen Ersatz und für jenen Überschuß an Kraft keine Beschäftigung gäbe. An die Stelle der Zwecke tritt ein Ziel. Dieses Ziel ist die Erschaffung und der Aufbau der menschlichen Persönlichkeit. Die dem Menschen mögliche Einsicht, wie er seine Triebe in den Dienst dieses Zieles stellen kann, ist die neue Kontrolle. Nur dadurch ist es möglich und verständlich, daß die Begabung des Menschen mit der gefährlichen Fähigkeit, seine Triebe willkürlich eigenzubetonen, nicht nur Laster und Perversitäten hervorgebracht hat, sondern auch alles Größte, Gewaltigste und Schönste des menschlichen Wesens, also die bewußte Freude des Menschen an sich selbst, an seinem Körper und an seinem Geiste und an beider Betätigung, die Sympathie, den Natursinn, die Werke der Kunst, die Gedanken des Glaubens. Die Summe dieser Dinge nennen wir die Kultur. Ihr gemeinsames Kennzeichen ist, daß sie überflüssig sind. Alle Macht, alle Freiheit, aller Kraftüberschuß, besonders auch alle freie Zeit wird dem Menschen nur soweit zum Segen, als er die Absicht erkennt, um derentwillen der Allwille ihn mit diesen Dingen beschenkte, als er sein ihm in ihm selbst gegebenes Ziel erkennt.

Nur bedeutet Erkenntnis an und für sich noch nicht Kraft und Überwindung. Ethische Lebens**kunde** kommt so zustande. Sie ist eine Voraussetzung der Lebens**kunst**, und wohl auch immer ein Anreiz dazu, diese zu erwerben, aber gegeben ist sie mit dem Wissen noch nicht. Hier **wirkt am meisten und auf die meisten Menschen das hinreißende willenüberwindende Prophetenwort**, das Wort eines großen Vorbildes, in dem die Theorie Praxis, erfolgreich bewährte Praxis geworden ist. Hat sich dies Vorbild in der Geschichte schon lange bewährt, desto besser. Sowohl die exakten wie die Geisteswissenschaften können der Lebenskunst nur indirekt helfen. Geschaffen werden muß sie durch den eigenen Versuch, durch die eigene Tat. Von außen unterstützt und gefördert kann diese am meisten durch den schlichten Erfahrungsrat der Menschheit werden. Und durch zündendes Künstler-, Dichter-, Prophetenwort. Das echte Prophetenwort ist zwar intuitiv, aber doch niemals fanatisch, sondern verträgt jede Prüfung durch nachfolgende Gedankenarbeit, es ist immer zugleich streng sachlich richtig, wahrheitsgemäß und wirklichkeitsgerecht. Das große Jesuswort entspricht beidem:

„Was hülfe es dem Menschen, wenn er die ganze Welt gewönne und nähme doch Schaden an seiner Seele?“ Der dieses Wort gesagt, der fleißige Arbeiter, der selbstbewußte mutige Kämpfer, der nach der Messiaskrone griff, hat dieses Wort unbedingt nicht quietistisch gemeint. Es ist keine Aufforderung, den Trieb zu beschaulicher Selbstbetrachtung und zu beschaulichem Selbstgenuß zu pflegen. Auch dieser Trieb, der Trieb zur inneren Ruhe, zum aequus animus, hat sein Recht. Aber schöpferische Kraft hat er nicht und, wenn er die anderen Triebe zu sehr dämpft, ist er ein Feind des Lebens. Eine Seele, die sich nur so zu bewahren strebt, wie sie ist, stirbt. Der Weg des Menschen vom empirischen Ich zu dem wünschenswerten Ich führt über die Betätigung an der Innenwelt, die dem Menschen durch das Bewußtsein und die Eigenbewertung seiner Triebe ermöglicht ist, und über die Betätigung zugleich an der Welt, an der Außenwelt. Je länger dieser Weg ist, je mehr der Mensch die Kraft hat, Zwischenglieder einzufügen, desto größer wird seine Selbstschöpfung. Aber alle Ereignisse innerhalb eines Menschendaseins haben nur soweit Wert für ihn, als er sie in Erlebnisse zu verwandeln fähig ist. Es reist mancher um die ganze Erde herum, es geht mancher durch ein ereignisreiches Leben hindurch, und er kommt endlich nicht nur an demselben Ort wieder an, von dem er ausging, sondern auch bei demselben Selbst, das sein Anfang war.

Aus dem Zusammenhang seiner Ideenwelt gelöst, ist dies berühmteste Fundamentalwort der Lebenskunst, recht formal. Es sagt nichts darüber, wie man seine Seele gewinnt, seine Persönlichkeit schafft. Aber die Erkenntnis des formalen Zieles ist der Anfang der lebenskünstlerischen Erkenntnis. Das menschliche Selbstbewußtsein hat die Eigentümlichkeit, daß, sobald ein Trieb in seinem Blickpunkt erscheint und Eigenbetonung heischt, immer zugleich der Persönlichkeitstrieb, der Trieb zur Eigenbewertung des Gesamtbewußtseins und seines Gesamtinhaltes sich einstellt und denselben Anspruch erhebt. Die Erfahrung lehrt den Menschen bald, daß nur dann, wenn er den Persönlichkeitstrieb voranstellt und jeden anderen Trieb in der Eigenbewertung ihm nachordnet, er sich vor Schaden wahrt und sich dauernd wirklich befriedigt fühlt. Dieser Gedanke in dieser vorläufigen Unbestimmtheit schafft aber nur die Möglichkeit der formalen Einheit des Ichs. Wir nennen die formale Einheit des Ichs Charakter. Der Charakter ist nur insoweit schon an sich ethisch, als ein Charakter unter allen Umständen wertvoller ist als Charakterlosigkeit. Nur diese ist ganz verächtlich. Welche Kulturhöhe, welche geistige Höhenlage der Mensch erreicht, hängt davon ab, welchen Persönlichkeitsinhalt er kennt, welchen er für wünschenswert für sich hält, welchen er in sich meint realisieren zu können und zu sollen, von welchem übergeordneten Triebgedanken er sich leiten läßt. Meist ist es eben das hinreißende heroische Vorbild der Geschichte, das den Menschen bestimmt. Der eigenbetonte Trieb der Sympathie ist für die meisten Menschen allein maßgebend. Leider hält dieser Trieb aber oft auch die Entwicklung auf oder führt die Menschen gar in die Tiefe. Sie wählen oft nicht das gute, sondern das schlechte Vorbild. Darum ist die eigene theoretische Erkenntnis des Persönlichkeitsideals unentbehrlich. Kein Mensch, der fähig ist, höchsten Gedanken — man nennt sie gewöhnlich philosophische — zu folgen, darf die Theorie, also die eigene Erkenntnis verachten.

Dies Persönlichkeitsideal ist deshalb schwer zu finden, weil es schwer ist, den gemeinsamen Wertmaßstab für alle verschiedenen Triebe des Menschen, mit dessen Hilfe allein sie dem gemeinsamen Ziele der Persönlichkeitsbildung unterstellt werden können, zu finden. Die Triebe sind ja der Gesamtinhalt des Lebens, und das Leben des Menschen ist in seinen Äußerungen gewaltig differenziert. *Der Maßstab ist aber da.*

So verschieden die Triebe auch sind, so verschieden deshalb auch ihre Wirkungen auf die Persönlichkeit ihres Trägers sind, der ihnen die Eigenbewertung verleiht, diese Wirkung ist in jedem Fall eine *Sättigung* erstens unmittelbar des einzelnen Triebes, zweitens mittelbar damit auch seines Besitzers. Man ißt sich nicht nur satt, man hört sich satt, man sieht sich satt, man wird die Menschen satt. Die Unterschiede der Sättigungen sind gewaltige, und an diesen Unterschieden kann man den unterschiedlichen Wert der Triebe für den Menschen erkennen. Und daran, von welchen Sättigungen einer satt wird, welche Triebe er deshalb bevorzugt, von welchen er sich treiben läßt, und welche er selber treibt, daran erkennt man den Wert des Menschen selbst. Wo des Menschen Schatz ist, ist sein Herz, ist sein Wille, ist er selbst. Nur der Mensch, der die Sättigung der höheren Triebe braucht, ist entwicklungsfähig. Es ist die größte Leistung der ethischen Lebenskunst, daß sie einen Wertmaßstab für die verschiedenen Triebsättigungen findet, daß sie dadurch ihren verschiedenen Wert für die Erschaffung der eigenen Persönlichkeit erkennen lehrt.

Die Ethik wird so auf eine höhere Stufe gehoben. In der Zivilisationsethik war das Prinzip der Ordnung der äußere Nutzen, den das Resultat eines Triebes dem einzelnen und der Gemeinschaft zur Lebens- und Arterhaltung bringt. In der Lebenskunst wird jede Handlung daraufhin angesehen, wie sie nach innen, auf den Menschen selber wirkt. Die Zivilisationsethik ist Pflichtethik, die Kulturethik ist Neigungsethik. Wirkung und Wert für das Innenleben hat eine Tat nur, wenn der Trieb, der zu ihr führte, in ihr sich selbst bejaht und nicht erst in einem außer ihr liegenden Zwecke. Das Gewissen der Neigungsethik ist nicht weniger ernst, sondern noch viel ernster als das der Pflichtethik. Es kann furchtbar, kann vernichtend reden. Das Gewissen der Lebenstechnik zeigt an, daß der Mensch einen Zweck nicht ganz gewürdigt hat, das Gewissen der Lebenskunst aber, daß ein Trieb nicht genügend gewertet ist. Jenes ist Unrecht. Dies ist Sünde. Sünde ist also Selbstschädigung, unter Umständen Selbstvernichtung. Der Mensch verscherzt sich oft im Interesse eines gemeinen Triebes die größten, schönsten, seltensten Lebensmöglichkeiten. Es liegen Welten zwischen den verschiedenen Trieben des Menschen und den in ihnen ruhenden Lebensmöglichkeiten. In früheren Zeiten, als die Menschen noch übermenschliche Gedanken wagten, haben sie im Interesse dieser Wahrheit Erde und Himmel, Zeit und Ewigkeit einander gegenübergestellt.

Die Sättigungen, die die **Urtriebe** hervorbringen, sind die geringwertigsten, sie treten bald ein — natürlich nur beim unverderbten Menschen, der seine Triebe nicht durch unnatürlich forcierte Eigenbewertung verunstaltet hat — und zweitens versetzen sie den Menschen nach einiger Zeit in genau denselben Zustand des Hungerns und Begehrens zurück. Das Leben der Urtriebe stellt einen

Rhythmus dar, aus ständiger gleichmäßiger Hebung und Senkung bestehend. Jedermann weiß, daß das die Art des Nahrungstriebes und des Geschlechtstriebes ist. Auch Wachen und Schlafen, Ruhe und Bewegung kommt so zustande.

Die geringe Ergiebigkeit der Urtriebe für feinere Sättigungsbedürfnisse ist zu allen Zeiten die Klage aller Lüstlinge gewesen und hat zu den entsetzlichsten Perversitäten geführt, durch die man der Natur mehr und Mannigfaltigeres abzwingen wollte, als sie freiwillig geben will. Das ist Verirrung und Wahnwitz. Der perverse Lord im Dorian Grey glaubt endlich in der Zigarette eine solche nie sättigende, immer neu reizende Sättigung gefunden zu haben. Auch die Tatsache ist von Bedeutung, daß beim natürlichen, nicht entarteten Menschen der Geschlechtstrieb nur in einer vorübergehenden Periode des Lebens Sättigung heischt.

Was die Natur auf jenem Gebiet versagt, gibt sie überreich auf den Gebieten des **Geistes und der höheren Triebe**. Die höheren Triebe begleiten den Menschen durch das ganze Leben. Ferner stellen ihre Sättigungen keinen Rhythmus dar, sondern eine Progression, einen ständigen Fortschritt. Die höchsten, der Denktrieb, der Kunsttrieb, der religiöse Trieb, der Trieb zur Sympathie, endlich der sie alle zur Einheit zusammenfassende Trieb zur Persönlichkeitsgestaltung sind trotz aller Sättigungen, die sie tatsächlich bringen, zugleich unersättlich. Sie sind darum auch grenzenloser Steigerung fähig. **Nach der Art der Sättigung, die ein Trieb bringt, richtet sich seine Eignung zur Eigenbewertung.** Je mehr die Sättigung eines Triebes dauernd das Persönlichkeitsbewußtsein erfüllt und befriedigt, bereichert und ausgestaltet, desto mehr eignet er sich zur Eigenbewertung. Es stellt sich dabei heraus, daß die Bedeutung der Triebe, ihr Nutzen für die Hervorbringung der Persönlichkeit im Verhältnis der Entfernung zu den Urtrieben der Selbst- und Arterhaltung, besser noch gesagt, im Verhältnis der Abnahme der innigen Beziehungen zu diesen, zunimmt. Der Nahrungstrieb, der Erwerbstrieb, der Geschlechtstrieb, der Kampftrieb stehen in unlöslichen Beziehungen zum Art- und Selbsterhaltungstriebe, darum auch zueinander; sie eignen sich nicht zur Eigenbewertung. Dagegen sind der Denktrieb, der Persönlichkeitstrieb mit seinen Möglichkeiten der Selbstbejahung wie der Selbstverneinung, der sympathetische Trieb, der die Grenzen des Ichs bis zur Auflösung des Ichs auszudehnen vermag, der Kunsttrieb, der sich seine Umwelt willkürlich selbst schafft, geeignet zur Eigenbewertung.

Wir werden nachher bei Betrachtung der Triebsysteme sehen, daß die höheren Triebe engste Verbindung mit den niederen, besser gesagt, einfacheren oder Urtrieben — kein Trieb ist an und für sich minderwertig, jeder ist Offenbarung des Lebens und der Schöpferkraft — eingehen, z. B. der Trieb der Sympathie mit dem Geschlechtstrieb. Für die Persönlichkeit ist das aber nur dann ein Segen, wenn die höheren Triebe dabei die führenden sind. Alle Liebespoesie hat in dieser Tatsache ihre Wurzel. Durch die Verbindung mit einem der höchsten Triebe wird das ganze Triebsystem der Eigenbewertung fähig.

Während in der Lebenstechnik der allen anderen übergeordnete Selbsterhaltungstrieb in seiner Eigenkraft dem

Menschen als das absolut Letzte gegeben ist und er in den Zwecken der anderen einzelnen Triebe die Gewähr seines Bestandes zu erlangen sucht, objektiviert er sich in der Lebenskunst, verliert damit seine naive unbedingte Eigenkraft und muß dieselbe durch Eigenbewertung ersetzen. Damit ist natürlich auch die Möglichkeit und Gefahr der Eigenentwertung gegeben. Der Mensch kann sich nicht selbst ganz zu eigen gewinnen ohne die Gefahr, sich selbst zu verlieren.

Die positive Eigenbewertung erlangt er durch einen befriedigenden Bewußtseinsinhalt, durch Bewußtseinssättigung und Bewußtseinsbereicherung. Diese Bewußtseinssättigung kann ihm nur durch die Triebe werden, die selbst eine solche Sättigung bringen, die bleibt und doch nie ganz ausfüllt, sondern eine progressive unbegrenzte Steigerung zuläßt. Diese Triebe sind vor allem der Denktrieb, der sympathetische, der religiöse und der Kunsttrieb. Durch die Inhaltsbereicherung, die sie dem Persönlichkeitsbewußtsein bringen, geben sie diesem die Sicherheit seines Wertes und damit hinreichenden Grund zum Glauben an sich selbst. Gemäß dieser Erkenntnis lassen sich die Forderungen der ethischen Lebenskunst aufstellen.

Noch einmal wiederhole ich: wie, in welcher Reihenfolge, in welcher gegenseitigen Beeinflussung Denken, Bewußtsein vom Bewußtsein und eigenwillige Triebbewertung aus unbekannten Tiefen des geistigen Lebens aufsteigen und sich dann entwickeln, wissen wir nicht. Wir können nur versuchen, ihre gegenseitige Beeinflussung etwas zu erhellen.

Erstens. Die Eigenbewertung des Denktriebes, des Triebes zur Triebordnung, des Selbstbewußtseinstriebes. Nicht der Besitz des Denktriebes ist das Eigentümliche des Menschen, sondern seine eigenwillige Bewertung, Betonung und Züchtung. Nachweisbar ist sein Besitz auch bei den höheren Säugetieren, annehmen müssen wir ihn in irgendwelchem Maße, in irgendwelchen Vorstufen bei allen organischen Wesen. Nur auf Grund dieser Hypothese können wir uns ihre Eigenbetätigung, die sie alle, wenn auch in den mannigfaltigsten Abstufungen, haben, verständlich machen. Der Trieb muß selbst schon Bewußtsein sein, sonst könnte er sich nicht richtig auf verschiedenste und abwechselnde freundliche und feindliche Bedingungen der Umwelt einstellen. Die Funktionen der Triebe, in ihren Techniken sich offenbarend, müssen eine Vorstufe des menschlichen Denkens sein. Wie weit der Denktrieb den Menschen in seiner Entwicklung einst schon durch seine Eigenkraft gebracht hat, wie weit diese Eigenkraft ihn heute noch bringt oder bringen könnte, wissen wir nicht. Der Übergang des naiven Denkens in das bewußte vollzieht sich unkontrollierbar für uns. Der Denktrieb jedes einzelnen Menschen wird ja von vornherein durch die andern gezüchtet, allein schon durch die Sprache. Durch Zweckbetonung des Denktriebes hat sich der Mensch aus dem Geist ein Werkzeug von unvergleichlicher Kraft geschaffen. Vorstellungsvermögen, Phantasie, Gedächtnis und Vorherwissen, Erfahrung und Wissenschaft sind seine wichtigsten Ergebnisse. In der Verbindung mit dem ebenfalls zweckbetonten Betätigungstriebe hat der Denktrieb erst das Handwerk, dann die Technik geschaffen, die durch angewandte Physik und Chemie vollendet wurde.

Aber erst der vom Zwang des Zweckes befreite Geist erreicht das Höchste.

Der Mensch denkt um zu denken. Der Mensch will wissen, um zu wissen, um seine Vorstellungswelt zu bereichern und zu berichtigen, den Inhalt seiner inneren Welt zu mehren, sein Ich zu vergrößern. Das erst ist die ganze und die wahrhaft fröhliche Wissenschaft. Die Umwelt interessiert den Menschen ohne Rücksicht auf den Schaden oder Nutzen, den sie ihm bringt.

Ein weiterer Schritt ist dann, daß der Mensch über sich selbst nachdenkt. Es ist ein reziprokes Verhältnis zwischen Bewußtsein vom Bewußtsein und dem Denktrieb. Durch die eigenwillige Bewertung des Denktriebes wird dieser voll wirksam. Diese ist erst bei erlangtem Bewußtsein vom Bewußtsein möglich. Umgekehrt vertieft der Denktrieb das Bewußtsein vom Bewußtsein. Das Letzte, wozu der Denktrieb führt, ist die Eigenbewertung des Ichs bzw. die Eigenentwertung. Der Mensch wird sich selbst fragwürdig. Hier offenbaren sich die letzten Möglichkeiten des Denktriebes, aber auch die größten Versuchungen. Das *γνῶθι σεαυτόν* (Erkenne Dich selbst) ist die Losung, unter der der Mensch erst ganz zum Menschen wurde und immer noch wird. Damit eben ist aber auch gegeben, daß der Mensch sich selbst zweifelhaft werden kann. Wenn er dieser Gefahr entgeht, oder sie überwindet, entgeht er doch nie der bleibenden Unruhe. Die Beunruhigung des Menschen stammt daher, daß er durch seine mannigfaltige Triebbegabung und deren Anregungen und Forderungen eine unerhörte Fülle innerer

Lebensmöglichkeiten sieht, von denen er nur eine ganz geringe Auswahl realisieren kann. Kein Mensch kann zur restlosen Lebenserfüllung kommen. Sein Leben, auch das inhaltsreichste, muß ihm immer als ein Bruchstück erscheinen, als eine Wirklichkeit, die nur einen minimalen Bruchteil seiner Möglichkeiten ausschöpft. Und trotzdem treibt es den Menschen, sich noch immer neue Möglichkeiten des Erlebens zu erdenken und zu schaffen. Es treibt ihn, die Wände des ewigen Geheimnisses immer weiter hinauszuschieben, obgleich er ganz genau weiß, daß es nur ein Hinausschieben ist, daß das Wissen immer zugleich Gewißheit neuer Unwissenheit bringt und daß der gewonnene praktische Nutzen unsicher, sicher nur die neue Beunruhigung ist. Aber so geht die Schöpfung des Menschen vor sich. Darum folgt er unbeirrt seinem Denktriebe.

Nur durch den eigenwillig zweckbewerteten Denktrieb ist es, wie wir sahen, dem Menschen möglich, auch seine übrigen Triebe eigenwillig zweckzubewerten und dadurch wiederum seine eigentümlich menschliche Lebenstechnik zu schaffen. Aber L e b e n s t e c h n i k kommt, wenn auch in geringerem Grade, auch ohne eigenwillige Zweckbetonung zustande. L e b e n s k u n s t dagegen ist nur möglich durch eigenwillige Betonung der Triebe, und zwar in Sonderheit durch eigenwillige Eigenbewertung. Bei keinem außermenschlichen Geschöpf findet sich irgendein analoges Produkt, das auf irgendwelche Beanlagung zur Lebenskunst schließen ließe.

Welche Erfahrungen nun der einzelne mit seinem Denktrieb und seinem Bewußtsein vom Bewußtsein in der Lebensbewertung macht, ist etwas rein Persönliches.

Es hört dadurch nicht auf, etwas rein Persönliches zu sein, daß Millionen dasselbe erfahren. Das Wissen hört hier absolut auf und Wille und Bekenntnis setzen ein. Mein Denktrieb bejaht in der positiven Bewertung meines Bewußtseins vom Bewußtsein mein Ich. Diese Bejahung zu stützen und diese Bewertung zu erhöhen, ist nunmehr gemäß meiner Erfahrung die Aufgabe des Denktriebes. Hierfür schafft der Denktrieb eine Wertskala der übrigen Triebresultate. Mittelst Gedächtnis und Voraussicht kann er die verschiedenen Sättigungen der einzelnen Triebe nebeneinander stellen und so dem Menschen die freie Wahl verschaffen, welche Triebe er eigenbewerten will und in welchem Grade. Aber die Voraussetzung des ganzen Systems, nicht eines ausgedachten, sondern des uns objektiv gegebenen Lebenssystems, ist ein Glaube, will man es wissenschaftlich ausdrücken, eine Hypothese, eine Werthypothese. Das liegt eben daran, daß der Persönlichkeitstrieb zur Welt der Zwecke keine Beziehung hat. Hat er überhaupt einen Zweck, so ist er sein eigener Zweck.

Da er die Summe aller Triebe ist, kann er keine diesen nebengeordnete Sättigung haben. Seine Befriedigung besteht in der rechten Organisation der Sättigungen, in der Gewißheit, deren Werte richtig geordnet zu haben, damit weiter in der Gewißheit, alle Lebensmöglichkeiten, die das Schicksal bot, richtig abgewertet und ausgekauft zu haben, um ein Selbst zu schaffen. Der Persönlichkeitstrieb ist die Sättigung der Sättigungen. Ob sich aber das Ziel verlohnt, ob sich diese Absichtlichkeit verlohnt, sich der Eigenkraft seines Selbstgefühls und aller seiner einzelnen Triebe zu entziehen und die vielen dadurch nötigen Opfer zu bringen, ist eine ausschließliche Sache des Glaubens. Weil man den bewußten Lebenstrieb nur eigenbewerten und nicht zweckbewerten kann, kann man nur unmittelbar an seinen Wert glauben oder eben nicht an ihn glauben. Dann glaubt man eben an seinen Unwert. Das innerste Leben kann aus der Sphäre des Glaubens nicht heraus.

Wer hier nicht sieht, daß das Leben ein Geheimnis, ein Mysterium ist und in der Mystik als der Methode, mit dem Geheimnis fertig zu werden, endet, der will nicht sehen, der entzieht sich der Wirklichkeit, er ist ein wissenschaftlicher Illusionist, ein Gegenstück zum religiösen Illusionisten, der sich die Wirklichkeit nach seinem religiösen Bedürfen zurechtmacht. Es ist völlige Willkür, Wissenschaftlichkeit mit Wirklichkeitssinn und Religion mit Illusion gleich zu setzen. Die religiöse Vorstellungswelt stellt sich an dieser Stelle ganz ohne unseren Wunsch und Willen ein — wir sind also völlig sicher vor Illusionen — und sie bestimmt den subjektiven Persönlichkeitswert, sie ganz allein vermag es. Aus dem Persönlichkeitstrieb ergibt sich unmittelbar der religiöse. Vielleicht ist es auch umgekehrt. Man kann gar nicht sagen, wo der eine Trieb aufhört und wo der andere Trieb anfängt.

Das Problem, in dem dies innige Verhältnis seinen Ausdruck findet, ist das Problem des Determinismus oder der Freiheit des Menschen. Dies Problem kann erst in der Lebenskunst auftreten. Für die Lebenstechnik hat es keine Bedeutung, da diese nur Zweckwerte kennt, und das Persönlichkeitsgefühl überhaupt keinen Zweckwert hat, sondern nur einen Eigenwert. Aber innerhalb der Lebenskunst hat das

Problem zentrale ausschlaggebende Bedeutung. Die Stellung zu ihm ist unter allen Umständen eine religiöse, ganz gleich, wie sie ausfallen mag. Darum ist der religionslose Mensch auch wissenschaftlich eine unmögliche Konstruktion.

Über die relative Freiheit des Menschen gegenüber seiner kleinen, ihm zugehörigen Innenwelt habe ich schon gesprochen. Sie ging aus der Möglichkeit der eigenwilligen Betonung der Triebe im allgemeinen hervor. Sie war die Voraussetzung darum auch schon der eigenwilligen Zweckbetonung. Nun handelt es sich um das Verhältnis zur großen Innenwelt des Alls, welche in Gestalt eines Gedankens, in Gestalt des Gedankens vom Allwillen in die menschliche Seele hineinragt. Man sagt für Allwillen auch die Natur oder das Schicksal. Die Worte Allwillen, Natur und Schicksal entnehme ich nicht dem Wortschatz der Religion. Es sind Begriffe der Wissenschaft, sogar der exakten Wissenschaft, wenn auch natürlich hypothetische. Ich verweise hierfür z. B. auf die Weltanschauungsschriften des Physikers Wilhelm Ostwald oder auf Bergsons l'évolution créatrice. Der Begriff Allwille ist das Ergebnis eines notwendigen Denkaktes. Ist das Ich die Zusammenfassung der eigenen inneren Welt, so ist der Allwille die Zusammenfassung der Welt außer mir. Mag sie in allen ihren Kraftäußerungen noch so zusammengesetzt erscheinen, so werden diese doch alle dadurch zusammengefaßt, daß mir in allem ein Zweites entgegentritt, das eben nicht Ich selbst bin.

Der Allwille ist eigentlich das einzige dem eigenen Ich an Bedeutung gleichwertige Du. Alles, was ich sonst noch Du nenne, also die anderen Menschen, ist nur eine von den vielen Erscheinungsformen, in denen der Allwille mir gegenübertritt. Ebenso tritt er mir gegenüber in sämtlichen unpersönlichen Kräften. Das ist auch der Grund, aus dem dem denkenden Menschen der Polytheismus auf die Dauer nicht genügen konnte. Der Monotheismus ist eine Denknotwendigkeit.

Auch das Tier unterscheidet sich von einem etwas, das außer ihm ist. In dieser Unterscheidung besteht alles Lebensgefühl, alles Gefühl alles Lebendigen. Aber auch das höchstentwickelte Tier besitzt kein zusammengefaßtes Ich und stellt seinen Trieben nicht ein zusammengefaßtes Ich gegenüber. Es erlebt sein Ich in dem jedes Mal herrschenden Triebe. Ist aber sein Ichbewußtsein schon ein traumhaftes, so kennt es erst recht kein Du. Alles, wovon es sich unterscheidet, erscheint ihm als ein etwas, als unpersönlich. Es scheint, als ob seine Artgenossen, besonders seine Jungen, davon für es eine Ausnahme machen. Aber da tritt eine umgekehrte Beschränkung ein. Diese verschwimmen ihm in seinem Bewußtsein mit seinem eigenen Ich zu einer Einheit. Daher die ungeheure Eigenkraft des sozialen Triebes bei vielen Tieren, die das Individuum völlig absorbiert. Über die eigentümliche Geistigkeit des Verhältnisses der Geschlechter zu einander schon bei den Tieren habe ich bereits an anderer Stelle gesprochen. Wie weit hier schon der Übergang zu einer höheren Stufe angelegt ist, wage ich nicht zu entscheiden.

Nur der Mensch unterscheidet jedenfalls restlos das Ich und das Nicht-Ich. Zu diesem Nicht-Ich gehört auch das Unpersönliche, das Etwas. Aber innerhalb des umfassenden Begriffes Welt, innerhalb des Konglomeratbegriffes All, den der Mensch sich gegenüberstellt, innerhalb dieses Begriffes unterscheidet der Mensch sein Ich von einem Nicht-Ich, wobei auch das zweite Ich zu betonen ist. Dieses zweite Ich nennt er Du. Ein solches Du ist allerdings auch der Artgenosse, der andere Mensch, den er ebenso wie sich selbst mit einem, seinen Trieben übergeordneten Selbstbewußtsein ausgestattet sieht.

Aber zum anderen drängt die Konstruktion seines Denkens den Menschen noch zu einer zweiten Nicht-Ich-Vorstellung. Als dieses zweite Ich, das Ich außer ihm und damit Du erscheint ihm der Gesamtwille oder die Gesamtkraft, die ihm im All entgegentritt, die er dann den Allwillen oder die Natur oder das Schicksal nennt. Der Allwille ist rein ein wissenschaftlicher Begriff, das Ergebnis eines rationalen, eines Denkprozesses. Dieses zweite Ich erscheint aber, sowie der Mensch diesen Begriff als einen notwendigen gebildet hat, so riesig, daß er das kleine Ich des Menschen selbst verschluckt. So kommt die Meinung zustande: der Mensch lebt nicht, sondern er wird gelebt. In Wahrheit gibt es nur das eine große Ich. Alles andere Ich des Menschen ist nur Schein. Der Mensch ist auch hierin aller anderen Kreatur wesensgleich. Die Unterschiede sind letztlich nur unwesentliche Scheinunterschiede. Der, der den Menschen lebt, wie er alles lebt, ist der Allwille, der Welrwille, die Natur, oder in welchen Ausdruck man das Rätsel des Absoluten immer einformeln will. Das ist der Determinismus.

Dem steht aber eine Tatsache gegenüber, die zum mindesten denkbar schärfste Beachtung und Untersuchung fordert. Es ist diese. Der Mensch vermag die Weltentwicklung oder den kosmischen Lebensprozeß willkürlich zu unterbrechen, indem er sich selber verneint, indem er sich **tötet**. Umgekehrt lebt er, weil er sich selbst bewußt und freiwillig bejaht. Er legt eine eigenwillige Betonung auf seinen Lebenstrieb, auf Grund einer Eigenbewertung. Mit anderen Worten: er glaubt an sich. Diese Tatsache unterscheidet ihn von allen anderen Kreaturen. Dagegen kann man nun wieder einwenden: Es ist auch wieder der Allwille, der den einzelnen menschlichen Willen zur Selbstbejahung oder Selbstverneinung, zum Glauben oder Unglauben veranlaßt. Damit ist aber doch die Tatsache der eigenen Selbstbejahung und Selbstverneinung, die den Menschen vom Tier wesenhaft unterscheidet, nur modifiziert, nicht beseitigt und auch nicht entwertet. Denn dann ist eben dies das absolut Neue, daß der Mensch sich des ihn bestimmenden Allwillens **bewußt** wird, daß der einzelne menschliche Wille den Allwillen **bewußt** als etwas eigenes Persönliches oder durch ihn Hindurchgehendes erlebt. **Eine relative Freiheit** hat der Mensch also auch dem **Allwillen gegenüber**. Sie fällt mit seinem Bewußtsein vom Bewußtsein zusammen. Selbst wenn man nicht nur bei den Tieren, sondern auch beim Menschen die bewußten Triebfunktionen als von den unbewußten an sich so gut wie unbeeinflußbaren Funktionen der körperlichen Organe abhängig nachweisen könnte, würde eben das Bewußtsein hiervon allein schon den Menschen zu einem Geschöpf sui generis machen, das **absolut** von den anderen organischen Wesen verschieden ist, verschiedener als diese von der anorganischen Natur. Denn diese teilen mit jener die absolute Abhängigkeit. Dagegen bedeutet die Erkenntnis der Abhängigkeit die Freiheit, denn sie setzt den Besitz der Idee der Freiheit voraus.

Die Wissenschaft, das rationale Denken, ohne jede Beimischung des emotionalen hat den Begriff des Allwillens als ein reines Seinsurteil erarbeitet. Der Begriff ist eine von den vielen Hypothesen, die die Wissenschaft braucht.

Nun aber sieht sich der Mensch genötigt, alle Seinsurteile zu dem, in ihm vorhandenen Lebenswillen in Beziehung zu bringen. Mit anderen Worten: Der Mensch muß auf jedes Seinsurteil ein Werturteil legen. Die Bedeutung der Dinge außer mir für meinen Lebenswillen kann mikroskopisch klein sein. Sie kann aber auch so gewaltig sein, daß sie meinen Lebenswillen restlos bestimmt. Im ersteren Falle wird auch das Werturteil über die Dinge den Menschen nicht sonderlich interessieren, im zweiten Fall ist sein Werturteil lebenswichtigste, lebensentscheidende Angelegenheit. So wird der Mensch doch wohl nicht anders können als ein Werturteil fällen über die Macht, die ihm sein Schicksal gibt, die ihn lebt. Der Mensch muß als bewußtes Wesen ein Werturteil über das Leben fällen, also auch über den Allwillen.

Bewußtes Leben ist schon an und für sich ein Werturteil — auch über den Allwillen. Auch wenn jemand dem Agnostizismus huldigt. Das praktische Verhalten des Menschen, und nicht die vom Menschen vorgeschützte Theorie, bringt sein Innerstes zutage und auch seine wirklichen letzten inneren Entscheidungen, über die er sich selbst durchaus nicht immer im klaren ist. Das Werturteil über das Leben kann nicht vom Werturteil über den Allwillen unabhängig gemacht werden. Wenn das Werturteil über das Leben hypothetisch gefällt wird — man lebt als ob das Leben einen Wert habe — so macht das keinen wesentlichen Unterschied. Über ein Werturteil des Glaubens kommt der Mensch ja nie hinaus. Glaube hat in irgendwelchem Maße immer hypothetische Beimischung. Über ihr Maß entscheidet die persönliche Energie, die Kraft der Lebensleidenschaft. Die Gewißheit wird nie ganz gewiß, solange der Mensch Mensch bleibt, und der Zweifel wird nie grenzenlos, solange der Mensch in seiner Seele gesund bleibt, solange er nicht verzweifelt und damit das Leben innerlich preisgibt. Nennt der Mensch den Allwillen Gott etwa im Sinne der christlichen Religion, so hat er ein solches Werturteil gefällt. Nennt er ihn mit dem Gleichniswort Herr, so würdigt er ihn der Ehrfurcht, nennt er ihn Vater, der Liebe. Es ist aber eine schlechte Erbschaft des Pietismus, der die letzte große Form echter Frömmigkeit im deutschen Volke war, wenn an die Stelle des Vertrauens zu Gott eine unangemessene Vertraulichkeit tritt. Das ewige Geheimnis fordert vor allem Ehrfurcht. Aber auch dann, wenn das Urteil über den Allwillen *pessimistisch* lautet oder völlig *skeptisch*, immer ist es ein *religiöses*, und damit ist das Urteil über den Wert des Lebens auch religiös. Das *Wort religiös ist ein wissenschaftlicher Terminus und hat keine Wertung in sich.*

Der vom Menschen geschaffene Begriff des Allwillens oder der Natur ist die für die Klärung der Tatsachen fruchtbarste und folgenreichste *wissenschaftliche Hypothese*. Sie ist die Annahme des Sinnes der Welt und des Lebens.

Der Glaube an diesen Allwillen ist die wichtigste Werthypothese, weil die fruchtbarste für die Lebenskunst. Stellt man sie in Sinnbildern dar, so hat man die Religion und den Kultus. Beide sind nicht willkürlich erdacht, sondern drängen sich dem suchenden Menschengeist auf. Nur aber in einer wissenschaftlichen Auseinandersetzung ist es angebracht von einer religiösen Werthypothese zu sprechen. Außerhalb derselben wäre es eine Geschmacksverirrung. In Wahrheit handelt es sich ja hier um die größte Leistung des menschlichen Willens. Sie darf auch den edelsten Namen verlangen. Man nennt sie den Glauben an Gott. Weil es eine Leistung des Willens ist, ist es nicht mehr eine bloße Hypothese. Zum Begriff der Hypothese gehört die jederzeitige Aufgebbarkeit. Die läßt sich auf den Glauben nicht übertragen, ohne daß man ihm eben sein Wesen nimmt. Wir stehen hier vor einem Letzten. Der Mensch kann eben seine Stellung zu Welt und Leben letztlich nicht durch seine Vernunft gewinnen, sondern nur durch seinen Willen.

Der Begriff des Allwillens oder der Natur hat nur einen Sinn, wenn sie etwas will und dieser Wille festzustellen ist. Auch diese Folgerung hat die Wissenschaft gezogen. Bergson z. B. läßt sich in seinem Buche L'évolution créatrice folgendermaßen aus (er hat vorher davon gesprochen, daß es ein Irrtum sei, die kreatürliche Entwicklung einheitlich gradlinig anzunehmen, also vom pflanzlichen Leben zum instinktiven Leben, und vom instinktiven Leben zum vernünftigen Leben, daß vielmehr die Entwicklung sich mehrfach gegabelt habe, daß sie einerseits zu den Gliederfüßlern gelangt sei, deren vollkommenste Verkörperung die Ameise ist, und andererseits zu den Wirbeltieren, deren vollkommenste Verkörperung der Mensch ist): „Die Natur erstrebt leichte Beweglichkeit, Biegsamkeit, Mannigfaltigkeit der Bewegungen, natürlich erst nach vielem Herumtasten, wobei sie zunächst in den Fehler verfiel, die Masse und die brutale Kraft zu übertreiben. Aber dieses Streben und Suchen vollzog sich in zwei verschiedenen Richtungen."

Alles, was wir bisher über das Verhältnis des Allwillens zu dem Besonderen des Menschen gesagt haben, also zu seinem Bewußtsein vom Bewußtsein, zu der ihm ermöglichten Eigenbetonung seiner Triebe, zu seiner Lebenstechnik und Lebenskunst ist eine gleiche naturphilosophische Konstruktion. In dem Augenblick aber, da der Mensch seinen Willen hingibt an diese Gedanken, da er Folgerungen für seinen Willen aus diesen Gedanken zieht, ist die Religion da, und Blut und Leben kommt in die Abstraktion hinein. Das Kennzeichen des Überganges von der Philosophie in die Religion ist der Verzicht auf die Kritik. Für die Worte der Bergsonschen Kritik ist in der Religion kein Platz. Läßt man die Kritik an irgendeinem Punkte der Schöpfung zu, so hat der Mensch natürlich auch das Recht der Kritik an der Schöpfung des Menschen und an seinem von ihm selbst unabhängigen Schicksal.

Wie schwer der Menschheit dieser Verzicht fällt, zeigen die vielen Theodizeen oder Rechtfertigungen Gottes in der Bibel. Die Geschichte vom Sündenfall will so erklären, wie das „Böse" in die Welt kam. Auch das Buch Hiob ist eine Theodizee. In gleicher Absicht verlegt die metaphysische Deutung des Todes Jesus das Drama in den

Allwillen oder Gott selbst hinein: Warum muß der Unschuldige leiden? Der volle Glaube lehrt den Menschen das Schicksal hinzunehmen, wie es kommt, auf seine Deutung zu verzichten, dagegen es für den Ausbau seiner Persönlichkeit auszunützen nach jeder Kraft und Möglichkeit. Der Glaube fragt nie warum, sondern immer nur wozu. Seinen gewaltigsten Ausdruck hat der Verzicht auf jede Kritik des Allwillens in dem Wort gefunden: Gott sah an alles, was er gemacht, und siehe da, es war sehr gut, und noch größer in dem andern: Denen, die Gott lieben, müssen alle Dinge zum Besten dienen. Der Mensch hat seinen Auftrag von Gott. Das ist das einzige, was er von Gott weiß. Er soll seine Seele schaffen, seine Persönlichkeit bilden. Das soll er leisten, mit Hilfe des Schicksals, gegen das Schicksal, bei Indifferenz des Schicksals. Außer der Beschäftigung mit sich selbst, muß er dazu die Herrschaft über die Welt und die richtige soziale und sympathetische Stellung zu den andern Menschen erstreben.

Das Prinzip der Sparsamkeit ist, wie auf alle Hypothesenbildung auch auf Werthypothesen, also auch auf die Religion anzuwenden. Der Monotheismus ist der Ausdruck dieser Sparsamkeit und asketischen Enthaltsamkeit. Der religiöse Trieb bringt durch seine ungeheure Kraft leicht Wucherungen, Illusionsbildungen hervor. Die reine Religion besteht nur in einem einzigen Gedanken. Alles andere, was man ihr sonst noch zurechnet, ist Ethik, ist ethische Lebenskunst. Diese ist untrennbar von der Religion, aber doch erst etwas Abgeleitetes. Religiöse Gedanken sind nur dadurch gerechtfertigt, daß der Allwille unseren Lebenswillen um seines

Bestandes willen zu ihnen zwingt. Das ist Offenbarung. Gott ergreift den Menschen.

Wir brauchen die Hypothese des Allwillens, um die Welt zu verstehen.

Wir brauchen die Hypothese des Glaubens an den Allwillen, um leben zu können. Nur unter ihrer Voraussetzung kann man den Lebenstrieb fröhlich eigenbewerten. Der Persönlichkeitstrieb und der religiöse Trieb sind untrennbar. Sie sind Korrelatbegriffe. Sie steigen zugleich aus der Eigenkraft des Selbsterhaltungstriebes auf und sie finden eventuell ihr Ende in derselben Skepsis. Weil ich zum Allwillen ja sage, sage ich auch zu mir ja.

Aber jetzt kommt die letzte Frage: wer bin ich? Für die Tiere können wir die Frage leicht beantworten. Denn die Tiere sind. Aber der Mensch wird. Wir sind immer zugleich zwei, der wirkliche Mensch und der uns in Gedanken vorschwebende, der werdende, der mögliche Mensch. Wir leben hauptsächlich in unseren Möglichkeiten. Es ist wiederum ein unmittelbares Erlebnis, nur feststellbar, nicht beweisbar, daß ich, der ich nicht in Wirklichkeiten, sondern in Möglichkeiten mein Ich sehe, mir als wertvoller vorkomme als die anderen, die sich so hinnehmen, wie sie sind, und deren Werden, soweit es dennoch vor sich geht, nur ein Nebenprodukt ihrer Lebenstechnik ist, das durch die Eigenkraft und die Zweckbewertung ihrer Triebe entsteht, und daß der Allwille seinerseits nicht zu meinem empirischen Ich ja sagt, sondern daß er das Ich der Möglichkeit will, und zwar, je ferner es ist, je ferner ich es sehe, desto mehr. Ich glaube an einen Auftrag Gottes, an seine Ausführbarkeit und an die Notwendigkeit, ihn auszuführen. In diesem Auftrage bejahe ich mich. Die Forderungen der ethischen Lebenskunst erscheinen mir deshalb als Gebote Gottes. Das Maß meines Persönlichkeitsbewußtseins und meines Wertgefühls entspricht dem Maße der Anerkennung und der Durchführung dieser Forderungen durch mich.

Wir sahen, daß der Mensch sein Ich einem zweifachen Du gegenüberstellt. Das eine ist der Allwille, das andere der Artgenosse. Wir sahen, daß das Werturteil des Menschen über sich selbst, sowohl über seine Wirklichkeit wie über seine Möglichkeit vom Werturteil über den Allwillen abhängt. Aber nur sehr wenige wagen ein eigenes Werturteil über den Allwillen. Ganz persönlich ist es wohl bei keinem. Aber der Gradunterschied der persönlichen Anteilnahme an seinem Zustandekommen ist sehr verschieden. Es ist die Autorität der anderen Menschen, der Mehrheit, der Geschichte, insbesondere der religiösen Gemeinschaften, der der Einzelne die große Verantwortung abtritt. Niemand wird sagen können, daß das unnatürlich ist. Es ist für die meisten Menschen das Natürliche, das Gegebene, das einzig Mögliche. Die, die sich ganz oder fast ganz unabhängig machen, sind die religiösen Genies. Der Glaube der meisten Menschen ist ein Glaube an den Glauben anderer, zu dem die eigene Erfahrung wenig, sehr wenig noch hinzubringt. Ebenso wagen sie nicht, die Forderungen des Allwillens direkt zu erforschen, sondern nehmen auch die an auf das Autoritätszeugnis der Gemeinschaft hin. Es ist einfach eine Sache der Kraft, ob und wieviel Autorität der Mensch zwischen seinen Glauben und den Allwillen einschaltet. Autoritätsglaube ist an und für sich nicht verwerflich. Autoritätsverachtung ist töricht. Ein bereitwilliges sich begnügen mit dem Autoritätsglauben ist Schwäche. Autoritätsüberwindung oder Bestätigung, Autoritätsschöpfung ist höchste schöpferische Kraft, ist Genialität der Lebenskunst.

Das Verlangen nach Gewißheit des persönlichen Wertgefühls bringt die Menschen dazu, sich Gedanken über den Allwillen und seine Forderungen zu machen oder die Gedanken anderer hierüber, sei's mit, sei's ohne Prüfung anzunehmen. Das lebenskünstlerische Werturteil des Menschen über sich selbst muß direkt oder indirekt auf den Allwillen zurückgeführt werden. So sollte es sein. Es ist aber nicht immer so. Der Mensch macht oft sein lebenskünstlerisches Urteil über sich statt von Gott, der sich ihm in seinem Gewissen offenbart, vom Urteil anderer Menschen über sich abhängig. Das ist das Wesen des Ehrgeizes. Der Ehrgeiz oder doch wenigstens ein starker Ehrtrieb hat in der Lebenstechnik sein Recht und seine Notwendigkeit. Der einzelne muß ihn haben, denn er muß darauf halten, daß seine besondere Triebbegabung von ihm ausgenützt werden kann. Dies wird ihm großenteils nur durch die Achtung der Mitmenschen ermöglicht. Die Gesamtheit muß ebenfalls den Ehrtrieb stark benutzen. Denn sie ist auf seltene und wertvolle Triebbegabungen und deren Ausnutzung angewiesen. In der Lebenskunst dagegen ist der Ehrtrieb überflüssig und der Ehrgeiz völlig unmöglich. Ruhm vor Menschen, der nicht zugleich Ruhm vor Gott ist, der nicht auf einer Erwählung von Gott beruht, der nicht innerlich berechtigt und notwendig ist, ist ein gefährlicher Illusionswert und eine traurige und törichte Selbsttäuschung. Nur das Urteil des Menschen über sich selbst, das er selbst sub specie aeternitatis sive dei fällt, hat die Gewißheit der objektiven Gültigkeit, der Wahrheit, der Wirklichkeitserkenntnis, auf deren Fundament allein man die höchste Leistung, nämlich die Schöpfung der eigenen Persönlichkeit als eine sichere beständige Lebensleistung aufbauen kann.

Zweitens. Die Eigenbewertung des Betätigungstriebes. Jede Betätigung kann mit der Zweckbewertung zugleich eigenbewertet werden. Dies ist der wünschenswerte Zustand. Die meisten körperlichen Betätigungen kommen in ausschließlicher Eigenbewertung kaum oder gar nicht vor. Doch gibt es noch genug Fälle des eigenbewerteten Betätigungstriebes. Spazierengehen und wandern ist einer der häufigsten Fälle. Ferner eigenbewerten wir die Betätigung des Körpers in der Form der Leibesübung, der Gymnastik, des Turnens, des Spiels, des Sportes. Die Absicht dieser Schrift, letzte Erkenntnisse über die Erfüllung des Lebens in ihrer prinzipiellen Bedeutung und darum übersichtlich zu zeigen, bringt es mit sich, daß bedeutsamste Tatsachen in wenigen Sätzen erledigt werden, wenn eben diese ihre Bedeutung ohne weiteres einleuchtet. Am wichtigsten ist die Eigenbewertung des Betätigungstriebes in Kombination mit dem eigenbewerteten Denktrieb in der Wissenschaft, z. B. in Chemie, Physik, Anatomie, den Naturwissenschaften überhaupt.

Ebenso eigenbewertet der Mensch die Betätigung seiner Sinnestriebe. Er sieht, um zu sehen, er hört, um zu hören, er riecht, um zu riechen, er schmeckt, um zu schmecken, er fühlt, um zu fühlen. Er übt seine Sinnestätigkeit aus, nicht nur um sich mit der Umwelt auseinanderzusetzen, sondern er läßt durch das fünffache Tor der Sinne das Leben der Umwelt in das Ich einströmen, damit der Mensch die ganze zu ihm kommende Welt in sein Ich verwandeln kann. Aber erst in Verbindung mit dem Triebe der Sympathie bekommen die Sinnestriebe ihre ganze Macht der Lebensoffenbarung. Dann schaffen sie den Natursinn und die Künste. Die volle Bedeutung der Eigenbewertung der Sinnestriebe wird sich darum erst bei Besprechung der Triebsysteme herausstellen.

Drittens. Die Eigenbewertung der Urtriebe. Ich rechne zu ihnen den Nahrungstrieb, den Erwerbstrieb, den Geschlechtstrieb, den Kampftrieb. Beim normalen Menschen vertragen sie die Eigenbewertung nur im Umfange ihrer Eigenkraft und ihrer Zweckbewertung. Die Eigenbewertung ist für sie nicht wesentlich und darum sind diese Triebe auch für die individuelle Ausgestaltung der Persönlichkeit nicht von Bedeutung. In Triebsystemen, besonders in Verbindung mit dem sympathetischen Triebe, ändert sich das durchaus. In Verbindung mit ihm in der Vaterlandsliebe verträgt und fordert der Kampftrieb sehr wohl die Eigenbetonung, und in der Ehe desgleichen der Geschlechtstrieb. Wenn aber die Urtriebe für sich allein eigenbewertet werden, so zerstören sie die Lebenskunst und die Kultur. Schlemmerei, Mammonismus, geschlechtliche Ausschweifung, Freude am Zerstören schaden nicht nur der Zivilisation, sondern sie vernichten auch die innere Welt des Menschen, der diese Urtriebe in sich noch treibt.

Viertens. Der sympathetische Trieb. Er entspricht dem sozialen Triebe innerhalb der Lebenstechnik. Beiden gemeinsam ist, daß der Trieb eines Wesens zu dem Triebe eines anderen Wesens im Interesse der beiderseitigen Lebenszwecke in ein besonderes Verhältnis tritt. Der soziale Trieb gehört bereits den Tieren. Durch seine Zweckbetonung, die dem Menschen als einem selbstbewußten Wesen möglich ist, gewinnt er ungeheuer an Kraft und schafft die Zivilisation. Er hat wenigstens den größten Anteil an ihrem Zustandekommen. Der Mensch wird vom Menschen auf Grund seiner Anlagen, auf Grund der aus ihnen entwickelten Triebe und auf Grund der aus den Trieben entwickelten Fähigkeiten zweckbewertet. Der soziale Trieb ist aber der alte Urtrieb, nur daß der Mensch sich seiner bewußt geworden ist. Durch Eigenbewertung dagegen ändert er sein Wesen. Der Trieb des anderen und damit der andere Mensch selbst werden nicht mehr um der gemeinsamen Zwecke willen gewertet oder verachtet, sondern Trieb und Mensch werden um ihrer selbst willen gewertet oder verachtet. So wandelt sich der soziale Trieb in den sympathetischen. Wir nennen ihn Liebe, wogegen man die soziale Wertung Achtung nennt. Nur der Mensch hat die Liebe in diesem Sinne. Was bei den Tieren als solche erscheint, ist in Wahrheit anderen Ursprungs, z. B. die Freundschaft unter Hunden und Pferden oder die Freundschaft der Tiere mit den Menschen. Sie ist Ausdruck des sozialen Triebes und der sozialen Symbiose. Die Liebe bedeutet den Aufschluß einer neuen Welt. Liebe ist die Freude einer lebenskünstlerischen Persönlichkeit an einer anderen. Lebenskunst ist darum ebensowenig wie Lebenstechnik nur Angelegenheit des einzelnen, nur Privatsache. Die Lebenskunst der anderen ist wichtig für uns. Denn sie erst macht sie liebenswert. Möglichst viele, ja möglichst nur liebenswerte Menschen um sich zu haben, ist das Ziel der Lebenskunst. Wie das äußere Schicksal der Menschheit davon abhängt, ob der soziale Trieb gesund und stark ist, damit die Menschen sich nicht im Konkurrenzkampf vernichten, sondern sich gegenseitig zur Erfüllung des Lebens helfen, so wird das innere Schicksal durch die Kraft oder Schwäche des sympathetischen Triebes, durch seine Pflege und die ihm geschaffenen Möglichkeiten gestaltet. Auch der Heros des inneren Lebens erreicht im gleichgesinnten Milieu eine viel höhere Stufe der Entwicklung. Gewiß ist die höhere Möglichkeit die, daß ein Mensch sich an der Gewißheit genügen lassen kann, daß das Ja, das er zu seinem Wesen und Willen spricht, auch das Ja Gottes sei. Aber das Leben wird leichter und schöner, wenn ein Mensch sich auch von seinesgleichen, d. h. von lebenskünstlerisch auf gleicher Höhe stehenden Menschen geliebt weiß. Der sympathetische Trieb gehört zu denen, die einer unbegrenzten Eigenbewertung fähig sind. Die Bereicherung, die er bringt, ist unerschöpflich. Er sättigt stets und sättigt nie.

In immer größer werdenden konzentrischen Kreisen

erweitert er das Ich. Der erste Kreis ist der der Freundschaft, der rechten Freundschaft, die auf gleicher lebenskünstlerischer Lebensauffassung beruht. Um ihn legt sich der Ring der Volksgemeinschaft, um diesen der der Menschheit, und nicht nur der gegenwärtigen, sondern der, die da war, und der, die dann kommt. Der Mensch „kann dem Augenblick Dauer verleihen". So liebt man in seinen Freunden, in seinem Volk, in der Menschheit, deren Vergangenheit und deren Zukunft.

Endlich bringt die Sympathie die Einfühlung in die Natur, in das All. Der Mensch lebt in einer einzigen großen Symbiose mit der gesamten Umwelt. Er zweckbewertet sie und nützt sie durch die auf Wissenschaft gegründete Technik. Er gibt ihr aber auch Eigenwert. Der große Bettelmönch Franz von Assisi ist einer von denen, die dem Einheitsbewußtsein mit der Natur ergreifenden Ausdruck gegeben haben. Ihm sind Sonne und Mond und alle Gestirne und alles Geschöpf, Schwester und Bruder, Kinder des einen alliebenden Vaters. Goethe hat oft ähnlich gesprochen. „Wie herrlich leuchtet mir die Natur". Aber er hat auch den Unterschied betont. „Unfühlend ist die Natur." Der Mensch ist in diesem Verhältnis allein der Aktive, die belebende Kraft.

Der überfließende Reichtum des menschlichen Lebens stammt aus der Sympathie. Der Mensch lebt so viel als er zu lieben fähig ist. Darum muß er diesen Trieb vor allen anderen pflegen. Aber klar herauslösen aus dem übrigen Triebgeflecht läßt sich die Liebe nicht. Daher die Klage der Menschen, daß reine Liebe so selten sei. Fast immer bleibt sie dem sozialen Triebe verbunden, aus dem sie stammt. Je näher die

Geschöpfe dem Menschen stehen, je ähnlicher sie ihm sind, desto leichter erwecken sie seine Sympathie, desto leichter tritt der soziale Nützlichkeitstrieb, besser Nutzungstrieb, zurück, ohne jedoch jemals ganz zu verschwinden. Im Idealfalle steht die Familie unserer Liebe am nächsten, dann die Freundschaft, die Gesinnungsgenossen, Volk und Vaterland, endlich die Menschheit und die Natur. Begleitet wird diese Reihe von den Werten der Geschichte und der Zukunftshoffnung. Es ist möglich, daß nebeneinander der sympathetische und der soziale Trieb Menschen in gleicher denkbar höchster Kraft miteinander verbinden. Meist ist es so, daß mit der Entfernung vom lebenskünstlerischen Zentrum eines Menschen — wenn er ein solches hat — die sympathetische Würdigung der anderen Geschöpfe abnimmt und die soziale Würdigung zunimmt. Schon das eigene Volk, noch mehr Menschheit und Natur pflegen von den meisten allein sozial gewürdigt zu werden. Nur die Menschen des ganz großen Herzens umfassen alles mit wirklicher Liebe. Auch die Geschichte steht den meisten Menschen zu fern, um für ihre großen Träger Liebe zu wirken. Es kommt dazu, daß, um die Vergangenheit zur Gegenwart zu verlebendigen, nicht nur Liebe nötig ist, sondern auch Phantasiebegabung. Die *Jugend*, die innerlich noch nicht abgedorrt ist, vermag am ehesten Heldenverehrung, Heldenfreude aufzubringen, auch wenn der Gegenstand der Liebe längst versunkenen Zeiten angehört. Der religiöse Trieb beweist seine besondere Kraft dadurch, daß er am leichtesten die zeitlich fernen Menschen dem eigenen gegenwärtigen Leben nahebringt.

Die *erste Zone*, zu der der Mensch sein Selbst zu

erweitern vermag, ist die Freundschaft. Jeder wirklich geistige Mensch verlangt, um seiner selbst willen geliebt zu werden. Darum verlangt ihn über die soziale Achtung hinaus nach der Freundschaft. Aber ebensowenig wie die Lebenskunst an und für sich schon ethische Lebenskunst ist, ist der sympathetische Trieb an und für sich schon ein ethischer Trieb. Menschen mit kranken Trieben, mit perversen Geschlechtsgefühlen, Verbrecher, Spieler, Trinker, Illusionisten aller Art sympathisieren sehr stark miteinander. Sage mir, mit wem du umgehst, und ich will dir sagen, wer du bist, bist in deiner innersten Seele. Liebe hebt uns auf Höhen und hält uns auf ihnen, Liebe zieht uns in Tiefen hinab und vernichtet uns.

Doch unendlich größer als die zerstörende ist die lebenaufbauende Kraft der Sympathie. Die Liebe des guten, innerlich gesunden Menschen zum gleichgearteten ist ungleich gewaltiger und in sich selbst stärker, weil Leben schaffend und bereichernd und darum ihres Rechtes bewußt, als die Liebe des schlechten zum schlechten Menschen. Tragisch wird das Schicksal der Liebe, wenn in dem Geliebten starke edle und starke gemeine Triebe bei einander wohnen.

Ich liebe den Menschen, den dieselbe Musik oder derselbe Dichter bewegt wie mich, der denkt und glaubt wie ich, der dieselben vaterländischen oder humanitären Ziele hat, der dieselbe Geschichtsauffassung, den gleichen Natursinn, die gleichen sympathetischen Gefühle hat, dessen sympathetischer Trieb die gleiche Richtung einschlägt wie der meine, ich liebe ihn, weil er das hat und das ist, ohne daß es mir wichtig ist, ob dadurch in der Welt und in meinem Leben zu meinem Nutzen etwas verändert wird;

ich liebe ihn, weil durch ihn und meine Liebe das, worein ich mein Wesen setze, verstärkt zu mir redet. Ich liebe ihn, weil er mein Bewußtsein mit dem Inhalt bereichert und stärkt, der mir das Leben lebenswert macht. Rechte Liebe trägt die Gewähr der Gegenseitigkeit in sich, auch wenn es niemals ausgesprochen wird, weil jeder im anderen nur sein eigenes Ich liebt, oder das Ideal seines Ichs. Daher ja die Menschen so oft in der Liebe ihre Ergänzung suchen. Sie lieben das im anderen, was er ist und sie selbst sein möchten. Der Prüfstein der großen Liebe ist die Zeit, weil das Schicksal dem Geliebten Gelegenheit gibt sich zu offenbaren, sich zu vervollkommnen oder zu sinken. Man liebt nicht nur den gegenwärtigen, sondern auch den vergangenen und den zukünftigen Menschen. Nichts erwirbt solchen innerlichen Dank wie wirkliche Liebe, die auf eines Menschen Wesen eingeht und ihn nicht nur anerkennt um seiner sozialen Leistungen willen. Je wertvoller und wesenhafter Liebe ist, desto ernster wird sie kritisieren und desto leichter Kritik vertragen. Große Liebe wird von einem gleichen Willen geschaffen, sie ist darum sachlich, bei aller Subjektivität zugleich objektiv, darum auch nicht anspruchsvoll, sondern s i e will geben, will nur, daß der andere den Sinn der Gabe erkenne und sich daran erfreue. Wenn sie selbst nimmt, weiß sie, daß sie auch damit Freude bereitet. Große Liebe ist nicht empfindlich, sie will den anderen nicht nur genießen, sondern kämpft in seiner Seele ebenso wie in seiner Umwelt seinen Schicksalskampf mit. Sie liebt nicht nur des anderen Wirklichkeit, sondern auch seine Möglichkeiten.

Der sympathetische Trieb ist mit dem sozialen verflochten. In fast allen Freundschaften, die nur dem Menschen an sich gelten, sympathisieren wir nicht nur mit der lebenskünstlerischen Persönlichkeit, es ist fast immer etwas soziale Kampfgenossenschaft oder Geschäftsfreundschaft — der Begriff hat an sich nichts Anstößiges — dabei. Das bringen die Realitäten des Lebens, seine tausend Notwendigkeiten mit sich. Es darf nur der sympathetische Trieb vom sozialen nicht abhängig werden. Das bedeutet seinen Tod. Wer „des Lied singt, des Brot er ißt", allein aus diesem Grunde, der hat seine Seele verkauft.

Große Liebe ist sich selber Lohn und darum hält sie Distance. Nur dem Knoten „sind alle Menschen gleich". Je vornehmer ein Mensch ist, desto mehr ist seine Liebe, seine glühende Liebe der Ehrfurcht fähig, bis zur Anbetung hin. Es kann sehr wohl gegenseitige Ehrfurcht in gegenseitiger Liebe sein. Wunderbar haben das die alten Künstler dargestellt, wenn sie den Engel der Verkündung der Maria die große Zukunftsbotschaft ansagen lassen.

Je größere Anlagen der Mensch in sich hat, umsomehr sucht seine Seele die wahren Werte über die räumlichen und zeitlichen Grenzen seiner Umgebung hinweg. Für ihn sind Prahlverwandtschaften ebenso gleichgültig wie Qualverwandtschaften, nur Wahlverwandtschaften gelten ihm. Ihm bedeutet es die Erlösung, wenn einer nach Art des Nazareners spricht: „Ich bin gekommen, den Menschen zu erregen wider seinen Vater und die Tochter wider ihre Mutter und des Menschen Feinde werden seine eigenen Hausgenossen sein." Das Nahe wird fern, und das Ferne nah. Was macht es, wenn wir auf verschiedenen Seiten des Erdballs leben und verschiedene Sprachen sprechen und verschiedenen Rassen angehören, wenn wir einig sind in dem, was wir lieben. Dagegen liegen Welten zwischen mir und Menschen, die mit mir unter einem Dache wohnen, und die ich täglich grüße. Ich bin eine Einheit der Liebe mit Menschen, die 2000 Jahre vor mir über die Erde gingen, von gleichem Geiste beseelt wie ich, und ich bin dieselbe Einheit mit denen, die im selben Geiste nach mir nach Aeonen kommen werden. Ich liebe sie inbrünstig und freue mich ihrer in der Vorschau und will für sie arbeiten, kämpfen und leiden. Was wäre der geistige Mensch und gar der geniale, wenn er nur die Gegenwart hätte, die ihn oft mit ihren dummen toten Fischaugen anglotzt, wenn er nicht wüßte, daß seine Worte und seine Gedanken in die große Diskussion der Wortführer des Menschengeschlechtes sich mischen, da man Rat und Meinung austauscht über die Jahrhunderte, über die Jahrtausende hinweg, wie unser Geschlecht die Absicht, den Auftrag des Allwillens recht zu verstehen und auszuführen hat, wie es seinen irdischen Weg findet zu seinem ewigen Ziel?

Der weitere sympathetische Kreis, den der Mensch braucht, ist sein Volk. Ohne eine besondere Sympathie mit den Volksgenossen ist Vaterlandsliebe nicht möglich. Die Eigenkraft der Rassenzugehörigkeit reicht dazu nicht aus. Sie wirkt nur bei gleichem Zivilisations- und mehr noch bei gleichem Kulturgehalt der Volksgenossen. Gemeinsame Sprache und gemeinsame Landesgrenzen schaffen noch kein Volk. Verkehrsmittel, Rechtsschutz und Bildungsmöglichkeiten und die anderen zivilisatorischen Hauptmittel findet man heute ungefähr gleichartig in jedem Staat. Ein wichtiges neues Mittel für die Zusammenfassung eines Volkes sind **soziale Maßnahmen**. Ein Volk kann sie sich desto mehr gönnen, je wohlhabender es ist. Wenn aber ein verarmtes Volk falsche, weil nicht richtig psychologisierte soziale und kommunistische Experimente macht, so diskreditiert das den Sozialismus. Der ist nicht Zweck, sondern Mittel. Er darf die Kraft der Produktion und die Möglichkeiten des Erwerbes nicht zu sehr beschränken. Daß aber ein vernünftiger Sozialismus, daß soziale Gesetzgebung, daß soziale Einrichtungen nötig sind, daran dürfte doch wohl kein Zweifel mehr sein. Nur so kann der einzelne an der Zivilisation, an der Erhaltung des Staates und auch seines Volkes interessiert werden. Darin liegt die Grundvoraussetzung der Vaterlandsliebe. Wie soll ich ein Volk und einen Staat lieben, die sich nicht, gemäß ihrer Kraft, um mich kümmern?

Aber der soziale Trieb allein schafft kein Volk. Auch der beste Sozialismus, also der, der dem schwächsten unbegabtesten und unbrauchbarsten Gliede eines Volkes noch ein menschenwürdiges Dasein ermöglicht, und der zugleich der größten Triebbegabung die Möglichkeit läßt, sich in sozialer Nützlichkeit auszuleben, auch der schafft noch kein Volk, sondern nur einen verfeinerten Termitenhügel. **Nur wenn Menschen durch einen allen sympathischen Lebens- und Geistesinhalt, Kulturinhalt, miteinander verbunden sind, sind sie ein Volk.** Es ist die Aufgabe jedes Patrioten in jedem Lande, sich seinem Volke und sein Volk sich sympathisch zu machen. Jedem, dem diese Aufgabe aufgegangen ist, erscheint sie unumgänglich selbstverständlich und so groß, daß man zu ihrer Empfehlung nichts mehr zu sagen braucht. Ein verelendetes Volk, das seinen Volksgenossen keine äußeren Vorteile bieten kann, müßte erst recht alles tun, ihnen den Zugang zu allen Gütern seiner Kultur zu öffnen. Es liegen hier die entscheidenden Möglichkeiten der Wiedergesundung und Wiedererstarkung eines Volkes. Die äußere Rüstung kann man einem Volke nehmen, die innere nicht. Auch bei der jämmerlichsten Not kann der Mensch den Adel seiner Seele wahren, wogegen eine geile Zivilisation alles andere als Förderung des inneren Lebens ist. Das gilt auch für ein Volk. Heute zweifelt wohl selten jemand daran, daß man den Fortschritt der Menschheit nicht allein aus wirtschaftlicher Bewegung erklären kann. Wer es aber bezweifelt, hat noch nicht begriffen, was den Menschen wirklich erst zum Menschen macht, und wodurch er erst sein Leben erfüllt. Nur als Kulturkraft und Kultureinheit bleibt ein Volk lebenswert und lebensfähig.

Der Begriff Grieche war zur Zeit der Perserkriege der überlegene Kulturbegriff. Er wirkte begeisternd sympathisch auf die Volksgenossen. Darum überwand er trotz des staatlichen Separatismus und der gewaltigsten sozialen Gegensätze im Griechenvolke die „Barbaren". Solange Delphi als einheitliche Macht die Lebenskunst des Griechenvolkes bestimmte, war Griechenland unüberwindlich. Macht man Deutschland wieder zu einem geographischen Begriff, so bleibt es doch eine Einheit, solange es ein einheitlicher Kulturbegriff bleibt oder wieder wird, immer mehr wieder wird. Ob es der bleibt, ob es der wieder wird, hängt nicht von einer äußeren Macht, sondern vom Maß der eigenen inneren Kraft ab. Ist die da, wird Deutschland auch immer wieder eine politische Macht werden. Ist Deutschland nur ein Zivilisations- und Staatsrechtsbegriff, kann auch ein Deutsches Reich nicht helfen. Auch Rassenreinheit bedeutet gar nichts, wenn sie nicht zugleich Kultureinheit ist. Rassenreinheit ist zudem für ein modernes Industrie- und Handelsvolk eine Unmöglichkeit. Es bedarf der Krether und Plether. Ein Volk mit starker Kultur, mit starkem einheitlichen Kulturwillen vermag sie sich zu assimilieren, sie schaden ihm nichts, im Gegenteil, sie nützen sehr. Nicht Rassenreinheit, sondern Kultureinheit muß die Losung sein.

Viele Aufgaben sind damit gegeben. Eine stelle ich hier, weil sie reif ist zur Lösung. Die große Synthese zwischen naturwissenschaftlicher Erkenntnis und religiöser Intuition ist da. Sie muß das Eigentum des deutschen Volkes werden. Selten ist eine so gewaltige Spannung im geistigen Leben überwunden, ist eine so große Synthese geschaffen worden, seit Menschen forschen, denken, ahnen. Vor uns liegt eine herrliche Zukunft. Wie man da vom Untergang des Abendlandes reden kann, verstehe ich nicht. Es mag wohl sein, daß die gegenwärtige Generation nicht genug Elastizität, nicht genug Spannkraft aufbringt, um ihre Verknechtung an Zivilisation und Lebenstechnik und um die Disharmonie ihres Wesens zu überwinden, aber das ändert an der großen Hoffnung und an der großen Möglichkeit nichts.

Auf die Dauer wird ein Volk vom Materialismus niemals satt, auch wenn er in das edle Gewand sozialer Hilfe und Nützlichkeit sich kleidet. Ein Volk hat, solange es innerlich nicht ganz abgedorrt ist, lebenskünstlerische Sehnsucht. Ein Volk will darum sein eigenes Wesen, das Ideal seines Wesens in großen Menschen anschauen, es will Helden haben. Der einzige Zweifel ist nur der, ob die Sehnsucht schon stark genug nach ihnen ist. Erst müssen Wolken und Erde ganz geladen sein von elektrischer Kraft, dann kommt der Blitz. So muß ein ganzes Volk in Sehnsucht glühen, wenn der kommen soll, der sagen kann, was alle leiden, was alle wollen, damit das Leid ein Ende nehme und die Freude komme. Die Kraft des großen Menschen, in dem ein Volk sein Wesen zur Vollendung erblühen sieht, muß sich in einer ganz bestimmten Tat erweisen. Die wird des Lebens ganze Fülle nie umspannen. Doch ob er ein Dichter, ein Denker, ein Prophet, ein Führer seines Volkes sei in Waffen oder im Rat, er muß zugleich ein ganzer Mensch sein, in dem ein Volk sein bestes Sehnen, das Sehnen seiner Seele verkörpert sieht. Der Eindruck, hier ist ein Mensch, der sein Leben erfüllte, muß noch mächtiger sein, als der besondere Nutzen, die besondere Freude, die er brachte. Die bedeutenden Geister, die Deutschland seit Jahrzehnten hervorgebracht hat, waren alle zu stark fachmäßig und fachtüchtig abgestempelt. Als Wissenschafts- oder Waffenkundige, als Technik- oder Gesetzeskundige waren sie bedeutend, aber keiner war universal. Daher der Mangel an Politikern, an Volksführern. Sobald diese umfassende Aufgabe an sie herantrat, versagten sie. Nicht einer war da, der das ideale menschliche Wesen seines Volkes in sich zur Darstellung brachte, nicht einer, der den Kulturinhalt seines Volkes, der das Wesen seines Volkes in Kraft und Schwäche zur Genüge kannte. Das aber ist die Grundvoraussetzung für einen Volksführer. Ein Volk braucht große Menschen, intensive Persönlichkeiten, in denen es sein allen gemeinsames Wesen anschaut. Sie haben die notwendige Zentripetalkraft in sich, die den auseinander reißenden Zentrifugalkräften der Standes- und Parteiunterschiede gewachsen sind. Was Deutschland heute zusammenhält, ist die gemeinsame Sympathie mit seiner großen Vergangenheit und ihren Helden — und Kulturprogramm der Zukunft, das neue Helden möglich machen soll — aber nicht die Gegenwart.

Nur durch Liebe zu seinen großen Menschen wird ein Volk, über seinen sozialen Wert hinaus, sympathisch. Es ist die Aufgabe der Volkserziehung, auch der ärmlichsten Innenwelt geringwertiger Volksgenossen den Kulturstempel des Wesens ihres Volkes aufzudrücken und sie dadurch sympathisch zu machen. Kenntnis der Großen seines Volkes aus vergangener Zeit und Liebe zu ihnen wirkt dazu am meisten.

Die ganz Großen gehören aber nicht nur einem Volke, sie gehören der Menschheit, und die Menschheit wird auch nur sympathisch durch sie und durch den Anteil, den sie an ihnen hat. Wie die Kohle das große Geschenk der Vergangenheit an die gegenwärtige Lebenstechnik ist, so ist die lebenskünstlerische Kraft der Geschichte das Kapital, von dessen Zinsen der heutige Mensch lebt und, das zu mehren, seine wichtigste Aufgabe ist. Das letzte wichtigste Ergebnis der Geschichte ist Liebe und Begeisterung.

Die Vorausschau und das Gedächtnis sind auch für die Lebenstechnik des Menschen von großer Bedeutung. Vorausschau und Gedächtnis sind aber noch entscheidender für die Lebenskunst. Denn erst die Erinnerung an die großen Taten der Vergangenheit und die Vorfreude an den großen Möglichkeiten der Zukunft schaffen und erhalten uns die ganze Sympathie, die volle Liebe zu unserem Geschlecht. Durch die Sympathie werden die Ereignisse der Geschichte ständig von neuem zu Erlebnissen, und die Geschichte bekommt lebenskünstlerischen Wert. Darum ist die Kulturgeschichte der wichtigste Teil der Geschichte, und der wichtigste Inhalt der Kulturgeschichte ist der Mensch selbst. Des Menschen Kern aber ist seine Lebenskunst. Was uns freilich bisher als Kulturgeschichte geboten wird, ist meist nur Zivilisationsgeschichte, und am wenigsten bietet sie bisher den Kern, die Geschichte der ethischen Lebenskunst. Und doch sind die Schöpfer der ethischen Lebenskunst die eigentlichen Träger der Menschheitsentwicklung, sind selbst ihr bleibender Ertrag, sind das Größte und Schönste, was die Menschheit ihr Eigen nennt. Die lehrmäßige Absicht brauchen sie durchaus nicht zu haben. Die Darstellung in der eigenen Person hat die größere Wirkung. Der Preußenkönig Friedrich der Große ist ein treffliches Beispiel dafür. Wem die Geschichte der Menschheit zugänglich ist, der hat die Möglichkeit, seinen Anspruch an Liebe, Freude, Begeisterung für das menschliche Wesen zufriedenzustellen, auch wenn seine Umgebung und seine Zeit noch so dürftig und unsympathisch wäre. Das Maß des Verständnisses, der Kongenialität, der Freude an den verschiedenen Heroen der Menschheit aber richtet sich nach den Anlagen und Trieben, die in uns selber mächtig sind.

Es muß ein jeglicher sich seinen Helden wählen,
dem er die Wege zum Olympos nachgeht.

Es würde das Gefüge dieser meiner Arbeit vollständig sprengen, wollte ich in ihr die Kulturgeschichte der Menschheit im Lichte der hier vorgetragenen Gedanken zeigen. Ich kann hier nur daran erinnern, daß der Sinn der Geschichte die Erziehung des Menschengeschlechts ist und darum die Arbeit am Persönlichkeitsideal und am Gewissen der ethischen Lebenskunst. Nur auf wenige geschichtliche Tatsachen, auf einige große Formulierungen ewiger Wahrheiten weise ich hin, um zu zeigen, daß der von mir gewiesene psychologische Weg zur Lebenskunst nur die Abkürzung des geschichtlichen ist, daß auch für die Welt des Geistes das biogenetische Grundgesetz gilt, daß die Ontogenesis die Wiederholung der Phylogenesis ist. Die Anwendung dieses Gesetzes auf den Menschen hat aber deshalb keine so bedeutsamen Ergebnisse, weil die Phyle Mensch erst im Entstehen ist und darum auch die Ontogenesis ein Bereich unbeschränkter Möglichkeiten darstellt.

Wir haben die Menschwerdung darein gesetzt, daß der Mensch sich selbst zum Objekt seines Denkens machte, daß er zum Bewußtsein vom Bewußtsein kam. Er objektivierte seine Triebe. Er hat das am eindrucksvollsten getan, indem er sie sich selbst in Göttergestalten gegenüberstellte. Besonders ist der griechische Olymp reich an ihnen. Ihre Herkunft ist der Grund, daß diese Götter trotz des Monotheismus lebendig blieben bis in die Gegenwart. Wir können ihre Symbolik gar nicht entbehren. Aphrodite, Amor ist der Geschlechtstrieb, Athene der Denktrieb, Hermes der Erwerbstrieb, Hephästos der technische Betätigungstrieb, Ares der Kampftrieb, Apoll und die Musen die Kunsttriebe. Zeus und die Idee des Olymp sind der Trieb zur Triebordnung.

Zum beherrschenden Prinzip einer ethischen Lebenskunst ist dieser Trieb aber erst im jüdisch-christlichen Monotheismus geworden. Hier tritt sogar das natürliche Recht der übrigen Triebe alsbald ungebührlich zurück. Sie werden ganz ihrer Eigenkraft überlassen. Von ihrer Pflege ist kaum oder gar nicht die Rede. Nur der Natursinn und noch mehr die sympathetischen Triebe machen davon eine Ausnahme. Mit Recht beklagt man diese moralische Einseitigkeit gegenüber der Schönheit des Polytheismus, und unsere Kultur sucht in der Pflege der klassischen Überlieferung ein Gegengewicht gegen den Ethizismus des Christentums. Ganz fehlt der Welt der Bibel der natürliche Gedanke nicht, daß sich in den Trieben der Menschen der Wille Gottes offenbart. Die großen Gottesbefehle im ersten Mosesbuch drücken diese Überzeugung aus: Herrschet über die Erde und macht sie euch untertan! Seid fruchtbar und mehret euch! Der Arbeitstrieb dagegen wird noch nicht religiös gewertet. Das berühmte Wort: „das Leben ist köstlich, wenn es Mühe und Arbeit gewesen ist", ist von Luther in den 90. Psalm erst hineingedeutet. Auch der Erwerbstrieb wird einfach vorausgesetzt und nur in Schranken gehalten: „Du sollst nicht stehlen." Worte wie Sprichwörter 5, 18: „Freue dich des Weibes deiner Jugend," und Psalm 104, 16: „Daß der Wein erfreue des Menschen Herz," sind selten in der Bibel. In dem großen Wort: „Gott sah an, alles, was er gemacht, und siehe, es war sehr gut" erscheint Jahveh als der personifizierte Lebenstrieb. Aber nach manchem weiteren Bibelwort scheint er sich nicht mehr ganz und gern zu seinem Werke zu bekennen. Er wird ausschließlich zum personifizierten Trieb zur Triebordnung, zum

Gott des Gesetzes und des Gewissens. Wenn später christliche Gnostiker den Schöpfergott vom Erlösergott gänzlich trennten, so lagen die Keime dazu schon im Alten Testament, ja sie liegen in der tiefsten Tiefe des menschlichen Wesens selbst begründet. Darum wird der Dualismus wohl auch niemals ganz vom Menschen überwunden werden.

Die Bibel ist das wichtigste Urkundenbuch der ethischen Lebenskunst auf Grund tiefster Lebenskunde und psychologischer und ethischer Menschenkenntnis. Es ist erstaunlich, wie langsam sich der Kulturfortschritt vollzieht gegenüber dem eiligen Tempo des Zivilisationsfortschrittes. Es ist auch gar nicht abzusehen, daß die tiefsten psychischen und ethischen Einsichten und Lehren der Bibel je sollten antiquiert werden. Sie scheinen endgültige Ergebnisse zu sein, die das menschliche Wesen festlegen. Die lebenskünstlerisch Strebenden fühlen sich überwiegend noch heute mit den großen Geistigen der Bibel durch Sympathie und Kongenialität tiefer als mit allen anderen Menschen verbunden.

Die Erkenntnis der Triebe und ihrer Bedeutung — allerdings mehr in ihrer Gefahr als in ihrer Schönheit — darum auch mehr die Forderung ihrer Beherrschung als ihrer Förderung ist der tiefste Inhalt der Bibel. Der Ausdruck für Triebe in ihr ist Herz. „Behüte dein Herz mit allem Fleiß, denn daraus gehet das Leben."

Die Kraft der verschiedenen Triebsättigungen ist als Maßstab des Wertes der Triebe erkannt. Der Johanneische Jesus sagt (Kap. 4, 13, 14): „Wer dieses Wasser trinkt, den wird wieder dürsten. Wer aber des Wassers trinkt, das ich ihm gebe, den wird ewiglich nicht dürsten."

Die gleiche Gegenüberstellung bringt Lukas 12, 31: „Also geht es, wer sich Schätze sammelt und ist nicht reich in Gott.“ — An diesem Maße gemessen ist der Persönlichkeitstrieb in seiner Bedeutung erkannt und damit der Vorrang der Lebenskunst vor der Lebenstechnik: „Was hülfe es dem Menschen, wenn er die ganze Welt gewönne und nähme Schaden an seiner Seele.“ — Die Erkenntnis der Abhängigkeit des Persönlichkeitserlebnisses von der Kraft des religiösen Triebes kommt zum Ausdruck: „Wenn ich nur dich habe, frage ich nichts nach Himmel und Erde. Wenn mir gleich Leib und Seele verschmachtet, bist du doch, Gott, allezeit meines Herzens Trost und mein Teil.“ In der Bibel sind der religiöse Trieb und der sympathetische Trieb als die wichtigsten und darum als die Prinzipien der Triebordnung erkannt: Nach dem höchsten Gebot gefragt, antwortet Jesus unter Beifall sämtlicher Schriftgelehrten: „Du sollst lieben Gott deinen Herrn von ganzem Herzen, von ganzer Seele, mit allen Kräften und von ganzem Gemüt, und deinen Nächsten wie dich selbst. In diesen beiden Geboten hanget das ganze Gesetz und die Propheten.“ Sein Jünger Paulus ist in den letzten Prinzipien nicht ganz so konsequent. Das eine Mal sagt er: „Alles, was nicht aus Glauben kommt, ist Sünde.“ Von hier hat Luther sein sola fide übernommen. Deshalb hat er auch die Gebote allein auf den religiösen Trieb fundamentiert: „Wir sollen Gott fürchten und lieben, daß wir ...“ wiederholt er neunmal in den Geboterklärungen. Das zweite Gebot, das nach Jesus dem ersten gleich ist, hat Luther hier nicht herangezogen. Dagegen sagt Paulus im ersten Brief an die Corinther in dem berühmten Kapitel: „Nun aber bleibet Glaube,

Hoffnung, Liebe, diese drei, aber die Liebe ist die größeste unter ihnen." Die Betonung des Glaubens und der Liebe bedeutet die Forderung der Eigenbewertung der Triebe im Gegensatz zur Zweckbewertung. Jene wird auch in dem berühmten Wort des Kolosserbriefes verlangt, das einst Bismarck an seinem Konfirmationstage auf den Lebensweg gegeben wurde: „Alles, was ihr tut, das tut von Herzen als dem Herrn und nicht den Menschen." Der beste Zweck kann die Gesinnung nicht ersetzen: „Und wenn ich alle meine Habe den Armen gäbe und ließe meinen Leib brennen und hätte der Liebe nicht, so wäre es mir nichts nütze." Gesinnung ist die Konstanz eines Triebes. Immanuel Kant sagt dafür guter Wille. Sein berühmtes Wort lautet: „Es ist nichts gut denn allein ein guter Wille." Guter Wille ist der Exponent eines reinen wohlgeordneten Trieblebens, ist das Ergebnis ethischer Lebenskunst. Zweckbewertung der Triebe verbürgt den guten Willen nicht. Der Johanneische Jesus handelt nach der Neigungsethik: „Meine Speise ist, daß ich tue den Willen meines Vaters."

Wer sich den Werdegang der ethischen Lebenskunst der Menschheit vor die Seele stellt, erlebt eine entscheidende Stärkung seiner Gläubigkeit. Er verwirft darum das pessimistische Wort des alten Testaments: „Das Dichten und Trachten des menschlichen Herzens ist böse von Jugend auf." Er glaubt lieber dem Jesuswort im Neuen Testament: „Wenn ihr nicht werdet wie die Kinder, so kommt ihr nicht in das Reich Gottes." Dies Wort steht im konträren Gegensatz zu der traurigen Erbsündenlehre. Diese verfälscht den ganzen Unterbau, die ganze Voraussetzung einer Ethik.

Sie hat natürlich einen Wahrheitsgehalt. Aber es muß ihr, um der Wirklichkeit gerecht zu werden, glücklicherweise eine Lehre von der Erbtugend an die Seite gestellt werden. Die Kinder haben die Eigenkraft, die Fülle, die Gesundheit der Triebe. Übertriebene Zivilisation und schlechte Kultur verderben dann die von der Natur oder von Gott gewährte Triebausstattung, Triebbegabung. Das Heraustreten aus der Kindheit bedeutet für die meisten Menschen nicht einen Aufstieg, sondern Dekadence. Die meisten Triebe verdorren. Wie reich ist die Welt der Kinder. Sie bauen, sie malen, sie bildhauern, sie schauspielern, sie singen, sie sind sprachschöpferisch, wie unter den Erwachsenen nur die Dichter und Denker es sind. Ihre Interessen sind vielseitig, allseitig. Interessen bedeuten Triebe. Die meisten seiner Triebe läßt der Mensch verkommen, nur wenige bildet er aus und diese wenigen verkauft und versklavt er dann im Interesse des Nahrungs- und Fortpflanzungstriebes und der Zivilisation. Er kennt bald nur noch Zweckbewertung seiner Triebe, und die einzigen, die er eigenbewertet, sind die, die dazu nicht geeignet sind, nämlich der Nahrungstrieb, der Geschlechtstrieb und der Erwerbstrieb. So steigt er durch seine besondere Ausstattung nicht, sondern sinkt durch sie tief unter das Tier.

Für die Beurteilung des menschlichen Wesens, ob sie optimistisch oder pessimistisch ausfallen muß, kommt es aber nicht auf die Wirklichkeit, sondern auf die dem Menschen offenstehenden Möglichkeiten an. Und die sind groß und wunderbar schön. Sie sind der Menschheit durch die Helden der ethischen Lebenskunst geschaffen. Durch

Weiterarbeit an der ethischen Lebenskunst werden diese Möglichkeiten, die Ideale immer noch schöner, leuchtender, lockender werden. Keine Versuchung kann die Menschheit je mehr an diesem großen Glauben irre machen. Voll anbetender Ehrfurcht stehen wir vor den Genien der Menschheit, in denen das menschliche Wesen geworden, geschaffen ist, in denen es sich selbst geschaffen hat, in denen es wieder und wieder immer vollendeter neu geboren wurde, besonders vor ihren Kreuzen, ihren Scheiterhaufen und noch mehr vor der tiefen Einsamkeit, in der sie durch ihre Zeit hindurchgegangen sind, nie lebend für sich und ihr Geschlecht, auf dessen Liebe sie angewiesen waren, die ihnen aber versagt wurde, sondern lebend für die Zukunft und die noch Ungeborenen. Es ist beseligende Verpflichtung, die aus der Erinnerung an die großen Baumeister ethischer Lebenskunst in ein angefochtenes Menschenherz einströmt. Unter diesem gewaltigen Eindruck weist es alle Anfechtung, allen Zweifel an dem Leben und an seinen Idealen zurück mit den Worten des 73. Psalmes: „Ich hätte auch schier so gesagt wie die Gottlosen. Aber siehe, damit hätte ich verdammt alle deine Kinder, die je gewesen sind.“ Hier hat die Liebe, die Sympathie ihre höchste Stufe erklommen. Weit über Mitleid und Mitfreude erhebt sich die Ehrfurcht vor einer großen Tat einer Menschenseele.

Dennoch gibt es Größeres noch als die Geschichte ist. Das ist die Prophetie. Unsere Liebe zu dem, was kommt, muß noch glühender sein, als zu dem, das war. Nietzsches Gedanke vom Übermenschen ist unentbehrlich. Nur muß er auf die breitere Basis gestellt werden, die

Stirner ihm gab. Endlich ist es weder Nietzsches noch Stirners Gedanke, sondern ein Gedanke der Bibel, der Propheten und der Apokalyptiker: „Es ist noch nicht erschienen, was wir sein werden." Die Geschichte ohne das Gegengewicht der Prophetie wird stets zur Scholastik. Wir können uns nicht an die Geschichte binden. Ständig kommt neue Lebensoffenbarung. Mit ihr ändert sich unsere Auffassung auch von der Geschichte. Jedes Geschlecht deutet sie anders. Die Deutung der Geschichte wandelt sich ständig im Lichte neuer Erfahrung. Ständig ändert sich die Scheidung des Wesentlichen vom Unwesentlichen in ihr. Versäumt man diese Aufgabe, so verführt die Geschichte zum Relativismus. Sie soll aber den Willen schaffen und gebären, einen ganz bestimmten zielgewissen Willen. Darum muß ihr Ergebnis Prophetie sein. Die Liebe zu dem, was noch nicht war, sondern erst werden soll, die Liebe zum Ideal ist die letzte und höchste Liebe.

---

5. Ich führe noch einige eigenbewertete Triebsysteme vor, und zwar solche, in denen der sympathetische Trieb der führende ist.

Vom Natursinn, der eigentlich auch schon ein Triebsystem darstellt, sprach ich schon. Natursinn ist Eigenbewertung unserer Sinnestriebe infolge der Sympathie mit der Natur. Die Sympathie mit der Natur steigt in dem Maße, in dem der Mensch sich der Natur verwandt fühlt. Dies Verwandtschaftsgefühl kommt am energischsten dadurch zum Ausdruck, daß die Menschen in den Werken der Natur ganz wie in sich selber die Offenbarung ihrer Götter oder ihres Gottes sehen. Der Materialismus bedeutet Entseelung der Natur und damit Kunstfeindschaft.

Vom künstlerischen Empfinden, das mit der Sympathie gegeben ist, zur künstlerischen Tat ist nur ein Schritt. Was ist denn Sympathie? Was ist Liebe? Liebe ist der Komparativ von Interesse. Weil der Mensch sich für die Dinge interessiert, macht er sich Begriffe von ihnen. Weil er sie liebt, weil er die Eindrücke liebt, die die Dinge auf ihn machen, stellt er diese in Kunstwerken dar. Sie sind eine Steigerungsform der Begriffe. Aus Sympathie eigenbewertet der Mensch seinen Gesichtssinn und schafft die graphischen Künste, seinen Gefühlssinn noch dazu und er schafft die Skulptur. Er eigenbewertet sein Hören und schafft die Musik. Er eigenbewertet den Geschmack und schmeckt nicht mehr nur, um das zur Nahrung Geeignete vom Ungeeigneten zu unterscheiden, sondern um zu schmecken, und so schafft er die Kochkunst und wohlschmeckende Getränke. Er eigenbewertet den Geruchssinn und schafft die Duftei.

Die Eigenbewertung des Trieblebens schafft alle Künste und so auch die Dichtkunst. Die Vernunft und unsere zweckbetonten fünf Sinne ermöglichen uns ein allumfassendes soziales Miterleben mit den andern Menschen, ein symbiotisches mit Tieren und Pflanzen. Die Sympathie schafft dessen Eigenbewertung. Sympathie im vollen Sinne ist nur möglich mit Geschöpfen, die selbst Lebenskunst besitzen. Sympathie mit den Menschen ist das Interesse an ihrer Lebenskunst, sowohl in der Wirklichkeit wie in der Dichtung. Kommen zum sympathetischen Miterleben oder dem Interesse an der Lebenskunst anderer Menschen und zur „Scharfsinnigkeit“ nun noch als Besonderheiten des Denktriebes erstens vernunftmäßiges Erfassen des Wesentlichen und zweitens ein starkes Vorstellungsvermögen oder die Phantasie hinzu und werden auch diese Kräfte eigenbewertet, so entsteht die Dichtkunst. Sympathie aber, also Eigenbewertung des sozialen Triebes ist bei alledem doch die Hauptsache, ist die Grundvoraussetzung der Kunst.

Sympathie ist in jeder Gestalt, auch der des Mitleids ebenso wie der der Mitfreude und der Ehrfurcht, lebensbejahend. Darum ist alle Kunst positiv und im Grunde optimistisch. Sie muß wenigstens mit der Idee, mit der Denkbarkeit, der Möglichkeit lebenswerten Lebens rechnen. Kunst auf Grund einer völligen, einer prinzipiellen Lebensentwertung ist sinnlos. Eine rein pessimistische Kunst, eine Kunst ohne Ehrfurcht, ohne Mitfreude, ohne Mitleid ist eine wesenlose Konstruktion. Die Künste geben dem Menschen die wunderbare Macht, sich eine neue völlig sympathetische Welt zu schaffen. Jeder Künstler dichtet, verdichtet in seinem Material das, was ihn interessiert, was er liebt, während er das, was ihm weniger seines Mitleids, seiner Mitfreude, seiner Ehrfurcht würdig erscheint, ausschaltet.

Es handelt sich in der Dichtkunst immer um die Anteilnahme an der Lebenskunst der dargestellten Menschen. Die kann vollkommen oder unvollkommen, vorbildlich oder verabscheuungswürdig sein. Lebenstechnik darzustellen, ist niemals die Aufgabe der Kunst, sondern die der Wissenschaft. Wiederum, da Lebenskunst und Lebenstechnik in der Praxis unauflöslich verflochten sind, kommt auch Lebenstechnisches in jeder Dichtung mit zur Darstellung. Die vom Dichter dargestellte Lebenskunst seiner Figuren ist eine unvollkommene, wenn die Eigenkraft der Triebe oder ihre Zweckbewertung stärker ist als die Eigenbewertung. Verabscheuungswürdig ist sie, wenn der Mensch Triebe eigenbewertet, die es nicht verdienen. Die Helden der dramatischen Dichtkunst sind entweder naive Offenbarer der Eigenkraft eines Urtriebes oder Charaktere, sei es gute, seis schlechte, also Menschen, die einen an sich wertvollen Trieb gegen alle Widerstände des Schicksals und gegen alle Konkurrenz anderer eigener wertvoller Triebe eigenzubewerten und durchzusetzen suchen. Die nüchternen Alltagsmenschen, die ganz oder überwiegend nur die Zweckwerte der Lebenstechnik ernst nehmen, können immer nur Folie oder Gegenspieler zweiten Ranges sein. Lustspielfiguren sind solche, die Trieben folgen, die unter allen Umständen minderwertig sind, oder solche, die den Trieb, dem sie augenblicklich folgen, innerhalb der Ökonomie des eigenen Trieblebens, innerhalb des Kräftespiels der Triebe in ihnen selbst, augenscheinlich überschätzen. Beispiele für die verschiedenen Fälle sind: Gretchen im Faust, Götz von Berlichingen, Richard III., der Geizige, Major Tellheim in Minna von Barnhelm. Niemals interessiert in der Kunst das äußere Schicksal allein, das die Umwelt dem Menschen bereitet, sondern immer nur das innere Schicksal, das er sich selbst bereitet, und die besondere Lebenskunst, die er dabei offenbart.

Ein anderes menschliches Triebsystem, dessen Eigenbewertung für ihn die größte Bedeutung hat, ist die Ehe. Schon bei den Tieren ist der Geschlechtstrieb mit einer ganzen Reihe anderer Triebe versippt. Vor allem ist er völlig dem Bruttrieb untergeordnet. Er ist ganz und gar Mittel zum Zweck. Vielfach ist das Verhältnis der Geschlechter zueinander im Tierreich ein an und für sich feindseliges. Man denke an das Verhältnis des Stichlingsmännchens zum Stichlingsweibchen, des Spinnenweibchens zum Spinnenmännchen, an die Stellung der Drohnen im Bienenstaate. Der Trieb zur Fortpflanzung, zur Brutpflege, zum Brutschutz, der Trieb zur Arterhaltung ist alles, und der Geschlechtstrieb ist nur Mittel zum Zweck. Eng verflochten ist sodann der Geschlechtstrieb mit dem sozialen Triebe. Dadurch ist sowohl der Erhaltung des einzelnen Geschöpfes wie der Art gedient. Das männliche und das weibliche Tier unterstützen einander bei der Nahrungssuche, im Kampf gegen Feinde, im Wohnungsbau, beim Sammeln von Vorräten, in der Verteidigung der Brut, in der Fürsorge für sie.

In der menschlichen Ehe finden sich alle diese Triebgemeinschaften. Dazu aber kommt noch der, der Lebenskunst und damit ausschließlich dem menschlichen Wesen eigentümliche sympathetische Trieb. „Es ist nicht gut, daß der Mensch allein sei, ich will ihm eine Gehilfin machen, die um ihn sei" — und nicht nur eine soziale Gehilfin, sondern eine sympathetische. Die menschliche Triebbegabung, sowohl für die Zivilisation wie für die Kultur ist bei Mann und Weib eine ganz verschiedene und darum einander ergänzende. Die lebenslängliche monogame Ehe beruht auf der besonderen Triebausstattung des Menschen. Das Brutgeschäft wird bei ihm zur Erziehungsaufgabe. Zur Erziehung gehören Mann und Weib, und die Erziehung dauert 20 Jahre. Wenn Menschen das Verhältnis zwischen Mann und Weib auf das Erotische beschränken, handeln sie widernatürlich und sinken tief unter das primitivste Tier herab. Ethische Erkenntnisse sind eben auch Naturerkenntnisse, Erkenntnisse der besonderen Natur des Menschen. Je inniger und unauflöslicher alle Triebe, also Sinnlichkeit, Familiensinn, soziales Gemeinschaftsgefühl und Freude einer lebenskünstlerischen Persönlichkeit an einer anderen in der ehelichen Gemeinschaft miteinander verschmolzen sind, desto idealer ist das Problem der Ehe gelöst.

Wir sahen, wie die Triebe in ihrer Eigenkraft und ebenso unter der Zweckbewertung der Lebenserhaltung dienen. Wir sahen, wie die Triebe, eigenbewertet, den Menschen vor das Problem der Lebensrechtfertigung stellen, ihm aber auch eine Lebensvertiefung bringen, die man eine neue Schöpfung nennen muß. Die vom Zwang des Zweckes befreiten eigenbewerteten höheren Triebe und ihre Sättigungen können die freie eigene Persönlichkeit als letzten Selbstzweck schaffen. Aus der Erkenntnis dieser Möglichkeit ergeben sich die Forderungen der ethischen Lebenskunst. Es sind keine Forderungen im juristischen Sinne. Es sind Ratschläge, die sich jedem durch eigene Erkenntnis und eigenes Werturteil begründen. In dem Maße, wie jeder rechte eigene Erkenntnis seiner Triebe und rechtes eigenes Werturteil über sie besitzt, besitzt er ethische Lebenskunde, in dem Maße, in dem er auch die Energie, danach zu handeln, hat, Lebenskunst. Die Lebenskunst ist die rein persönliche Aufgabe jedes einzelnen, ohne irgendeine Ausnahme. Niemand vermag sie für einen andern zu lösen. Die Erkenntnisse der Ethik haben nicht die unbedingte Gewißheit der Ergebnisse der exakten Wissenschaften, sie bleiben alle irgendwie hypothetisch, aber sie erreichen doch durch die Erfahrung einen hohen Grad objektiver Gültigkeit und bewahren den Menschen zum mindesten vor willkürlichem Handeln. Es steht schließlich ja alles menschliche Wissen und Erkennen unter dem Gesetz der Relativität des menschlichen Wesens. Die praktische Auswirkung ist überall der letzte Wertmesser der Erkenntnis. Woher haben die exakten Wissenschaften ihre wohlverdiente Autorität? Nicht von der Theorie her. Wie oft ist da die Gewißheit von heute der Irrtum von morgen. Nein, sie haben sie von ihrer praktischen Anwendbarkeit, etwa in der Maschinentechnik oder im praktischen Heilverfahren. Sie bewahren den Menschen und geben ihm reale Macht. Nicht anders ist es mit der ethischen Lebenskunst. Sie bewahrt und gibt Macht. Sie schützt vor Irrtum und Torheit, also vor aller Willkür, wenn der Mensch sie annimmt.

Der Mensch wählt aber oft die Willkür oder hat doch nicht das zwingende Bedürfnis sich ihr zu entziehen.

Die erste Willkür ist die Beschränkung auf die Lebenstechnik. Der Mensch sieht seine Lebenserfüllung in der Macht über die Welt allein schon voll gegeben. Er sieht nicht, daß diese Macht ja nur ein Mittel zum Zweck ist, und er, indem er sich die Welt versklavt, sich selbst dieser Welt versklavt. Das ist der Materialismus. Der seelenlose Zivilisationsmensch, der auf die

Schöpfung und die Pflege einer Innenwelt überhaupt oder doch so gut wie ganz verzichtet, sieht sich heute mehr denn je als Fortbildung der Idee des Menschentums an. Er ist aber in Wahrheit eine Rückbildung.

Die zweite Willkür ist die Überschätzung der Fähigkeiten des Geistes. Ohne Rücksicht, oder doch nicht mit genügender Rücksicht auf die gegebene Welt und Wirklichkeit schafft sich der Mensch eine Vorstellungswelt nach seinem Gelüst, in der er lebt. Das ist der Illusionismus. Der religiöse Mensch neigt besonders dazu, sich Wunschwelten des Glaubens zu schaffen.

Ein Irrtum, der beglückt,
Ist eine Wahrheit wert,
Die mich zu Boden drückt.

Heute kommt ein wissenschaftlicher Illusionismus auf, der genau so bedenklich ist. Der Intellektualist erkennt das Irrationale nicht an, das doch überwiegend den Inhalt unseres Lebens ausmacht, oder er erkennt wenigstens die uns dadurch gestellten Aufgaben nicht an.

Die dritte Willkür ist der Libertinismus. Der Mensch überläßt sich der Eigenkraft der Triebe und glaubt, die Eigenkraft noch nach Willkür durch Eigenbewertung unterstützen zu können. Er glaubt wohl gar, dadurch der Natur näher zu kommen, und sieht nicht, daß das Triebleben der Tiere sich unter strengen Gesetzmäßigkeiten bewegt, und daß der Mensch, wenn er sich durch Erkenntnis von diesen Gesetzmäßigkeiten befreit, zugrunde gehen muß, wenn er nicht neue Gesetze, seine Gesetze, die Gesetze seiner neu gewordenen Natur findet.

Alle Verfallserscheinungen der Kultur zu allen Zeiten lassen sich auf die drei eben charakterisierten Willkürlichkeiten des Menschen zurückführen. Aber immer wieder bricht aus der Tiefe die volle Idee des Menschentums durch und kämpft Mißbildung und Rückbildung nieder. Diese Idee ist der unbegrenzte Lebenshunger, der den Menschen sich nicht damit begnügen läßt, ein verfeinertes Tier zu sein, der vielmehr seine Sättigung nur in der Gewißheit findet, daß im Menschen eine neue Schöpfung wird. Die Idee des Menschen ist das Verlangen nach Geistigkeit, nach Wahrheit und nach Freiheit. Der Denktrieb und der Persönlichkeitstrieb suchen das Höchstmaß ihrer Betätigung. Das Bewußtsein vom Bewußtsein verlangt nach möglichster Vertiefung und Klarheit. In der dem Menschen gebotenen Möglichkeit der Lebenskunst verwirklicht der Mensch selbst seine vom Allwillen geschaffene und gesetzte Idee. Der Aufbau der inneren Welt muß erfolgen im Rahmen der gegebenen Wirklichkeit. Der Geist darf nicht willkürlich Gedanken schaffen, er muß wahr bleiben, also in Übereinstimmung mit der Wirklichkeit. Der Allwille stellt die Aufgabe, daß wir mit seiner Schöpfung fertig werden und nicht dafür die Schöpfung unserer Gedanken unterschieben. Navigare necesse est, vivere non. Die Wirklichkeit ist zu erforschen und anzuerkennen, auch auf die immer erneute Gefahr hin, daß sie die Erkenntnis der Nichtigkeit des Lebens bringen könnte. Bestünde diese Gefahr nicht, wäre ja der Glaube nicht nötig.

Die von der Empirie absehende zuchtlose Gedankenproduktion ist nur ein besonderer Fall der menschlichen

Willkür, die die Eigenkraft der Triebe walten läßt. Nur dadurch, daß sich der Mensch der Wirklichkeit ganz einfügt, gelangt er zur Freiheit. Zu dieser Wirklichkeit gehört auch seine ihm gegebene Innenwelt und also alle seine Triebe und ihre ganz verschiedene Bedeutung und ihr ganz verschiedener Wert für die Gestaltung des persönlichen Lebens. Die Sättigung jedes einzelnen Triebes hat nur so weit Wert, als sie dem ganzen Menschen, der Persönlichkeit Sättigung, also Inhalt und Bedeutung, Wachsen und Werden schafft. Große Triebbegabung, die sich zur Leidenschaft steigern kann, ist Voraussetzung des Lebens. Aber nur, wenn der Mensch gemäß den Forderungen der ethischen Lebenskunst sich bewußt von ihr tragen und treiben läßt und sie also zugleich meistert und steuert, wie der Schiffer Wind und Wellen, die ihn tragen und treiben, bemeistert, nur dann wird die Idee des Menschen, daß er sein eigener Schöpfer sein soll, erfüllt. Auch in der Welt der außermenschlichen organischen Wesen fällt Idee und Wirklichkeit nicht in eins zusammen. Nicht in allen Individuen einer Tier-, einer Pflanzengattung gelingt die Realisierung der Idee gleich vollkommen. Beim Menschen ist der Abstand zwischen Idee und Wirklichkeit unvergleichlich groß. Nur wenn der Mensch die von der Liebe und dem Vertrauen des Allwillens ihm gegebene Aufgabe, an seiner eigenen Schöpfung teilzunehmen, dadurch löst, daß er seine Triebe nach dem Maßstab der ethischen Lebenskunst eigenbewertet, wird die Idee des Allwillens, die da Mensch heißt, Fleisch.

Die Lebenserfüllung.

Ich sehe auf meine bisherige Gedankenführung zurück, und ich bin besorgt um mein anmaßliches Unternehmen. Ich bin als Dilettant in die geheiligten Gehege vieler Fachleute eingedrungen. Ich weiß, daß jeder von ihnen, der Physiker, der Ethiker, der Psychologe, der Theologe, der Soziologe das Seine besser gesagt hätte, daß jeder an meiner Arbeit etwas zu berichtigen haben wird. Aber es tröstet mich die Gewißheit, daß über Lebenskunst jeder nur als Dilettant sprechen und auch schreiben kann. Sie zum Fach zu machen, geht über Menschenkraft hinaus. Und doch ist Lebenskunst als Erfahrungsrat notwendig. Ja, sie ist die Angelegenheit, die jeden interessiert und interessieren muß. Wenige offenbaren die ihre, jeder aber muß sie haben. Jeder Mensch hat auch seine Lebenskunst, schlecht und recht, auf Grund der von ihm gesammelten Lebenskunde. Die Ansprüche, die das Leben an den einzelnen stellt, die Aufgaben, die es ihm gibt, sind verschieden schwierig, verschieden umfangreich, verschieden mannigfaltig. Aber die Befriedigung der Ansprüche, die Lösung der Aufgaben und damit also die Lebenserfüllung hängt in jedem Falle davon ab, ob dem Menschen die nötige Lebenskunst zur Verfügung steht.

Ich habe zu zeigen versucht, wie ich mir mit den mir zu Gebote stehenden Mitteln ethische Lebenskunde erwarb und welche ethische Lebenskunst sich mir daraus ergab. Es ist nicht meine Absicht, hier zum weiteren Ausbau in prinzipieller und praktischer Ausführung und Anwendung zu schreiten. Das wäre gewiß eine dankenswerte Aufgabe, aber ich glaube, daß auch die Beschränkung, die ich mir auferlege, ihren Nutzen hat. Ich will die Gefahr vermeiden, die großen prinzipiellen Entscheidungen durch Materialanhäufung wieder zu verschütten. Man sieht so leicht den Wald vor Bäumen nicht.

Ich habe die Lebenskunst auf eine möglichst umfassende, durch eigene praktische Erfahrung, aber auch durch Inanspruchnahme sämtlicher Wissenschaften, soweit sie mir zugänglich sind, gewonnene Kunde vom inneren Leben aufzubauen gesucht. Ich sah die letzte Grundlage, die letzte erreichbare Tiefe des inneren Lebens in der Triebbegabung. Dann habe ich das Prinzip der lebenskünstlerischen Wertung der Triebe aufgestellt. Es ist der Aufbau der Persönlichkeit. Nach dem Nutzen, den die Triebe ihm bringen, sind sie zu werten. Ihm gemäß sollte der Mensch seine Triebe gewähren lassen oder treiben oder zügeln. Demgemäß sollte er seinen Willen führen. Eine Persönlichkeit ist da, wo der Mensch nach dem Wort lebt: „alles, was nicht aus Glauben kommt — aus innerster Überzeugung, aus gutem Willen — ist Sünde". Losgelöst vom Hintergrunde der Paulinischen Gedankenwelt und der Kantischen Philosophie sind diese Worte aber zu formal. D:e wünschenswerte Persönlichkeit ist da, wo der Glaube einen festen Inhalt, wo der gute Wille ein klares Ziel gewann. Als Inhalt der Glaubensüberzeugung erschien der allgemeine Auftrag des Allwillens, alle seine Triebe gemäß der ethischen

Lebenskunst zu werten, zu nützen, zu beherrschen, und der individuelle Auftrag des Allwillens an den einzelnen, erkennbar an seiner besonderen Triebbegabung, als Ziel aber des guten Willens die Durchführung dieser Aufträge. Das ist ein ganz allgemein gehaltenes Persönlichkeitsideal. Alles weitere ist der Freiheit jedes einzelnen überlassen. Nur ganz allgemein läßt sich das Wesen der Lebenskunst für alle bestimmen. Sie besteht in der möglichsten Steigerung aller geistigen und seelischen Kräfte des Menschen zur Erfüllung aller seiner Möglichkeiten. Die Erfüllung des Lebens ist in jedem einzelnen Falle persönlich. Diese Wahrheit bedeutet die neue Stufe der Schöpfung, die im Menschen erstiegen ist. Die Triebbegabung des Menschen ist unausdenkbar mannigfaltig, mannigfaltig in bezug auf ihre Art, ihre Kombinationen, ihre Intensität. Ebenso unausdenkbar mannigfaltig ist das Schicksal, das den Trieben die Entfaltungsmöglichkeit bestimmt. Der Allwille ist der große Arbeitgeber des Menschengeistes, der um Stellung immer neuer eigentümlicher Lebensaufgaben niemals in Verlegenheit kommt. Die Zahl der Lebens- und Entwicklungsmöglichkeiten ist eine unendliche und entspricht der Unendlichkeit von Zeit und Raum.

Wenn man nun wirklich erstens bei allen Menschen mit einer besonderen und als solcher erkennbaren Triebbegabung und ihrer bewußten Eigenbewertung rechnen könnte, und wenn zweitens im Leben das eine Prinzip des Persönlichkeitsideales konkurrenzlos wäre und man nur ihm zu dienen brauchte, um das Leben richtig zu erfüllen, so wäre ich fertig, ich hätte die mir gestellte Aufgabe gelöst. Aber beides ist nicht der Fall und darum habe ich noch zwei Aufgaben zu erledigen.

Erstens. Das Persönlichkeitsideal als einziges Organisationsprinzip der Ethik ist bestritten. Ich habe das Ergebnis des letzten Abschnittes gewonnen, als sei die Aufgabe der Lebenskunst nicht nur die übergeordnete, sondern auch die einzige. Das ist sie aber nicht. Die lebenstechnische Aufgabe, sich mit der Welt abzufinden, bleibt daneben bestehen. Ich muß zeigen, wie beide miteinander gelöst werden können. Sonst habe ich ein Wolkenkuckucksheim konstruiert, das praktisch ohne Bedeutung ist. Ich habe im Interesse der Erkenntnis für nötig befunden. die menschliche Seele, und zwar ihren Kern, also den Willen, soweit in die Tiefe zu analysieren, als die Kraft irgend reichte. Triebbegabung war die letzte Tatsache, hinter die ich nicht mehr zurückzuführen wußte. Dann habe ich die Scheidungen vollzogen zwischen Zweckbewertung und Eigenbewertung, zwischen Zivilisation und Kultur, zwischen lebenstechnischer und lebenskünstlerischer Ethik, deren jede auf ein anderes letztes ordnendes Prinzip zurückgeht. Ich habe aber gleich darauf hingewiesen, daß diese Scheidungen zwar im Interesse der Selbsterkenntnis notwendig sind, daß aber die Aufgaben, vor die das praktische Leben uns stellt, solche Scheidungen nicht kennen. Ich würde unter mein eigenes Gericht fallen, wenn ich nicht versuchte, meine Arbeit der Analyse durch eine Synthese zu vollenden.

Zweitens. Wohl habe ich die Überzeugung ausgesprochen, daß, wenn auch nicht unbedingt der soziale Trieb, so doch sicher der sympathetische es verlangt, allen Menschen die tiefste Lebenskunde und damit die höchste Lebenskunst zugänglich zu machen. Man muß aber dabei mit zwei Tatsachen rechnen. Die erste ist die, daß die Belehrbarkeit der meisten Menschen eine sehr. begrenzte ist. Die Vorstellungen von der Welt und vom menschlichen Wesen werden bei der unvergleichlich größeren Mehrzahl der Menschen noch auf unabsehbare Zeit andere sein und bleiben wie die hier für richtig befundenen und zugrunde gelegten, und das einmal, weil ihre Führer, von denen sie abhängig sind oder sich abhängig machen, diese anderen Vorstellungen haben, zum anderen, weil die Masse der Menschen selbst ganz außer Stande ist, die hier geforderte Geistigkeit aufzubringen.

Die zweite Tatsache, lange nicht von der unvergleichlichen Wichtigkeit der ersten, aber noch immer bedeutsam genug, ist die, daß gewaltige Interessen am Werk sind, die Teilnahme der Massen am Kulturfortschritt zu hemmen. Es sind das Interessen mancher der beiderseitigen Führer in dem Klassenkampfe, den wir durchleben. Es gibt Arbeitgeber, die der Überzeugung sind, daß es Arbeitssklaven geben müsse, daß geistiges Leben zu schwerer mechanischer Handarbeit unwillig und verdrossen mache, daß man dem Menschen in solcher Lage gar keinen Gefallen tue, wenn man ihm geistige Güter zeige, an denen er doch keinen Teil haben könne. Auf der anderen Seite gibt es Arbeiterführer, die fürchten, daß sich die Interessen der Arbeiter verzetteln, wenn sie an Kulturaufgaben sich beteiligen, wenn sie nicht ausschließlich auf den Klassenkampf dressiert werden. Weder bei diesen noch bei jenen waltet nur schlechter Wille — beteiligt ist er auch — sondern überwiegend schlechte Einsicht. Schiller hat die geschichtliche Erfahrung wirklich für sich, wenn er sagt:

„Vor dem Sklaven, wenn er die Kette bricht,
Vor dem freien Manne erzittre nicht.“

Bildung und Einsicht machen frei und darum auch gerecht. Man muß ferner auch hier wie immer Vertrauen in die prästabilierte Harmonie der Dinge haben. Es zeigt sich, daß die Industrie am meisten leistet und mit der Zeit am sichersten fortschreitet, die die hochwertigsten gebildetsten Arbeiter hat. Unsere Gefahr heute ist umgekehrt die, daß der Zivilisationsfortschritt dem Kulturfortschritt vorangeeilt ist. Die Denkträgheit der meisten Menschen ist sehr groß. Sie zweckbewerten ihren Denktrieb nur. Winkt kein besonderer Verdienst für die Denkarbeit, so wird sie nicht getan. Menschen, die das Denken eigenbewerten, sind sehr selten. Sind aber solche ausnahmsweise unter Handarbeitern, so gebe man ihnen die Möglichkeit, sich selbst anders zu verwenden. Sie werden sonst tatsächlich eine Gefahr. Unbefriedigter Denktrieb ist einer der gefährlichsten Explosivstoffe. Der Arbeiterführer aber möge bedenken, daß die Aussicht auf die Teilnahme an Kulturgütern, an der Lösung von Kulturfragen das soziale Interesse des Arbeiters nur verstärken kann, daß der Kampf ums Brot nur dadurch veredelt, daß er aussichtsreicher wird, wenn er zugleich ein Kampf um Kulturgüter ist. Was aber bedeuten ethische Gründe gegen reale Interessen, besonders, wenn sie sich den Anschein sozialer Notwendigkeit geben können? Außerordentlich wenig! So ist es neben den zuvor angeführten auch aus diesem letzten Grunde sicher, daß auf absehbare

Zeit die Lebenserfüllung als praktische Aufgabe nicht eine einheitliche sein wird. Nur eine verschwindende Minorität von Menschen ist willig und fähig für eine Diskussion über die Erfüllung des Lebens auf Grund der dem Menschen zur Zeit zugänglichen Erkenntnis, ist willig und fähig zur Bildung einer eigenen Meinung über den Sinn und die Werte des Lebens über Sitte und Gewohnheit und über die verschiedenen Parteiinteressen hinaus. Für die Mehrheit der Menschen ist das Leben fast ausschließlich eine Magenfrage und bleibt es, auch wenn sie nicht nur schon einmal sondern zweimal satt sind. Die Mehrheit der Menschen hat ihr höheres Leben, also das Leben, das jenseits der Eigenkraft der Urtriebe und jenseits der bloßen Zweckbewertung liegt, ausschließlich in Gestalt der Sitte. Sitte ist die Eigenbewertung und die Eigenentwertung der Triebe, die als Ertrag einer Jahrhunderte, ja Jahrtausende alten Kulturarbeit ererbt werden, innerhalb deren der Mensch aufwächst, und die er sich, nur dem sozialem Triebe folgend, ohne eigene Klarheit aneignet. Der Common sense ist der Regulator des Alltagslebens. Der Kanon der sittlichen Mode sagt nötigenfalls: „So etwas tut man doch nicht." Er ist natürlich besser als gar keiner.

Es gibt eine Lebenserfüllung des Geistigen und eine Lebenserfüllung des Volkes. „Euch ist es gegeben zu wissen des Geheimnis des Reiches Gottes, den anderen aber in Gleichnissen" (Markus, Kap. 4, 11). Zu den Geistigen gehören viele schlichte Menschen und zum Volk in diesem Sinne gehören viele Gebildete und Studierte, die sich nur die Güter der Zivilisation, also technisches Wissen und Geld und gewisse äußere Lebensformen angeeignet haben, aber die trotzdem kulturlos sind, so weit sie eben nicht auch an der Sitte teilnehmen. Der zweite Ausgleich, den wir also suchen und schaffen müssen, ist der zwischen der Forderung und Ermöglichung eigener Überzeugungsbildung und den Forderungen der autoritativen Mächte, die unentbehrlich sind, weil sie Sitte und Gewohnheit schaffen und erhalten und damit erst dem Volke die Anteilnahme an einem höheren Leben ermöglichen.

Die Lebenserfüllung des Geistigen.

Ein geistiger Mensch ist jeder soweit, als er die Aufgabe sieht, selbst zu einer möglichen letzten Erkenntnis über den Sinn und die Werte des Lebens vorzudringen, als er diese Erkenntnis nach Möglichkeit zu erringen trachtet, als er den Willen hat, diese Erkenntnis auch anzuwenden, als er eben die lebenskünstlerische Aufgabe erfaßt hat. Der geistige Mensch ist trotzdem kein Autoritätsverächter, er ist bescheiden mißtrauisch gegen sein eigenes Urteil, er nimmt gern Lehre und Rat an, besonders von den Mächten der Geschichte, behält aber das letzte Urteil sich selbst vor. Denn er weiß, daß niemand, weder ein einzelner noch eine Institution in der Lage ist, ihm die Verantwortung über die letzten Entscheidungen über sich selbst abzunehmen. Der geistige Mensch weiß, daß das innere Schicksal des Menschen ungleich bedeutsamer ist als das äußere. Das innere Schicksal ist des Menschen Triebbegabung und das, was er aus dieser macht. Die Ausnutzung seiner Triebbegabung gilt ihm als Erfüllung des Lebens. Er macht sich aber keine Illusionen, sondern er nimmt die Welt, wie sie ihm gegeben ist. Er sieht darum auch die ihm vom Allwillen, der Natur, dem Schicksal ebenfalls gegebene lebenstechnische Aufgabe, sich in der Umwelt zurechtzufinden und sich mit der Umwelt abzufinden, und sucht auch sie zu lösen.

Nur bei wenigen Menschen treffen alle Umstände so zusammen, daß sie die lebenstechnische Aufgabe nur wenig

Zeit und Kraft kostet. Und noch seltener trifft dies Los gerade einen geistigen. Meist „geben die Götter die Mandeln denen, die sie nicht beißen können.“ Ein leichtes hindernisloses Leben wird deshalb für die vom Glück Begünstigten durchaus nicht immer zum Segen, oft aber geradezu zum Fluch, weil sie den Sinn und die Absicht der ihnen gegebenen Freiheit und Macht nicht erkennen. Ja auch für die Menschen von hoch und höchst potenziierter Geistigkeit ist ein Leben, das ihnen keine äußeren Aufgaben stellt, durchaus nicht wünschenswert. Das Ergebnis wird oft der Schöngeist ohne Charakter sein, der verfeinerte Genußmensch, der ästhetische gourmet, der zu spät merkt, daß es im Grunde nur einen Genuß gibt, nämlich etwas zu können und zu leisten, und daß es zu Kunst und Leistung nur einen Weg gibt, den des Kampfes und der Arbeit. Der tatenlose Grübler, der die ihm gebotene Gelegenheit der materiellen Unabhängigkeit benutzt hat, nur sich selbst zu leben, fällt demselben Gericht anheim.

Gewiß wird auch das Umgekehrte vorkommen, daß die äußeren Schicksalsbedingungen so trübe sind, daß große geistige Triebbegabung verkümmern muß. Wie ein Schmetterling sich an der Scheibe die Flügel zerschlägt, bevor er die Welt mit seiner Farbenpracht und Anmut erfreuen konnte, wie eine Blume, die nach der Überwinterung im Keller vergessen ward, in immer neuen Windungen ihrer Triebe vergeblich Frühlingslicht und Luft zu gewinnen sucht, so verkümmert große Geistigkeit zwischen den Kerkermauern öder Lebensnotwendigkeiten. Ich glaube aber, daß das seltene Ausnahmen sind, und daß das berühmte Wort der Zuversicht eine wirkliche Erfahrung ausspricht: Das Genie bricht sich Bahn.

Meist kommt der Fortschritt der Zivilisation trotz der neuen Aufgaben, für die er den Menschen zunächst in Anspruch nimmt, auch der Kultur zu Hilfe. Die ganz großen Geistigen, die Genies sind in den Bedingungen ihres Kommens völlig unberechenbar. Aber der Geistigkeit im Allgemeinen kommt die moderne Zivilisation zustatten. Viele geistige Begabungen können sich heute ausleben, die früher, weil brotlosen Künsten dienend, verkümmern mußten. Wer denkt heute noch daran, daß das Wort Schule eigentlich Muße bedeutet, daß eigenbewertetes geistiges Leben für Müßiggang gegolten hat, daß einstmals jeder Schriftgelehrte sein Handwerk können mußte, das ihn nährte, daß Jesus ein Zimmermann und Paulus ein Teppichweber gewesen ist. Der sehr reale Vorteil läßt in unseren Tagen die Leute nach seltener Triebbegabung Ausschau halten, und viele haben davon nicht nur pekuniären Vorteil, sondern auch Vorteil für die Pflege ihrer Geistigkeit. Mit wunderlichen Listen sucht man heute die Begabten aus der Masse herauszufischen. Vielfach entwickelt sich die Zivilisation zur Kultur. Es liegt eine ganze Welt zwischen der Zweckbewertung und der Eigenbewertung der Triebe. Das haben wir gesehen. Die letzte Wurzel aber ist dieselbe, eben die bewußte Bewertung schlechthin. Die Folge ist, daß der Mensch die schwächeren Triebe treibt, daß er sich betätigt, daß er arbeitet. Arbeit aber bringt fast immer nicht nur Nutzen, sondern auch Segen. Denn sie wirkt stets nicht nur auf die Umwelt, sie wirkt stets bildend und schöpferisch auf den Täter zurück. Viele

Arbeiter, Handwerker, Kaufleute, Künstler, Ärzte, Pastoren ergriffen ihren Beruf, nur um Geld und Ansehen zu verdienen. Wenn sie aber darinnen sind, stellt die Liebe zum Beruf sich ein, ihre Arbeit beseelt sich ihnen. Ein zweites Beispiel. Die anerzogene Höflichkeit ist anfangs oft Dressur, wird aber dann oft zur „zweiten Natur". Ein drittes. Mancher Wohlfahrts- oder Kunstmäzen, mancher Rennstallbesitzer, mancher Hochtourist hat seine Sache als Sache des Ehrgeizes begonnen, ohne ein inneres Verhältnis zu ihr zu haben. Allmählich hat ihn ihre Größe überwältigt und ihn selbst vergeistigt. Es ist nicht immer so. Das Wort Mensch ist ja ein so merkwürdiger Sammelbegriff. Während es solche gibt, die die einfachste Handarbeit in einen Genuß für sich zu verwandeln verstehen, gibt es andere, die eine wunderbare geistige Betätigung, die die Anwendung einzigartiger Triebbegabung in Kuliarbeit für Geld und Ehre verwandeln. Aber vergeistigt die Arbeit auch nicht immer, so hat sie doch stets eine bewahrende Macht. Sie ist in beiden Sphären, sowohl in der Zivilisation wie in der Kultur die Voraussetzung alles Gelingens.

Wirkliche starke Geistigkeit freilich, hervorragende geistige Triebbegabung braucht nicht durch besondere Verdienstaussichten, durch Anstachelung des Ehrgeizes, auch nicht durch besondere Verheißung von Glück, Freude, Frieden, Seligkeit erst hervorgelockt zu werden. Echte und starke Geistigkeit, die immer den Ansatz zur Genialität bedeutet, sieht und schätzt nur eins, das ist die Möglichkeit der Betätigung. Sie kennt nur ein Ziel, das ist das Bewußtsein, ein Könnender zu sein. Das Genie ist über alle Gesetze und Ratschläge erhaben. Andererseits aber ist es doch nichts anderes als die höchste Steigerung der Geistigkeit, und darum rede ich von ihm. Das Genie wird als solches geboren. Seine frühe naive Ergriffenheit durch den großen Trieb geht gewöhnlich allmählich in das Bewußtsein der Berufung über. Manchmal ist dieser Übergang auch eine Katastrophe. So bei manchen Dichtern und Propheten. Früh erkennen die Helden der Menschheit in ihren großen Trieben ihre große Lebensmöglichkeit und früh entscheiden sie ihr Leben, so Jesus, Rafael, Mozart, Goethe, Napoleon, Friedrich der Große. Nicht alle Genialität kann sich wie die ihre vor aller Welt offenbaren. Ohne die Hilfe des Dichters bliebe mancher Genialität die allgemeine Wirkung versagt. Solveigh in Peer Gynt ist das sympathetische Genie. Die Menschheit ist nicht arm an ihnen, und sie sind die größten in ihrer Verborgenheit.

Unter dem Genie versteht man allerdings gewöhnlich produktive Geistigkeit. Der Geistige ist rezeptiv und reproduktiv. Will man aber von reproduktiver Genialität sprechen, so ist nichts dagegen zu sagen. Kongenialität ist es sicher. Versteht man unter Genialität ausschließlich produktive Geistigkeit, so ist Faust, Goethes Faust, kein Genie. Faust ist der Typus des lebenskünstlerischen Menschen. Er ist es in seiner ganzen Einseitigkeit. Lebenstechnik und Zivilisation bedeuten ihm gar nichts. Er eigenbewertet seine Triebe ausschließlich und lebt sich selbst aus, sich für sich. Das ist seine Lebenserfüllung. Freilich der Teufel in Person muß ihm dabei helfen. Sonst geht eben so etwas nicht. Der geistige Mensch, der nicht in einer, vom Dichter geschaffenen Wundersphäre lebt, muß die lebenstechnischen Aufgaben lösen neben den lebenskünstlerischen. Hat ein Mensch die unmittelbare Gewißheit der Genialität, so wird er sich auf keine Kompromisse einlassen. Aber, ich sagte ja schon, es wäre Überhebung, dem Genie Ratschläge zu erteilen. Der geistige Mensch dagegen wird sein Leben ohne Kompromisse nicht erfüllen können. Er wird recht daran tun, seine stärksten Triebe auch zweckzubewerten und in möglichst bestimmter individueller Ausprägung lebenstechnisch zu verwenden. Er wird also allerdings danach trachten, nicht die mit Geld und Ehre am besten abgegoltene Arbeit zu erhalten, sondern die in sich hochwertigste. Diese wird ihn auch lebenskünstlerisch befriedigen. Ferner wird der geistige Mensch seine Betätigung in einem Kreise suchen, mit dem er nicht nur durch soziale Nützlichkeit, sondern auch durch Sympathie verbunden ist. Daneben wird er den kategorischen Imperativen aller seiner Anlagen, Triebe und Fähigkeiten nach Möglichkeit gehorchen. Welcher Kraft oder welchen Kräften es da, nach dem gegenseitigen Vernichtungskampfe der einander totfeindlich im Menschen gegenüberstehenden Triebe, gelingt, ans Licht zu kommen, ist bei jedem Menschen anders. Auch der Ernst und die Kraft und die Leidenschaft sind unsagbar verschieden. Der eine reitet ein kindliches Steckenpferd — Legion ist ihrer. Der andere hat eine glühende Leidenschaft für eine wahrhaft große Sache — ihrer sind wenige. Einer richtet seine ganze Kraft und Aufmerksamkeit auf einen Punkt. Der andere sucht die harmonische Ausgeglichenheit durch Pflege seiner ganzen Triebbegabung. Raten kann man darin niemand mehr. Horche in dich selbst hinein — das ist alles, was man sagen kann.

Nur wenige Ratschläge sind es, die man allen, und auch nur unter allem Vorbehalte, geben kann. Für die Erfüllung fast jedes Lebens ist die Lösung des Problems der Geschlechter nötig. Der Mann ist nicht der ganze Mensch. Das Weib ist nicht der ganze Mensch. Das ist einfach eine Tatsache. Wie kann also der Mann sein Leben voll erfüllen ohne das Weib? Wie kann also das Weib ihr Leben voll erfüllen ohne den Mann? Eine volle Lösung des Problems ist nur da, wo lebenskünstlerisches Streben, sei es naiv oder bewußt, zwei Menschen vereinigt zur Schöpfung neuen Wesens in sich selbst. Wenn irgendwo, so gilt in der Erotik das Wort, genießen macht gemein. Mann und Weib stoßen aufeinander, um durcheinander ihr Leben zu erfüllen. Eine ganze Fülle der Triebe schaut aus ihren Augen einander an, der soziale, der seinen Lebenskameraden sucht, der sympathetische, der seine Freude an einem schönen Menschen haben will, die Sinnlichkeit, oder die Idee des neuen Menschen, der durch die beiden werden möchte. Das Sichfinden zur Liebe, der Verkehr in der Liebe zwischen Mann und Weib ist die feinste und energischste Arbeit zweier Menschenseelen und eben damit die unvergleichliche Freude. Res severa verum gaudium. Nur in dem Maße, als man ein Könnender ist, kann man genießen. Niemand darf genießen *wollen*. Aristoteles hat das Rechte gesagt: Die Lust zeigt an, daß die Natur ihr Ziel erreichte. Das ist alles, was die Lust soll. Je tiefer und klarer das Bewußtsein um Recht und Schönheit einer Sache an sich ist, desto mehr wird die besondere Anzeige überflüssig. Lust ist Wellen- und Wogenschlag, Freude ist der gleichmäßig tragende treibende Strom des Lebens. Unendlich sind die Möglichkeiten, in denen ein geistiger Mensch sein Leben erfüllen kann. Das letzte ungesuchte Ergebnis aber ist dasselbe, nämlich, daß er sich seiner selber freut. Wem das banal klingt, der denke daran, daß alle gedanklichen Zusammenfassungen banal sind, daß sie zwar notwendig, aber nie die Hauptsache sind. Die Hauptsache ist nie das Generelle, sondern das Individuelle.

Der Geistige freut sich seiner, und darum ist er froh über alle Lebensregungen, die er in sich findet, als über seine großen Kostbarkeiten. Aber er will nicht nur froh sondern auch frei sein. Denn das bedeutet immer neue Möglichkeiten und ständige Lebenserneuerung. Darum will er frei sein auch von sich selbst, und darum wird er vorsichtig sein gegen sich selbst, gegen alles, was in ihm treibt und zum Leben will. Seine Lebenskunst ist ethische Lebenskunst. Er weiß, daß Ethik nichts weiter ist — als Wissenschaft. Wissenschaft bedeutet durchaus nicht den höchsten Wert im Bereiche des geistigen Lebens. Aber wer die Wahrheiten irgendeiner Wissenschaft nicht beachtet, schadet sich immer. Unter Umständen begeht er Selbstmord, wenn er etwa die Hand an eine Starkstromleitung legt. Wer die Wissenschaften von den Gesetzmäßigkeiten des inneren Lebens nicht beachtet, der tötet seine Seele.

Der geistige Mensch will sich seiner selbst freuen. Darum wird er versuchen, an sich selbst zu glauben. Der Mensch kann aber nur an sich glauben, wenn er an die unbekannte geheimnisvolle Macht glaubt, aus der er hervorgegangen ist. Nur durch Eigenbewertung seiner Triebbegabung, vorab aber des Triebes zur Triebordnung und des Persönlichkeitstriebes, also nur durch Ethik und Religion — ich darf jetzt auch die alten Worte ohne Gefahr des Mißverständnisses gebrauchen — vermag der Mensch sein Leben zu erfüllen.

Was wird aber aus der Freude des Geistigen, wenn er alle jene kostbaren Triebbegabungen, denen wir hier in der Hauptsache unser Nachdenken gewidmet haben, in ihrem Werte wohl erkennt aber sie nicht hat? Was dann? Man kann den Wert eines Triebes gar nicht erkennen, wenn man ihn nicht wenigstens in der Anlage hat. Am deutlichsten ist das bei der sympathetischen Liebe. Aber es gilt mehr oder minder von aller anderen Triebbegabung. Nicht das Maß des persönlichen Besitzes großer geistiger Triebbegabung ist das Entscheidende, sondern die Erkenntnis ihres Wertes. Die ist das eigentlich Geniale. In den Leistungen großer Künstler und Denker ist viel objektiv Gegebenes. Gewiß wir müssen Genialität von Kongenialität unterscheiden. Aber Kongenialität ist eben auch Genialität im vollen Sinne des Wortes. Wir nennen den Produktiven den Genialen. Wir nennen den rezeptiv Reproduktiven und auch den bloß Rezeptiven — im Grunde ist alle Rezeptivität zugleich Reproduktivität, alles geistige Nehmen ist geistiges Nachschaffen — kongenial. Es ist ein großer Mangel unserer Kultur, daß sie die Bedeutung der Kongenialität nicht genügend erkennt und anerkennt, daß sie die Kongenialität nicht ehrt und pflegt. Frühere naive Zeiten sahen die Kongenialität in der Gläubigkeit dem Offenbarer gegenüber. Darum kannten sie keinen höheren Wert als die Gläubigkeit. Heute kennen wir neben der religiösen auch künstlerische und wissenschaftliche Kongenialität. Die umfassendste ist die lebenskünstlerische. Wie einer sich christlich nennt, weil er in Christus Lehre unterrichtet ist, hat auch jeder das Recht, sich Goethisch zu nennen, der Goethe in Kongenialität in sich aufgenommen hat.

Wer große Gedanken nachzudenken vermag, wer große Kunst nachzuempfinden vermag, wer große Menschen zu lieben vermag, nicht nur wie sich selbst, sondern in Ehrfurcht, weit über sein eigenes Selbst hinaus, der ist selbst genial. Er soll sich seiner freuen wie der Schaffende sich seines Werkes freut. Denn auch der Schaffende freut sich in seinem Werke seiner selbst. Aber er hat dann auch dieselbe Verantwortung wie der produktive Genius. Das Gelingen des großen Unternehmens, das Mensch heißt, hängt von der Kongenialität genau so ab wie von der Genialität. Die Kongenialität ist der Genialität genau so notwendig wie die negative der positiven Elektrizität, damit ein Leuchten werde. Ich denke nicht an das äußere Mäzenatentum als Folge der Kongenialität, obgleich es wahrhaftig von größter Bedeutung für die Kultur ist. Der Segen, den das deutsche Volk davon hatte, daß einer sorgte, daß Walter von der Vogelweide „den Hornung an die Zehen" nicht mehr zu fürchten brauchte, war wichtiger als eine gewonnene Schlacht. Der Fluch, den Deutschland auf sich zog, daß es seinen Heinrich von Kleist verkommen ließ, ist schlimmer als eine verlorene Schlacht. Nur wenn die Kongenialen in einem Volke sich selbst recht zu schätzen wissen und damit auch ihre Verantwortung kennen, steht es gut um eines Volkes Geist. Das wertvolle Mäzenatentum besteht nicht im Geben, sondern in der Kongenialität selbst. Der wirklich Kongeniale gibt dem Genialen alles, was er hat, auch sich selbst. Der Grenadier Napoleons ist ein kongenialer Mäzen:

Was schert mich Weib, was schert mich Kind,
Ich trage weit besser Verlangen.
Laß sie betteln gehn, wenn sie hungrig sind —
Mein Kaiser, mein Kaiser gefangen.

Kongenialität verlangt Jesus, wenn er die Verachtung der heiligsten Gefühle der Pietät verlangt um seinetwillen: „Laß die Toten ihre Toten begraben, du aber folge mir nach!" Wer einen genialen Gedanken, wer einen genialen Menschen erkannte, dem ist etwas so Großes geworden, daß er zu jedem Opfer bereit sein muß. Das Schicksal hat ihm die denkbar größte Verantwortung auferlegt. Tut er seine Pflicht nicht, so zerplatzt die schöne Möglichkeit, daß die Menschheit einen Schritt vorwärts tue, wie eine schimmernde Seifenblase. Ohne entgegenkommende Kongenialität kann der Geniale sein Leben nicht erfüllen.

Der besonders Begabte ist immer auch besonders gefährdet. Oft fehlen ihm Triebe, die zur Bewältigung der auch von ihm geforderten lebenstechnischen Aufgaben unbedingt erforderlich sind. Oder die Eigenkraft der Urtriebe ist zu stark. Oder der eine geniale Trieb überwuchert alles, so daß auch der Trieb zur Triebordnung ausfällt. Jeder geniale Mensch bringt ein starkes Selbstbewußtsein zum Ausdruck, während der Streber den Leuten zum Munde redet. So erregt er Zorn und Neid zugleich. Denn der Trost aller Knoten und Philisterist, daß alle Menschen gleich sind, zum mindesten „vor Gott". In Wahrheit sind sie vor ihm am ungleichsten. „Schlagt ihn tot, denn er kann was", ist der stille Wunsch aller Kollegen eines begabten Menschen. Der uneingestandene Grundsatz seiner Obrigkeit lautet: „Man kann einen Menschen, der sowieso schon was leistet, nicht außerdem noch befördern." „Die Kinder der Welt sind klüger denn die Kinder des Lichtes, in ihrem Geschlecht" — innerhalb ihrer Sphäre. Der lebenstechnische Mensch kennt nur die Aufgabe, sich in seine Umwelt sanft hineinzubetten. Er macht sich selber keine Schwierigkeit. Die schwierigere Aufgabe, sich in einer unendlich größeren Innenwelt zurechtzufinden, kennt er nicht. Seine kleine Welt seiner Interessen hat er bald nach allen Richtungen abgeschritten. So kennt und beherrscht er sie auf das Sicherste. Wie viel schwerer hat es der geistige Mensch in seinem Doppelberufe. Und wieviel mehr noch der Geniale. Er sieht nach Sternen, und, während er einen erhascht, stolpert er über Zwirnsfäden, und dann lacht das Heer der Philister, daß wieder einmal die Binsenwahrheit bewiesen ist, daß, wer im Tale bleibt, von den Bergen nicht abstürzen kann. Bei den meisten Menschen ist der Geniale unbeliebt, solange er lebt. Ist er tot, so ändert sich die Situation. Dann ist man Erbe seiner Werke. Die Gegenwart des Urhebers drückt nicht mehr. Es ist die große Aufgabe der Kongenialen, durch ihre Teilnahme den Schaffenden in eine beglückende Umgebung von Verständnis und Liebe zu versetzen. Das ist eine ebenso wichtige Leistung für die höchste Sache der Menschheit wie eigene Produktivität.

Die andere Klage des Geistigen, komplementär zu der, daß er sich selbst nicht genügt, ist die, daß er sich selbst nicht verwenden kann. Jeder Beruf ist zweifellos für den geistigen Menschen ein Opfer. Die meiste Arbeit, die er fordert, ist unoriginell, ist eine endlose Wiederholung. Um seine Existenz zu erhalten, muß man seine Existenz — das ist doch die Zeit, die Arbeitszeit — verkaufen. Sind die Menschen, denen man dient, sympathisch, so erweitert sich unser Selbst zu dem ihren, und der Dienst hört auf, Last zu sein. Aber wie selten sind die Menschen sympathisch. Es gibt aber überwindende Gedanken für den, der sie sich aneignen kann. Der Allwille hat diese Menschen alle geschaffen. Ich glaube an den Wert des Allwillens, also auch an den Wert seiner Geschöpfe. Der Allwille hat mir innerhalb seines Kosmos diese Menschen zugewiesen, also muß ich ihnen dienen.

Unser Leben stellt uns vor eine Doppelaufgabe. Manche gelegentliche Erfahrung zeigt uns, wie Lebenstechnik und Lebenskunst einander ausgleichen und fördern können. Wir ahnen die höhere Einheit. Aber zunächst zeigt sich die Wirklichkeit noch weiter zerklüftet, so daß sie selbst das letzte Ideal der Lebenskunst noch prinzipiell zu spalten scheint. Das eine Ideal ist das Ideal des Egoismus der Seele. Es fordert: Lebe dir selbst, gestalte dich. Das andere Ideal ist das Ideal der Liebe. Es sagt: Opfere dich. Nicht nur opfere deine Güter. Dazu würde die Kraft des sozialen Triebes ausreichen, erst recht, wenn er zum sympathetischen gesteigert wird. Nein, die Forderung heißt: opfere dich selbst, opfere deine Seele, deine Möglichkeiten, dich zu schaffen und zu gestalten. Wenn ein

Mensch Ideale hat, werden diese Fragen nicht durch das mechanische Kräftespiel der Triebe im Unbewußten erledigt. Aber sich selbst einen bündigen Beweis liefern für das, was das Richtige ist, kann man auch nicht. Nur der Glaube kann diese Kluft der Ideale selbst untereinander überbrücken. Der geistige Mensch soll den Wert der verschiedenen Lebensmöglichkeiten objektiv zu prüfen suchen. Aber bei der größten Ehrlichkeit wird das Urteil ein Urteil des Glaubens sein. Die Kongenialität des Geistigen zu Gott besteht nicht im Begreifen, sondern im Glauben.

Ohne Liebe und ohne Glauben sind zwei Drittel des Lebens ohne Sinn.

Die volle Lebenserfüllung erreicht der Mensch nur, wenn er den lebenskünstlerischen wie den lebenstechnischen Forderungen gleicherweise gerecht wird. Der zivilisatorische Fortschritt stellt der Menschheit einen Überschuß an Kraft und Zeit zu lebenskünstlerischer Betätigung zur Verfügung. Darum muß der geistige Mensch aber auch die Opfer bringen, die die Lebenstechnik von ihm fordert. Umgekehrt ist der Segen, den die Lebenskunst der Technik bringt, unermeßlich. Alle Betätigung wird durch sie erst beseelt. Ein Beispiel für die Beseelung und Entseelung menschlicher Betätigung ist die Geschichte des Handwerks. Im Jahre 1800 ist noch alles, was das Handwerk schafft, von der Liebe zur Sache durchgeistigt. Man spürt in jedem Stück den eigenbewerteten Betätigungsdrang. Es ist Kunsthandwerk. Hundert Jahre später ist alles, was das Handwerk schafft, kalt, leblos, nur sachlich, weil Ergebnis ausschließlich des zweckbewerteten Triebes.

Die Lebenskunst, die nur darauf ausgeht, den Menschen durch wissenschaftliche Forschung innerlich zu bereichern, fördert ganz ungewollt seine Herrschaft über die Umwelt. Voll Freude an sich selbst und an der Erweiterung seines Ichs durch Erkenntnis macht der Geist Entdeckungsfahrten ins Blaue hinein und praktische Erfindungen sind die ungewollte, aber selbstverständliche Folge. Im Grunde kommt die hier ganz realistisch gewonnene Lebensansicht auf das alte Bibelwort hinaus: „Trachtet am ersten nach dem Reiche Gottes und nach seiner Gerechtigkeit (gemeint ist Rechtbeschaffenheit), so wird euch solches alles zufallen.“ Ich nehme deshalb an, daß auch die Einsicht dieses Bibelwortes nicht mühelos vom Himmel fiel, sondern einst ebenso realistisch, also durch scharfe Beobachtung des menschlichen Seelenlebens gewonnen worden ist. Der Dualismus dieses Wortes, wie übrigens vieler anderer Worte der Bibel — ich erinnere nur an die Geschichte von Maria und Martha — ist nicht der von gut und böse, Sünde und Gnade, Gott und Teufel. Sonst könnte es ja nicht heißen: „Maria hat das bessere Teil erwählt“, also besser als gut, und „so wird euch solches alles zufallen“. Dieser Dualismus vom Reich Gottes und Reich der Welt ist derselbe, den ich im Thema von Lebenskunst und Lebenstechnik zu begreifen und darzustellen versucht habe.

Große gesunde, also ethische Lebenskunst, schafft keine blasierte Schöngeisterei, sie stellt die Geistigen als ihre Jünger in Reih und Glied der arbeitenden kämpfenden Menschheit hinein. Der Weg vom empirischen Ich zu dem Ich, das werden soll, führt über die Betätigung an der Welt. Die lebenskünstlerische Aufgabe ist keine Hinderung für die lebenstechnische. Aber diese ist Mittel, jene ist Ziel. Darum nenne ich das Prinzip der Lebenserfüllung a parte potiore Lebenskunst.

Die Lebenserfüllung des Volkes.

Ich habe zwei Vorbemerkungen zu machen.

Erstens. Ich will von der Lebenserfüllung des Volkes im Unterschiede von der Lebenserfüllung des Geistigen reden. Wer etwas Neues sagen zu können hofft, muß sich das Werkzeug der Sprache in manchem erst zurechtschmieden. Die Gegenüberstellung des geistigen Menschen und des Volkes ist bedenklich. Ich weiß mich aber nicht anders auszudrücken. Ich kann nicht von der Lebenskunst der anderen schlechthin reden. Denn ich will ja nicht das Interesse jedes einzelnen an der eigenen Lebenskunst seinem Interesse an der Lebenskunst aller anderen gegenüberstellen. Vielmehr habe ich zuvor von der Lebenskunst des geistigen Gesamtindividuums gesprochen. Den Geistigen in ihrer Gesamtheit stelle ich alle gegenüber, die ich nicht zu den Geistigen rechnen kann. Masse kann ich sie auch nicht nennen. Denn in dem Worte liegt eine Geringschätzung. Ich nenne sie Volk, bin mir aber wohl bewußt, daß auch die Geistigen letztlich zum Volke gehören und sich gern zu ihm rechnen müssen. Ich wiederhole auch, daß die Unterscheidung zwischen den Geistigen und dem Volke nicht mit der zwischen Gebildeten und Ungebildeten zusammenfällt. Ich reserviere mir das Wort Geistigkeit für das Bewußtsein um die lebenskünstlerische Aufgabe und um die persönliche Verantwortung für deren Lösung. Alle diejenigen, die einen starken Denktrieb haben, ihn aber nicht genügend oder gar nicht eigenbewerten, sondern ihn nur im Dienste der lebenstechnischen Aufgabe ausschließlich oder ganz überwiegend zweckbewerten, nenne ich Intellektuelle im Gegensatz zu den Geistigen. Die Intellektuellen gehören zur Masse des Volkes. Denn auch sie haben ihr höheres Leben, soweit sie es überhaupt haben, nur durch die Macht der Sitte. Weitgehendes Verständnis für Geistigkeit, aber ohne Ehrfurcht und Verpflichtungsgefühl und darum ohne eigenen Besitz der Geistigkeit, stellt einen dritten Typ dar, er bedeutet den Kunst und Wissenschaftsnobismus, der sich unter blasierter Jugend oft findet. Er schließt von jeder höheren Lebenserfüllung aus, sowohl der der Geistigen wie der des Volkes. Ich ignoriere ihn.

Zweitens. Die Dinge und Probleme, die ich in dieser Schrift behandle, gehören nicht nur einem Volk an, weder dem deutschen noch dem amerikanischen, noch einem anderen, sondern sie sind allgemein menschlich. Sind die psychologisch ethischen Feststellungen, die ich versuchte, richtig, so gelten sie also für alle Menschen. Ferner, so weit die europäisch-amerikanische Menschheit an der modernen Kultur- und Zivilisationsentwicklung teilnimmt, wird ihr inneres Leben von den gleichen Schwierigkeiten bedrückt, eben von den Schwierigkeiten, die ich in dieser Schrift behandelt habe. Dennoch wirken sich die Dinge im Volksleben der verschiedenen Nationen, hauptsächlich infolge der verschiedenen Bildungshöhe und infolge der verschiedenen geschichtlichen Überlieferung und der gegenwärtigen Schicksalsgestaltung ganz verschieden aus. Ich kenne einigermaßen zur Genüge nur mein eigenes Volk und kann deshalb diesem Abschnitt nur die Tatsachen der gegenwärtigen deutschen Volkskultur und Volkszivilisation zugrunde legen. Ich kann Vorschläge nur dafür machen, wie die Lebenskunst des deutschen Volkes gefördert werden könnte.

Als Aristoteles den Menschen schlechthin als *ζῷον πολιτικόν* (politisches Geschöpf) definierte, hat er den Deutschen nicht gekannt. Darüber besteht wohl im Auslande wie im Inlande nur eine Meinung. Auch darin herrscht weitgehende Übereinstimmung, daß unsere äußere Politik weder vor dem Kriege, noch im Kriege, weder in der Revolution, noch nach der Revolution bis auf den heutigen Tag ihren Aufgaben gerecht geworden ist. Weniger wird die Tatsache bisher beachtet, daß auch unsere deutsche Kulturpolitik seit der Gründung des Deutschen Reiches eine unzureichende gewesen ist. Ich meine damit nicht nur die Staatspolitik, ich meine die Kulturpolitik des deutschen Volkes selbst. Daß freilich das Volk selbst Politik zu machen hat, und nun gar Kulturpolitik, ist den Deutschen ja überhaupt ein neuer Gedanke. Sie werden aber wohl oder übel den Gedanken aufnehmen müssen, daß ein Volk nur soweit Bedeutung in der Welt beanspruchen kann, als es nicht nur in vielen seiner Glieder Kultur hat, sondern als es einen einheitlichen starken nationalen Kulturwillen hat. Und dieser einheitliche starke nationale Kulturwille findet seinen Ausdruck wesentlich vor allem in einer einheitlichen starken Kulturpolitik.

Das deutsche Volk hat das unglückliche Glück gehabt, daß unbegreiflicherweise gerade ihm, dem politisch unbegabten die größten politischen Genies des vorigen Jahrhunderts entstanden, Bismarck und sein Kaiser, und daß diese beiden dem deutschen Volke im deutschen Reiche ein Staatshaus schenkten wie der Bauer dem anfliegenden Star ein Kästchen zimmert. Der deutsche Star hat das dankbar hingenommen. Er hat sich im neuen Hause eingerichtet. Er hat es aber fast ausschließlich als Geschäftshaus eingerichtet. Vergleicht man die Jahrzehnte Kaiser Wilhelms II. mit der Zeit von 100 Jahren, so sieht man in jener Vergangenheit eine Höhe kultureller Leistungen der Geistigen und der Genies, wie sie die Menschheit nur in wenigen Epochen erlebt hat, so sieht man in der Gegenwart eine Zivilisationshöhe des Volkes und der Intellektuellen, wie sie überhaupt noch nicht dagewesen ist. Alle großen Begabungen der letzten 50 Jahre der deutschen Vergangenheit wurden von den exakten Wissenschaften, der Industrie und dem Handel angezogen und absorbiert. Deutschland wurde genau so reich an intellektuellen Menschen wie es arm wurde an geistigen. Die in ständiger Steigerung befindlichen äußeren Erfolge reizten immer von neuem zu einseitiger Zweckbewertung des Denktriebes zu ungunsten der Eigenbewertung und damit der Lebenskunst. Und genau wie die eigene Lebenserfüllung haben die Intellektuellen auch die Lebenserfüllung des Volkes lebenstechnisch gerichtet. Und das gesamte Volk, auch die Arbeiter, haben in diesem Punkte einmütig Gefolgschaft geleistet. So sehr auch die lebenstechnischen Interessen auseinander gingen, etwa im Kampfe zwischen Arbeitgeber und Arbeitnehmer um den Arbeitsertrag, so war sich das ganze Volk doch einig in der Überzeugung, daß das Leben eine Technik sei. Mehr und mehr wurden die Schulen überwiegend lebenstechnisch eingestellt, um brauchbare Arbeiter zu erhalten. Das am lebenskünstlerischen Humanitätsideal orientierte Gymnasium wurde zurückgedrängt zugunsten unmittelbar im Lebenskampf verwendbarer praktischer Bildung. Die Sozialdemokratie proklamierte den Grundsatz: Religion ist Privatsache. Da Religion bisher die einzige Form ist, in der die Lebenskunst des Volkes systematisiert worden ist, bedeutet dies Wort für das Volk: Lebenskunst ist Privatsache. Das ist aber eine Unmöglichkeit. Die Religion ist ebenso wie die Lebenskunst die Privatsache nur der Geistigen. Sie kann nicht die Privatsache des Volkes sein. Das Volk hat überhaupt keine geistigen Privatsachen. Jede geistige Sache, ob es eine exakte Wissenschaft, eine Kunst oder die Mystik ist, ist Privatsache immer nur der besonders und dauernd an ihr Interessierten, die dadurch Sachkundige und Fachleute geworden sind. Für die andern ist es eine Kollektivangelegenheit, die ein Lehrbuch, also das Buch eines Lehrenden im Gegensatz zum Forschenden, oder eine Institution ihnen gibt. Das Volk eignet sich alle geistigen Dinge in Form der Lehre oder der Sitte an, oder es hat eben keinen Teil an ihnen. Genau so wie es geistiges Privateigentum in der Chemie nur für wenige Forscher gibt, gibt es besondere, persönlich eigentümliche lebenskünstlerische, eventuell auch religiöse Erkenntnis nur für die wenigen Geistigen und die Genies, und das auch nur so lange, bis sie es den andern oder einem größeren Kreise sagen. Das Volk hat kein geistiges Privateigentum, sondern nur ein geistiges Kollektiveigentum. So sehen wir ja denn auch, daß das Volk, soweit es nicht instinktiv sich den alten Autoritäten und Institutionen beugt, und der ererbten Sitte und Gewohnheit folgt, lebenskünstlerisch mehr und mehr verarmt. Soweit das Volk sich den Satz wirklich aneignet, daß geistige Dinge wie Religion und Lebenskunst Privatsache seien, verliert es sie, denn zur privateigentümlichen Aneignung reicht seine geistige Kraft nicht aus.

Nicht der Staat ist der Schuldige an unserem kulturellen Stillstand oder Rückschritt, sondern das Volk selbst und besonders natürlich seine kulturellen Führer, also die Geistigen. Der Staat ist direkt nur der Ausdruck des Zivilisationswillens eines Volkes. Die kulturellen Potenzen kann er nicht durch sich selbst zum Ausdruck bringen, sondern immer nur indirekt werten und stützen. So ist die Schule für den Staat das Erziehungsinstitut lebenstechnisch brauchbarer Bürger. Nur weil die Lebenskunst die Lebenstechnik günstig beeinflußt, muß der Staat auch für lebenskünstlerische Kenntnisse, z. B. in der Kunst und in der Religion, Ethik, Philosophie sorgen. Auf indirektem Wege also kommt der Staat zur Unterstützung von Kunst und Religion. Der Staat ist an allem interessiert, was für ihn Lebenswerte produziert, seien es materielle, seien es geistige. Aus diesem Grunde unterstützt er auch Privatunternehmungen, etwa in der Urbarmachung von Moorflächen und Ödländereien, in der Ausrüstung von Seefischkuttern mit Motoren. Aus eben diesem Grunde unterstützt er die Kirchen. Die Kirchen produzieren für den Staat wichtige, unentbehrliche Werte. Ein Pfarrer begräbt einen Familienvater, der eine Witwe mit 6 Kindern hinterläßt. Gelingt es dem Pfarrer, der Witwe neuen Lebensmut zu schaffen, so hat er, abgesehen von der ganz anderen lebenskünstlerischen Einschätzung seiner Tätigkeit durch ihn selbst und seine kirchliche Organisation, dem Staat einen bedeutenden realen Wert geschaffen. Ebenso wenig wie der Staat von sich aus einem Menschen Trost und Lebensmut schaffen kann, kann er ihm ein Gewissen bilden. Der Staat kann das beides durch seine Organe ebenso wenig wie er Geige spielen kann. Der Staat produziert durch seine Organe direkt nur das Recht. Eine Staatsethik als Produkt des Staates gibt es nicht. Es gibt eine Staatsethik nur in dem Sinne, daß der Staat das Objekt der Ethik ist. Der Staat kann aber auf die Ethik und auf die Macht des Gewissens gar nicht verzichten. Darum muß er alle Mächte unterstützen, die Gewissen schaffen: Das sind bisher nur die Kirchen. Alle anderen Versuche sind bisher in der Hypothese stecken geblieben. Alles Lebenskünstlerische kann der Staat nur indirekt durch Unterstützung der besonderen Organisationen fördern, in denen der kulturelle Volkswille seinen besonderen Ausdruck findet. Das kann er aber nicht nur, das muß er. Denn nun und nimmer kann der Staat sagen: diese Dinge gehen mich nichts an. Ich möchte einmal wissen, was aus dem deutschen Staate würde, wenn der lebensverneinende Buddhismus eine Macht im Volke würde, oder wenn unsere fleißigen deutschen Arbeiter und Arbeiterinnen in Massen in katholische Klöster zu beschaulichem Leben strömten. Das Leben jedes Staates hängt unvergleichlich mehr von der Kultur des in ihm organisierten Volkes ab als von seiner Zivilisation. Jene bringt ihm seine Blüte und mit ihr zugleich zerfällt er wieder. Darum ist in erster Linie jedes Volk für seinen Staat verantwortlich und erst in zweiter Linie der Staat für das Volk.

Die Abwendung des deutschen Volkes von innerlicher Lebenskultur zur einseitigen Betonung der Arbeit an der Zivilisations- und Lebenstechnik, sie **hat** bereits die Physiognomie des deutschen Volkes völlig verändert und hat aus dem deutschen Wesen etwas ganz anderes gemacht als es vor 50 Jahren noch war. Dadurch ist auch das Wesen des Staates ein anderes geworden, und der Staat hat dann wieder seinerseits die lebenstechnische Willensrichtung seiner Bürger verstärkt. Ganz allmählich scheint jetzt hier und da im deutschen Volke die Erkenntnis aufzudämmern, daß diese Entwicklung, diese Abwandlung keinen Segen gebracht hat. Aber nicht der Staat hat den Fehler begangen oder die Repräsentanten der Staatsorganisation, sondern das Volk selbst. Der Staat kann auch jetzt nicht bessern. Er kann es seiner Natur nach nicht, eben jener moderne Staat, der zur Zeit für alle Völker der gegebene ist. Es hat ja darum auch durch Revolution und neue Staatsordnung **kulturell** sich nichts geändert. Das Volk selbst muß den neuen Weg finden und das Versäumte nachholen; zunächst einmal erkennen, daß überhaupt etwas versäumt worden ist. Die Geistigen müssen erkennen, daß sie nicht nur an ihrer eigenen Lebenskunst interessiert sind, sondern auch an der Lebenskunst ihres Volkes. **Aber wo sind unsere Geistigen?** Sie müßten sich zum größten Teil erst wieder aus Intellektuellen in Geistige zurückverwandeln. Der Hochmut des seiner selbst völlig gewissen und sich selbst völlig genügenden Intellektualismus steht im deutschen Volke noch in ungebrochener Blüte. Und die wenigen geistigen Menschen, die wir haben, die halten es mit der Losung der Ästheten seit Alters: odi profanum vulgus et arceo.

Dieses Wort aber bedeutet eine schwere Verirrung. Nur kleinliches Genießertum kann in seiner Sphäre gedeihen. Der wahrhaft geistige Mensch und vor allem der geniale kann sein Leben nur in einem lebenskünstlerisch kongenialen Volke erfüllen. Nur ein einheitlicher geistig großer völkischer Kulturwille kann Werke schaffen wie die Pyramiden Egyptens oder Goethes Faust. Wie schwach der deutsche Kulturwille in den letzten Jahrzehnten gewesen ist, sieht man daran, daß es an jeglicher Aktivität des Volkes gegenüber den großen Organisationen der Lebenskunst, nämlich den Kirchen, den Schulen und dem Theater gegenüber, völlig gefehlt hat.

Die Kirchen sind seit langem in Deutschland nur noch Mittel zum Ausdruck von Stimmungen. Große Überzeugungen kommen in ihnen nicht mehr zum Ausdruck, und große Willensimpulse erwartet man von ihnen nicht. Von den Schulen erwartet man, daß sie einen lebenstechnisch brauchbaren Nachwuchs liefern. Das Theater endlich amüsiert und unterhält, unter Umständen einmal auch durch sehr ernste Dinge, aber die Kunst wagt es nicht, den Anspruch zu erheben, eine willenbestimmende Macht zu sein. Was ich hier sage, erleidet natürlich viele Ausnahmen, aber in der Summe und unter letztem höchstem Gesichtspunkt gesehen ist es wahr. Das darf aber nicht so bleiben. Soll unser Volk zunächst innerlich erstarken und gesunden, so muß hier die Arbeit einsetzen. Unsere Intellektuellen müssen wieder zu Geistigen werden. Die Geistigkeit unserer Intellektuellen wird aber am ehesten erstarken, wenn sie ihre Arbeit nicht nur sich selbst zuwendet, sondern wenn sie zugleich unser ganzes Volk lebenskünstlerisch zu erfassen und zu heben sucht.

Mit welchen Mitteln kann der Geistige in der Gegenwart höheres Leben in sein Volk hineinbringen? Die Antwort lautet: durch kein neues Mittel — es hat noch niemand ein solches gefunden — sondern durch das alte, durch Erhaltung, Stärkung und, wenn möglich, durch Schöpfung von Sitten und Institutionen. Das ist ja das Kennzeichen des Massenmenschen, daß er gar nicht oder so gut wie gar nicht kongenial ist. An einem Jesus geht er vorüber, an einem Michel Angelo oder Bismarck ebenso — solange ihr Schicksal sich noch nicht entschieden hat. Tritt aber Jesus als erhöhter Christus im Gewande der kirchlichen Anbetung in seinen Gesichtskreis oder Michel Angelo in seinen des Museums gewürdigten Bildern oder Bismarck in seinem fertigen Werke, dann verstärkt auch das Hallelujah oder Hurrah der Menge die Wirkung des Genius. Volk sieht immer erst das Gewordene, niemals das Werdende. Wer deshalb ein Volk zerstören will, der zerbreche ihm die Formen, in denen ihm das Große, das Geistige sichtbar wird, nämlich seine Sitten, der zerstöre seine Institutionen. Wer ein Volk bauen will, muß Sitten und Institutionen schaffen. Das Volk besteht nicht aus einzelnen. Die, die einzelne sind, sind eben damit nicht mehr Volk.

Der Staat ist die notwendigste Institution. Aber auch der beste Staat, auch der soziale Staat ist nicht die Erfüllung des Lebens eines Volkes. Er ist nur die erste Voraussetzung. Ein Volk schafft sich den Staat als eines seiner Machtmittel zur Erfüllung seines Lebens, aber nicht als das einzige. Es bedarf der Werkzeuge mehr.

Neben dem Staat als dem Vertreter der Zivilisation, die in Organisation der Arbeit, in der sozialen Fürsorge, in der Wissensmitteilung, im äußeren und inneren Schutze besteht, waren in früheren Zeiten die Kirchen die eigentlichen Vertreter der Kultur. Delphi ist die griechische Kultur schlechthin. Sie war bis jetzt der Gipfel alles Schönen. Das mittelalterliche Christentum war die Kultur seiner Zeit. Es war ein strenger Zuchtmeister; der Trieb zur Triebordnung mußte sich in der Menschheit durchsetzen; das war eine Notwendigkeit, die Voraussetzung aller übrigen großen Leistung. Zur Zeit sind die Kirchen in einem Zersetzungsprozeß begriffen. Ob das nur ein Zeichen des Verfalls ist oder auch der Neubildung, kann man noch nicht sehen. Zurzeit findet der Kulturwille der vielen seinen Ausdruck in ungezählten Vereinen und Vereinchen, die der Religion, der Wissenschaft, der Kunst, dem Turnen, dem Sport, kurz allen brotlosen Künsten dienen. Natürlich sind nicht etwa alle Vereine als lebenskünstlerische Bildungen anzusprechen. Die lebenstechnischen sind in der Überzahl. Kulturwille ist genug im deutschen Volke vorhanden, es fehlt ihm aber die Einheit, die bewußte Zielstrebigkeit, das Bewußtsein seiner das Volksschicksal entscheidenden Bedeutung und die Organisation. Den ungeheuren Ausfall an volkserzieherischen Kräften, der dadurch entstand, daß die Kirchen aufhörten, einen einheitlichen Kulturwillen des Volkes zum Ausdruck zu bringen, haben weder die Intellektuellen noch auch die Geistigen in seiner Schicksal gestaltenden und schaffenden Bedeutung erkannt bis auf den heutigen Tag.

Es ist nicht schwer, den Plan einer neuen allumfassenden Institution für Lebenskunst aufzureißen. Man stellt eine Religion, eine Philosophie, ein System der Lebenswertungen in die Mitte, das den katholischen Formenreichtum, seine Fülle der Sinnbilder mit der im Protestantismus gegebenen Möglichkeit, die Religion, die Lebenskunst subjektiv psychologisch zu erfassen, verbindet. Man vereinigt mit ihr das Stadion und das Theater. Das wäre eine Konstruktion im Stil von Auguste Comte. Aber eine solche Fata Morgana zu zeigen, hat wenig Wert. Diese Dinge wachsen. Man kann sie nicht machen. Darum muß man die vorhandenen Institutionen fortführen, sie aber außerdem durch Neubildung ständig neu beleben. Es ist gewiß die größte Tat der Menschheit, wenn es ihr gelingt, einen neuen Wein des Geistes zu keltern. Aber fast noch schwerer scheint die Aufgabe zu sein, neue Schläuche zu schaffen, die den neuen Wein zu fassen vermögen. Der Geist der Form ist ein Wesen für sich.

Formen, Symbole, Ausdrucksmittel sind ebenso wie die Sprache, viel konservativer als die Gedanken. Neues dichten ist schwerer als Neues denken. Es ist eine der interessantesten Beobachtungen an der kulturellen Entwicklungsgeschichte der Menschheit, zu sehen, wie sie den neuen Geist immer wieder in den alten Formen heimisch macht. Die Geschichte von Jakobs Gebetskampf, der bekannte Prototyp von Gethsemane, ist dafür ein gutes Beispiel. Ursprünglich ist es der naiv heidnisch gedachte Kampf eines Menschen mit einer Flußgottheit, die ihm den Übergang über den Fluß streitig machen will. Heute ist uns die Geschichte der Ausdruck des mächtigsten und tiefsten Erlebnisses, nämlich des Kampfes des menschlichen

Willens mit dem Allwillen um seine Existenz. Genial war der Gedanke der altchristlichen Missionare, den ruhmprächtigen Gott Wodan zum Knechte Ruprecht des Christkindleins zu machen. Hätten die christlichen Missionare der Neuzeit noch dasselbe geniale Verständnis für den Geist der Form, dann würde die Verchristlichung der Menschheit schneller vorwärts schreiten; dann hätten wir ein national-chinesisches und ein national-indisches Christentum unter Benutzung der tiefen und reichen Formensprache dieser Länder und Völker.

Die Geschichte lehrt, daß man für alles neue geistige Streben mit den vorhandenen Ausdrucks- und Darstellungsmitteln und auch mit den vorhandenen Kulturorganisationen rechnen muß. Diese sind als die ältesten die Kirche und das Theater. Später kam die Schule dazu und jüngst das Vereinswesen. Das sind die Schläuche, in die man den Wein des Geistes schütten muß, bis dahin, daß der Geist einmal eine ganz neue Form schaffen wird.

Die größte Kulturorganisation ist auch heute noch die Kirche. Ihre Spaltung in Religionsgemeinschaften, Kirchen, Sekten, Buddhisten, Mohamedaner, katholische und protestantische Christen, Juden usw. ist unter letztem Gesichtspunkt gesehen, unwesentlich. Denn ihr Inhalt ist wesenhaft der gleiche, nämlich eine mystisch begründete lebenskünstlerische Triebordnung. Der Staat hat demgegenüber sein Wesen an der im Recht zur Darstellung kommenden, lebenstechnischen Triebordnung. Soll von neuem eine große Kultursynthese geschaffen werden, so ist das erste Erfordernis, daß auch die Gegner der Kirchen sich erst einmal klar machen, welche Funktionen die Kirchen im geistigen Leben der Menschheit haben oder doch bisher hatten. Es ist gewiß richtig und bedauerlich zugleich, daß die Geistigen, soweit sie innerhalb der Kirchen geblieben sind, meist dem Illusionismus huldigen oder ihm doch große Zugeständnisse machen, daß sie sich selbst und ihren Angehörigen gern den Horizont durch Beugung unter willkürlich aufgerichtete Autoritäten gewaltsam beschränken, daß sie mit Scheuklappen durch das Leben gehen. Aber die Voreingenommenheit und Einseitigkeit der Kirchengegner ist durchaus nicht geringer. Auch unter ihnen sind ehrliche und brave Menschen, aber sie haben einen ebenso beschränkten engen Horizont, nur daß sie andere willkürliche Grenzen ziehen. Sie sehen das unendliche Leben in der unmeßbaren Fülle seiner großen und schönen Möglichkeiten unter einem einzigen isolierten Gesichtspunkt, etwa dem sozialen oder intellektuellen, an. Da schrumpft die Wirklichkeit dann so zusammen, daß sie sich in wenige beliebige Formeln einfangen läßt.

Die Kirchen hätten niemals zu allen Zeiten und unter allen Völkern die beherrschende Stellung eingenommen, wenn sie nicht auch gigantische Leistungen vollbracht hätten. Zweifellos ist nach dem Prinzip der Arbeitsteilung und durch die Verselbständigung des Staates neben der Kirche und durch die ständige Erweiterung seiner Kompetenzen, heute den Kirchen vieles von ihren Betätigungsmöglichkeiten und Arbeitsnotwendigkeiten durch andere Institutionen abgenommen. Zu Jesu Zeit war der Schriftgelehrte in einer Person der Seelsorger, der Arzt, der Richter, der Lehrer, der politische Führer seines Volkes. Der Schamane ist noch heute Seelsorger und Arzt zugleich. Von dieser vielseitigen Betätigung und der damit verbundenen

Macht haben die Kirchen das meiste abgegeben. Aber wenn sie nicht auch heute noch ihnen gebliebene lebendige Funktionen hätten, wären sie längst nicht mehr. Man kann den Geistigen, die die Kultur fördern und erhalten wollen, nicht dringend genug ihre Pflicht vorhalten, sich um die Kirchen zu kümmern oder neue volkserzieherische Institutionen für Lebenskunst zu schaffen. Die Geistigen sind ebenso auf das Volk angewiesen wie das Volk auf sie. So sind die Dinge nun einmal naturhaft und wesenhaft geordnet. Große Gedanken können sich in ihrer Kraft, Fülle, Richtigkeit in uns nur ausleben, wenn wir sie auch um uns herum durchzusetzen suchen und sie an einem viel größeren Objekt erproben als unser eigenes Innenleben ist. Wodurch man sich selbst wertvoll erscheint, dadurch muß man auch sein Volk wertvoll zu machen trachten. Das ist wirklicher Patriotismus. Das ist Vaterlandsliebe in der Wahrheit und mit der Tat. Die lebenskünstlerische Fürsorge für sein Volk, die noch etwas ganz anderes unk größeres ist als die soziale Fürsorge, ist Aufgabe und Pflicht jedes einzelnen Geistigen. Er ist dafür verantwortlich. Sieht er das nicht, so hat er seine eigene lebenskünstlerische Triebbegabung nicht voll erkannt. In dieser ist die Liebe, der sympathetische Trieb einer der bedeutsamsten. Ohne seine Pflege gibt es für den Geistigen keine Lebenserfüllung. Die lebenskünstlerische Fürsorge nannte man früher Seelsorge. Dies Wort wird aber heute einseitig religiös, ja pastoral gefaßt. Darum muß man zur Zeit mit großem Bedauern auf dies wundervolle Wort verzichten. Allumfassende Seelsorge der Geistigen am Volke, wie sie Delphi und Olympia darstellen, muß aber das Ziel der deutschen Kultur, der deutschen Lebenskunst werden. Bei ausschließlich lebenstechnischer Organisation zerfällt ein Volk in Stände, in Parteien, in wirtschaftliche Interessengruppen. Es wird atomisiert. Nur lebenskünstlerische Organisation kann ihm seine Einheit erhalten.

Durch das unerhörte Unglück, das eigene Torheit und fremder schlechter Wille über uns brachten, und das sie noch ständig mehren, ist das Volks- und Rassebewußtsein und die Liebe zum Vaterlande in vielen mächtig erstarkt. Wohl uns! Nun kommt aber alles darauf an, daß die Vaterlandsliebe die rechten Taten finde. Wir müssen unseren Volksgenossen das Vaterland lieb und wert machen. Das geschieht gewiß durch lebenstechnische soziale Fürsorge auch. Aber das darf nicht alles sein. Das völkisch Besondere kommt viel mehr durch Kultur und Lebenskunst zu Ausdruck und Recht. Das Ideal ist, die Triebbegabung jedes Volksgenossen zu möglichst großer Betätigung und zu möglichst großem Selbstgenuß zu steigern und sie damit zur vollen Ausnutzung für ihn und sein Volk zu bringen. Das Ideal muß es sein. Damit ist immer zugleich gesagt, daß es eine Utopie ist. Aber als letztes Ziel muß der große Gedanke klar und sicher in das Auge gefaßt werden. Nur so findet ein Volk seine Lebenserfüllung. Nur im Kulturgedanken eines Volkes kann die Zentripetalkraft liegen, die allen Zentrifugalkräften der einander widerstrebenden Interessen der Volksgenossen gewachsen und überlegen ist.

Wir haben einen kulturellen Reichtum, der sich mit jedem Volke messen kann, der vielen überlegen ist. Die Deutschen sind geistige Welteroberer in bisher wohl einzigartiger Weise. Wir haben den Dänen Andersen verdeutscht und den Engländer Shakespeare, den Griechen Homer und den Juden Paulus, und das nicht nur durch Worte. Der deutsche Magen hat es alles verdaut und zu deutschem Wesen umgeschaffen. Wir sind aber aus anderen Gründen, die ich im Anfang dieser Arbeit erörtert habe, doch leider mehr und mehr eklektisch geworden, unstimmig in uns selbst. An Kulturbesitz sind wir allen anderen Völkern mindestens gleich, an einheitlichem nationalen Kultur**willen** sind uns viele andere Völker, auch kleinere, bedeutend überlegen. Das ist die gefährliche Schwäche des deutschen Wesens, das ist der beschämende Mangel des deutschen Volkes. Der Riß zwischen den Geistigen und dem Volke wird bei uns noch immer zusehends größer, und die Erkenntnis der Notwendigkeit des Brückenbaues ist nicht da. Darum können wir uns über den Mangel an Nationalbewußtsein gar nicht wundern. **Nationalbewußtsein kann nur gemeinsames Kulturbewußtsein sein.** Anders kann die Einigkeit, die nach unserem Nationalliede des Glückes Unterpfand ist, nicht zustande kommen. Liebe zum Volke ist soziale Arbeit für ein Volk und Kulturarbeit an einem Volke. Alles andere ist Redensart, Täuschung, überhebliche Selbstbeweihräucherung. Ein Volk auf Rassenreinheit zu stellen, ist heute eine Unmöglichkeit. Und wenn es gelingen könnte, würde ein solches Volk jedem anderen Volk, das eine inhaltsreichere Kultureinheit darstellte, unterlegen sein, auch wenn dieses rassig noch so zusammengesetzt wäre. Das Schicksal und die Blüte des amerikanischen Volkes sollte für uns Deutsche eine eindrucksvolle Lehre sein.

Die Aufgabe jedes geistigen Patrioten ist, in das Herz seiner Volksgenossen lebenskünstlerische Sehnsucht hineinzuschaffen. Das Volk, in dem sie Eigentum des Volksgeistes wird, hat am meisten Aussicht, in der Auslese der Tüchtigen, die das Schicksal auch unter den Völkern vornimmt, den Sieg davon zu tragen. Wenn recht viele Glieder eines Volkes ihre Triebbegabung gemäß den erkannten Naturgesetzen der ethischen Lebenskunst zur höchsten Leistung steigern, so kommt dadurch der Volksgeist zu der höchsten Macht, deren er fähig ist. Es ist die Aufgabe der Geistigen und Genies eines Volkes, möglichst viele zu der Erkenntnis zu führen, daß in der Möglichkeit der rechten Eigenbewertung der Triebe dem Menschen sich ein Reich der Freiheit erschließt, in dem er ganz sein eigen ist. Allzuviele sind dieser Erkenntnis in keinem Volke fähig. Die meisten Menschen kommen zur Steigerung ihres sozialen Triebes zur Vaterlandsliebe nur sehr selten. Sie kommen über die Zweckbewertung ihres Denktriebes nur auf seltenen besonderen begeisterten Höhepunkten ihres Lebens hinaus. Eigenbewertetes Denken wird außerdem bei sehr vielen Menschen leicht zuchtlos, es artet in Spekulationen aus, die sich der Wirklichkeit gegenüber nicht mehr verantwortlich fühlen. Es entsteht auf der einen Seite der religiöse, auf der entgegengesetzten der wissenschaftliche Illusionismus. Jener bringt den fanatischen Aberglauben, dieser die fanatische politische Utopie hervor.

Das Ideal aber ist gerade der unbedingte Wirklichkeitsmensch. Der verachtet jeden Illusionismus, ja er verachtet alle bloßen Stimmungen und sucht Überzeugungen. Er nimmt die menschliche Natur wie sie ist, er sieht den Menschen, wie er ist. Er belügt sich auch nicht über sich selbst. Er hält es auch nicht für patriotisch, sich über sein Volk zu belügen, und er hält es nicht für fromm, sich über Gott zu belügen. Nirgend hat sich die Lüge, die pia fraus seit Alters her so eingenistet wie in den Patriotismus und in die Frömmigkeit. Unbedingte Ehrlichkeit ist die Grundvoraussetzung des vollen Gelingens großer Lebenskunst sowohl für den Geistigen wie für das Volk.

Sie ist die Voraussetzung, aber nicht die Erfüllung. Die Erfüllung wird stets erst durch das große Können gebracht. Die schönste größte Lebenserfüllung eines durch sein Können sich selbst schaffenden Volkes, unter verantwortlicher Führung seiner Geistigen, stellt Delphi dar. Hier ist die Menschheit durch Eigenbewertung ihrer Triebbegabung zu einer Freiheit durchgedrungen, die sie seitdem nie wieder erreichte. Hier ist den brotlosen Künsten die bisher wunderbarste Huldigung zuteil geworden. Hier ist die Zivilisation so von der Kultur überrankt, daß man das Gestell gar nicht mehr sieht. Das ist das Rechte. Das ist die Erfüllung. Durch Tempel, Arena, Theater, durch die Schauspielkunst und alle anderen Künste, durch die Religion und durch den Sport, durch die Zusammenfassung aller dieser gewaltigsten und schönsten Kräfte des Menschengeistes zu einheitlicher Wirkung schuf der Grieche den griechischen Menschen, den Menschen. In der Idee läßt sich Größeres nicht denken. In der Ausführung ließ es sehr zu wünschen übrig. Darum, als Gäa sich schüttelte, sank Apollons Heiligtum in Trümmer. Das Tier war im Menschen noch zu lebendig. Die Eigenkraft der Triebe durchbrach ihre

Dämme. Nun trat zur Rettung des Menschen der furchtbare und starke Gott vom Sinai an Apollons Stelle. Er war der Rohheit der Menschen besser gewachsen als die schönen aber allzumenschlichen Götter des Olymp. Luther bedeutet in seiner naiven unbedingten allseitigen Lebensbejahung einen Schritt zu den Griechen zurück und zugleich einen Schritt über die Griechen hinaus. Ob jetzt wieder ein neuer Schritt vorwärts möglich ist? Ob die Religion innerhalb der wirklichen Welt, die illusionsfreie Religion unter den Menschen, im Volke endlich aufgerichtet werden kann? Wer will es wissen! Wenn die Zeit wieder einmal erfüllt sein wird, wird die Religion innerhalb der wirklichen Welt kommen. Aber denen, die es fassen können, muß man das aus dem Boden von Natur und Wirklichkeit herauswachsende Ideal zeigen, damit schon jetzt wieder mehr ganz fröhliche, ganz starke und ganz ihres Zieles gewisse Menschen werden können.

In früheren Zeiten waren die Kirchen das Hauptausdrucksmittel der Kultur der Völker, während der Staat der Träger ihrer Zivilisation war. Das hat sich sehr geändert. Die Kirchen haben ihre dominierende Stellung im Kulturleben verloren. Aber ihre kulturelle Bedeutung ist noch immer ungemein groß. Je sicherer auch in der Moderne eine Kirche die ihr gebliebenen Funktionen in der Bildung der Lebenskunst erfaßt, je besser ein Staat die bleibende Bedeutung der Kirche erkennt, desto besser steht sich nicht nur die Kirche dabei, sondern auch der Staat. Wenn ein Volk heute seine Kirchen zerschlägt, so muß es sich klar machen, für welche Aufgaben und Leistungen es dann neue Träger suchen oder schaffen muß. Wenn man aber die Kirchen in der Art, wie sie ihre Arbeit erledigen, kritisiert, so muß man sich die ungeheuren Schwierigkeiten klarmachen, unter denen sie in unseren Tagen stehen. Die verschiedenen Kirchen sind Träger und Organe der verschiedenen lebenskünstlerischen Ideen und Ideale. Das war ihr Kern immer. Und dieser Kern ist geblieben. Die größten Geistigen, die größten Genies haben an dem inneren Aufbau der Kirchen mitgearbeitet. Und wo bis auf den heutigen Tag ein großer Künstler gewesen ist, da ist der priesterlich seelsorgliche Einschlag seines Wesens unverkennbar. Denn wie sollte ein Mensch auch sonst, aus reinen Beweggründen dazu kommen, sein inneres Wesen nicht nur selbst erleben und genießen zu wollen, sondern auch äußerlich darzustellen, wenn nicht aus Interesse an den anderen Menschen, wenn nicht aus Glauben an die Menschen und aus Liebe zu ihnen? Der Künstler beschränkt sich in seinem Wirken aber willig ohne weiteres auf den ihm kongenialen Kreis. Die Kirchen dagegen sind zu allen Zeiten wegen ihrer universalen Verpflichtung mit Recht bestrebt gewesen, ihre Tätigkeit auf alle auszudehnen. Sie sind volkspädagogische Anstalten. Dadurch erwachsen ihnen in unserer Zeit ungeheure Schwierigkeiten. Denn je mehr und je eiliger die Menschheit in Kultur und Zivilisation, in Geistigkeit und Intelligenz fortschreitet, desto ungleicher und unähnlicher werden sich die Menschen. Die Differenzierung nimmt in einem so schnellen Tempo zu, daß auch die besten Schulen die Unterschiede nicht auszugleichen vermögen. Man muß sich die Menschheit als einen Heereszug vorstellen, der durch die Zeit zieht. Die Hauptmasse unserer Zeitgenossen steckt noch in der

Weltanschauung der Antike und im ptolomäischen Weltsystem. Natürlich haben sie in der Schule gelernt, daß es ein Amerika jenseits des Ozeans gibt, daß die Erde rund ist und sich um die Sonne dreht. Aber das ist ein äußerliches Wissen, an dem das Gemüt, die Seele keinen Teil hat. In ihrer Lebensanschauung und Lebensbewertung sind sie an der Antike orientiert. Die dünne intellektuelle Haut, die das geistige Leben der Menschheit nach außen hin umsponnen hat, läßt freilich alle die, die mit der Volksseele nichts zu tun haben und sie nicht studieren, davon nichts ahnen. Denn ob diese Haut gleich dünn ist, ist sie doch für ein gewöhnliches Auge undurchsichtig. Das Volk redet eben über sein Innerstes nicht. Das tun nur die Geistigen. Nur hin und wieder, in besonderer Leidenschaftlichkeit, offenbart sich die Volksseele. So ist z. B. im amerikanischen Scientismus ein Stück Urchristentum wieder voll lebendig, und damit die im Volke noch immer herrschende antike Weltanschauung wieder sichtbar geworden. Wieder sehen die Blinden, gehen die Lahmen, werden die Aussätzigen rein, stehen die Toten auf, auf Gebete hin — eine völlige Unmöglichkeit wäre das, wenn eben wirklich die moderne naturwissenschaftliche Anschauung sich schon durchgesetzt hätte. Eine völlige Unmöglichkeit wäre dann die heutige Blüte des Okkultismus überhaupt. Die antike Weltanschauung, in der man niemals klar zwischen wirklichen Dingen und Gedankendingen geschieden hat, ist noch voll lebendig unter uns. Für alle Illusionsbildungen ist in ihr freie Hand gelassen. Unzählige Menschen könnten heute noch ohne diese Freiheit der Gedankenbildung, die sich der Kontrolle durch die

Wirklichkeit entzieht, ihre inneren Existenzbedingungen nicht gewinnen.

Ihnen diametral gegenüber stehen die Menschen, die sich die moderne Weltanschauung der Naturgesetzlichkeit angeeignet haben. Sie kennen keinen Tatsachenglauben mehr, sondern nur noch einen Glauben an Werte. Aber wirklich philosophisch psychologisch gebildet sind auch sie in der allergrößten Mehrzahl nicht. So kann man auch sie meist nicht den psychologischen Weg zur Religion führen. Der geschichtliche Weg ist auch für sie der gegebene. Auch sie verlangen nach einer geschichtlichen Autorität. Ein geschichtliches Vorbild muß darum für sie zurecht gemodelt werden. Besonders naiv erledigen unsere Schullehrbücher über Religion diese Aufgabe, indem sie z. B. einen „heiligen" König David schaffen. Aber auch der „geschichtliche" Jesus, den man den gebildeten Erwachsenen gibt, daß sie sich daran halten sollen, ist eine willkürliche Schöpfung. Zwischen den beiden Extremen der modernen und der antiken Welt, Natur und Geistesanschauung gibt es eine Fülle von Übergängen, und die nächst übersehbare Zukunft gehört ihnen.

Eine besondere Klasse von Kirchenzugehörigen sind die, die ihr Denken ausschließlich zweckzubetonen gewöhnt sind. Sie technisieren auch die Religion und machen eine Versicherungsanstalt für das eventuelle Jenseits aus ihr. Endlich dürfen wir nicht vergessen, daß innerhalb der kirchlichen Einflußphäre sehr viele stehen, die, wie die unartigen Kinder aus bösem Willen, jeder religiös sittlichen, jeder ernsten Beeinflussung sich zu entziehen trachten. Sie wollen das Leben nicht ernst nehmen, wollen keinen

Glauben und kein Gewissen, weil sie sich lieber der Eigenkraft ihrer Instinkte überlassen, weil sie die Menschwerdung, die sich in ihnen vollziehen will, abzulehnen trachten. Sie sind natürlich unter den lautesten Schreiern gegen die Kirchen. Nun kommen noch die Einpeitscher und Hetzer von beiden Seiten, einmal die illusionistischen Naturwissenschaftler, denen jedes Sensorium für das bleibende Geheimnis des Lebens abgeht, und die radikalen Politiker, die nur die lebenstechnischen Aufgaben sehen, und von der anderen Seite die illusionistischen Theologen, die die Religion mit der antiken Weltanschauung identifizieren, und die Extremisten einer politisch religiösen Volkspädagogie, die unbegreiflicherweise meinen, sie könnten, in unserer Zeit der Pressefreiheit und ungehemmter freier Bildungsmöglichkeit für jeden, eine chinesische Mauer zwischen den Geistigen und dem Volk errichten. Damit wird der Wirrwarr hoffnungslos.

Die alten Kirchen hatten es unendlich viel leichter. Sie kannten nur Glaubens-, aber keine Weltanschauungskämpfe. Die heutigen Kirchen haben die unendliche Verschiedenheit der Anschauungen ihrer Glieder zu berücksichtigen und müssen versuchen, alle diese verschiedenen Anschauungen mit dem gleichen Glauben, besser gesagt, mit der gleichen Gläubigkeit zu durchtränken. Das ist die Hauptschwierigkeit der heutigen kirchlichen Betätigung, der heutigen Seelsorge. Dieselbe Schwierigkeit bedrückt heute alle Religionen, also etwa den Islam, das Judentum, das katholische und protestantische Christentum. In jeder dieser Religionsgemeinschaften sehen wir deshalb die Spaltung zwischen links und rechts. Der Reformjude, der liberale Protestant, der Jungtürke und der katholische Modernist fühlen sich oft als eine gemeinsame Partei gegenüber ihren orthodoxen Glaubensgenossen, die auch wieder zusammen eine gemeinsame Front bilden. Eine wirkliche Lösung der Weltanschauungsschwierigkeiten der Kirchen, die für diese etwas völlig Neues sind, von denen die Weltreligionen in der Antike nichts, aber auch gar nichts wußten, die deshalb in den alten Urkunden überhaupt nie vorkommen, liegt in weitem Felde. So findet man sich denn zur Zeit mit Kompromissen ab, oder man schimpft. Der natürliche Sinn für das Zweckmäßige läßt die meisten Menschen einen Kompromiß zwischen Glauben und Wissen suchen. Aus diesem Kompromißgefühl heraus erwarten sie in der Gegenwart von den Kirchen keine festen Gedanken und Überzeugungen mehr, sondern Stimmungen, besonders für die traurigen oder ernsten oder fröhlichen Höhepunkte ihres Lebens. Daß aber dadurch die Religion außerordentlich viel von ihrer Würde und Kraft verliert, ist deutlich. Und dann wird viel geschimpft. Bis vor kurzem schimpfte man viel auf die Anhänger des Alten. Man schalt die Kirche rückständig, daß sie ihre Lehre nicht auf die neue Weltanschauung einstellte. Ja, wenn nur alle Menschen in der Kirche die neue Weltanschauung hätten! Sie haben sie aber zum größten Teil nicht. Dazu kommt, daß Menschen, die soviel Lebenskunst, soviel lebenskünstlerisches Bedürfen haben, daß sie zwei große geistige Triebe eigenbewerten und nicht nur zweckbewerten, sehr selten sind. Schon Menschen, die einen geistigen Trieb, abgesehen von seiner praktisch-nützlichen Verwendbarkeit, ernst nehmen, sind selten. So sind die Menschen selten, die ihrer Natur gemäß den religiösen Trieb eigenbewerten. Meist bringt sie erst eine große Erschütterung ihres inneren Lebens, eine Bekehrung dazu. Sie bekommen die Macht des Schicksals oder die objektive Macht ihrer eigenen Triebe zu fühlen. Dann aber sind sie sehr oft in einer Verfassung, daß sie sich über die elementarsten Ansprüche ihres Denktriebes leicht hinwegsetzen. Andererseits sind Menschen, die ihren Denktrieb eigenbewerten, auch sehr selten. Diese sind dann wieder bei den geringsten intellektuellen Unbequemlichkeiten, die ihnen religiöse Vorstellungen machen, bereit, dieselben aufzugeben. Menschen von gleich starkem Denktrieb und gleich starkem religiösen Triebe, sind in der Tat äußerst selten. Das bekannte Wort „Religion gut, Kopfrechnen schwach" drückt eine Volkserfahrung aus. In der Umkehrung ist sie aber auch wahr.

Die Kirche aber ist keine Schule und kein Aufklärungsverein. Darum ist klar, auf die Pflege welches Triebes sie das größere Gewicht legen muß.

In unseren Tagen wird übrigens umgekehrt mehr auf die Aufklärer, auf die kirchlich Liberalen geschimpft. Ganz naturgemäß hat nach der Revolution auch in der Weltanschauung eine Bewegung nach Rechts eingesetzt. Vielfach artet diese aber zu einer sinnlosen Flucht nach Rechts aus. Weil Backbord ins Meer sank, stürzt alles nach der Steuerbordseite. „Man hat," so sagen diese plötzlich erwachten Kulturpolitiker, „dem Volk die Zügel zu locker gelassen." Nun sollen die wieder angezogen werden. Die Freiheit hat geschadet, auch die Freiheit des Gedankens. Alles Alte soll wiederhergestellt werden, auch die alte Kirchenlehre. Scharen von Intellektuellen, die sich ernstlich um Kulturfragen niemals gekümmert haben, möchten zur Zeit in Deutschland lieber heute als morgen katholisch werden. Wer die entsetzliche Demagogie miterlebt, die zurzeit von den verschiedensten Seiten an unwissenden und urteilslosen Volksmassen geübt wird, wundert sich nicht, daß viele Protestanten in ihrer Ratlosigkeit stöhnen: Das ist ja um katholisch zu werden. Sie sehen in der katholischen Kirchenlehre die beste Schutzwehr gegen radikale Kritik und die beste Grundlage auch alles staatlichen und gesellschaftlichen Autoritätsgefühls. „Dem Volke muß die Religion erhalten werden." Noch lieber möchte man sich selbst seine protestantische Freiheit wahren, möchte aber, daß das Volk katholisch oder protestantisch-orthodox wird. Es ist aber gar kein Gedanke daran, daß heute noch eine Religion auf die Dauer lebensfähig bliebe, von der das Volk sieht, daß die Geistigen selbst sie nicht mehr ernst nehmen. Es merkt sehr wohl, wenn man ihm alte abgelegte Kleider anbietet.

Die Schwierigkeiten der Kirchen sind ungeheuer groß, nach allen Seiten hin, und sie müssen verlangen, daß jeder der Einsicht Fähige das auch einsieht. Das Prestige, der Kredit der Kirchen wird von allen Seiten angegriffen. Kirchen aber ohne autoritatives Ansehen sind ein Messer ohne Griff, dem die Klinge fehlt. Wem soll das Volk folgen? Es steht zwischen den Feuern der entgegengesetzten Ansichten und kann selbst keine gelehrten Bücher lesen. So hält es sich vernünftigerweise an Tradition und Organisation. Da kommt alles auf das Vertrauen zu den

Kirchen an. Aber wie unendlich schwer ist es, das Vertrauen zugleich der Altgläubigen und der Neugläubigen sich zu bewahren, die geradezu entgegengesetzte Ansprüche machen, zwar nicht des Glaubens, aber doch des Intellektes. Wie wenige aber vermögen diese Dinge auseinanderzuhalten.

Die Lösungen, die die Kirchen selbst für die Schwierigkeiten fanden, sind grundverschieden. Die ältere, politisch volkspädagogisch durchgebildetere Kirche — Politik und Pädagogie stammen aus einer Wurzel — ist die katholische Kirche. Sie fand eine radikale Lösung. Sie schafft als Institution ein Glaubensgesetz. Sie verlangt Gehorsam und übernimmt dafür für diesen Glauben alle Verantwortung allein. Es gibt eigentlich nur einen Glauben, das ist der an die richtig traditionierte und organisierte Kirche.

Anders die protestantischen Kirchen. Sie setzen zwar voraus, daß der von ihnen Belehrte zu demselben Glaubensergebnis kommen muß wie seine Kirche. Aber sie verlangen eigene Nachprüfung und übernehmen die Gewähr für die Zuverlässigkeit des Glaubens nur so weit, als der einzelne zu eigener Feststellung nicht fähig ist und sich der Führung freiwillig anvertraut. Das Verhältnis zwischen dem einzelnen und seiner Kirche ist hier dasselbe Autoritätsverhältnis wie in allen sonstigen Verhältnissen überall in der Welt das Verhältnis zwischen Fachmann und Laien ist.

Daß es noch vielerlei Mittelwege zwischen diesen Standpunkten gibt, daß es katholisierende Protestanten gibt und protestantisierende Katholiken usw., darauf kann ich hier nicht eingehen. Der Protestantismus ist ohne die offizielle Duldung verschiedener Richtungen in sich nicht möglich. Die Kirche muß einerseits die überkommenen Volksvorstellungen schonen und sie darf den Gebildeten durch allzugroße Rückständigkeit den Aufenthalt in der Kirche nicht unmöglich machen. Der Mensch ist eben doch nur einer. Darum muß er seine Bildung und Weltanschauung mit seiner Lebenskunst und Religion verschmelzen. Dadurch ergeben sich die verschiedensten Geistesinhalte. Eine Kirche, die von ihren Gliedern eigene Glaubensurteile und Glaubensentschlüsse, nicht bloß praktische Anwendung eines durch Gehorsam gewonnenen Glaubens, fordert, muß mit diesen Verschiedenheiten rechnen und ist deshalb in der äußeren Darstellung ihrer Art ständig zu Kompromissen genötigt.

In dieser schwierigen Lage kann natürlich auch der Dümmste die Kirchen ins Unrecht setzen. Der eine Agitator zeigt den Aufgeklärten, daß die Kirche ihnen das unmögliche sacrificio del intelletto zumute und ihre Vernunft und ihr Gewissen zugleich beleidige. Der andere Agitator zeigt den Gläubigen, daß die Kirche von ihrer eigenen Überzeugung abgefallen sei. Tieferes Nachdenken über die großen Probleme der lebenskünstlerischen Volkserziehung, die hier liegen, findet man auch bei den Geistigen sehr selten. Gewiß wird jeder Aufgeklärte, jeder Geistige die Aufgabe anerkennen müssen, daß wir den Weg zur Mystik vom Schutt der Vergangenheit befreien müssen, damit dieser Weg sichtbar und gangbar werde. Aber die Kirchen deshalb sabotieren, weil sie darin nicht ihre Hauptaufgabe sehen, ist ein kulturfeindliches Verhalten. Wer das tut, ist dazu verpflichtet, eine neue Organisation zum Aufbau und zur Pflege völkischer

Lebenskunst zu schaffen. Der Geistige, der weder das Alte stützt, noch ein Neues baut, ist ein Parasit der Kultur. Er ist angewiesen auf die Gesinnung seiner Mitmenschen, tut aber nichts zu deren Pflege. Es wimmelt heute von solchen Parasiten. Sie sind das größte Hindernis des Kulturfortschritts. Die Versuche, dem Kulturwillen des deutschen Volkes eine neue äußere Gestalt zu geben, die einerseits dem im Staate Fleisch gewordenen Zivilisationswillen des Volkes ebenbürtig an die Seite treten kann, die andererseits den Kirchen wirklich Konkurrenz zu machen vermag, sind bisher recht kläglich ausgefallen. Man vermeidet die religiöse Illusion und setzt an ihre Stelle die wissenschaftliche Illusion. Die Formen für den vermeintlichen neuen Geist sind abgeschwächte Nachahmungen der kirchlichen Formen. Kurz, das Ganze zeigt Verlegenheit und bedeutet Verarmung. Nur auf dem Boden der Kirchen kann auch der moderne, also an naturwissenschaftlicher Erkenntnis orientierte Denker wirklichen und segensreichen Einfluß auf die Lebenskunst des Volkes gewinnen. Weder darf er dort alles beim Alten lassen, noch kann er den Intellektualismus zu einer genügenden Lebensanschauung machen. Es ist leicht, darauf mit der Schmähung zu antworten: medio tutissimus ibis. Das Leben ist nun einmal so kompliziert. Die Dinge, die Wirklichkeit sind größer und tiefer als alle Gedanken, die wir uns darüber machen und je machen werden. Und das Geringste ist das Gesetz der Gesetze.

Viel mehr als den Kirchen hat sich das allgemeine Interesse, das Interesse des Volkes wie des Staates in der letzten Zeit den Schulen zugewendet. Man experimentiert geradezu in Neuerungen, sicher nicht zum Besten der Schulen. Aus dieser meiner Schrift ergibt sich ohne weiteres, auf welche Punkte in aller Schulreform es mir ankommen muß. Zum ersten: Der Mensch selbst muß in den Mittelpunkt des Unterrichtes gestellt werden. Er muß der beherrschende Gegenstand im naturwissenschaftlichen Unterricht sein. Er muß der beherrschende Gegenstand im religiösen oder ethischen Unterricht sein. Er selbst und nicht seine Werke. So früh wie möglich müssen die Kinder die wichtigsten psychologischen Tatsachen kennen lernen. Die Unwissenheit der Kinder aus allen Schulen über die einfachsten Tatsachen des menschlichen Innenlebens ist eine erstaunliche und tief bedauerliche. Das *γνῶϑι σεαυτόν* (Erkenne Dich selbst) muß den Unterricht vom ersten bis zum letzten Schuljahre in allen Bildungsinstituten leiten. Der Abschluß muß überall die Ausrüstung mit einem System klarer psychologisch ethischer Erkenntnisse sein. Die Schule muß lebenskünstlerisch orientiert sein und nicht lebenstechnisch. Sie muß Menschen schaffen und nicht „Arbeiter". Zu denen werden sie dann durch die Forderungen des Lebens und durch ihre eigenen Anforderungen an das Leben von selbst. Die zweite Forderung aber ist, daß die Herrschaft des Intellektualismus über die Schule gebrochen werde. Die Kinder sollen zu vollen Wirklichkeitsmenschen herangezogen werden. Dazu gehört, daß man sie genau über die Relativität alles menschlichen Wissens aufkläre und ihnen das Leben als ein Geheimnis zeige, erlebbar, aber in seinen Tiefen nicht begreifbar. Die Schulen züchten heute geradezu vielfach einen blasierten Rationalismus, der der Wirklichkeit gegenüber nicht Stand hält. Wissenschaftlich unmöglich sind religionslose Schulen, weil diese ja geradezu unwahr sind. Sie vorenthalten den Kindern ein Stück der Wirklichkeit. Vollständige Wissensmitteilung ist bereits eine Zivilisationsaufgabe des Staates.

Das Theater nimmt zur praktischen Lebenskunst eine ganz eigentümliche Stellung ein. Der Dichter ist souverän wie die Wissenschaft. Daß er die Aufgabe hat, Lebenskunst darzustellen und nichts als Lebenskunst, ist zweifellos. Soweit er Lebenstechnisches darstellt, kommt es nur in Betracht durch seine Beziehung zur Lebenskunst und durch seinen Gegensatz zu ihr. Aber der Dichter hat nicht eine normierende Lebenskunst darzustellen, sondern jede. Er muß die Naivität ebenso auf seiner Palette haben, wie die Perversität, wie endlich auch die Gesetze der ethischen Lebenskunst. Der Künstler hat seinen Beruf erfüllt, wenn er Charaktere schafft. Und doch wird die ethische Lebenskunst sich freuen und die Volksseele wird dankbar sein, wenn er nicht nur Charaktere, sondern unter diesen auch Helden schafft, in denen der Mensch nicht nur interessante Menschen, sondern das Ideal des Menschen vor sich sieht. Das traurige Schicksal des modernen Dichters, besonders des modernen Bühnendichters, zeigt deutlich seine Abhängigkeit von einem kongenialen Volksempfinden. Wir haben bisher keine Erziehung zu ernster Verantwortung des Volkes für seine Kunst. Die Kunst hat nur zufällige Beziehungen zu unseren sittlichen Idealen. Darum ist unsere heutige Kunst keine entscheidende Kulturmacht, wie sie es früher oft gewesen und wie sie es auch heute verlangen könnte und müßte. Das Volk ist ausschließlich Objekt der Kunst und nicht auch Subjekt, sehr zum Schaden des Volkes, der schaffenden Geistigen und der Kunst selbst. Nur verschwindend wenige Künstler schaffen heute aus völkischem Gemeinempfinden, aus der in sich erlebten Volksseele heraus. Wir müssen dahin kommen, daß das Schicksal des Theaters von den Dichtern, den Schauspielern und dem Publikum bestimmt wird, und nicht mehr ausschließlich von den Geldleuten und den Literaten.

Von wesentlicher Bedeutung für die Zivilisation und für die Kultur sind gegenwärtig die Vereine. Ein großer Teil von ihnen sind Organisationen zur Pflege irgendwelcher Teile der Lebenskunst. Selbstverständlich sind auch hier die lebenskünstlerischen Bestrebungen von den lebenstechnischen nicht streng zu trennen. Von der Fülle der wissenschaftlichen Vereine, von Kunst, Sport, Turnvereinen usw. kann ich hier nicht reden. Ich will nur auf die freien Vereine hinweisen, die die Lebenskunst selbst direkt zum Gegenstand ihrer Arbeit machen. Der bekannteste und zur Zeit wichtigste Verein dieser Art ist die Freimaurerei, die Loge. Die Loge nennt die Sache, um die sie sich müht, die Königliche Kunst. Ob sie und wie weit sie ihrem Ideal entspricht, kann ich an dieser Stelle nicht erörtern. Zeremonielle und noch viel mehr Klubinteressen belasten sie stark. Sie öffnen sich auch nur einer bestimmten Schicht von Bildung und Besitz. Sie entsprechen innerhalb der protestantischen Geisteswelt den alten aristokratischen Orden der katholischen Kirchen, während wir heute einen Mann wie Franz von Assisi brauchen, der das höchste Ideal der nunmehr geltenden Lebenskunst jedem im Volke zugänglich macht. Aber das Verdienst ist unter allen Umständen groß und steht geschichtlich fest, daß die Freimaurerei die große Menschheitsaufgabe richtig erkannt, das Problem richtig gestellt und auch in Angriff genommen hat. Es ist nicht zufällig, daß gegenwärtig plötzlich ein außerordentlicher Zudrang zu den Logen eingesetzt hat. Er gilt der Idee, die in den Logen ihre Verkörperung sucht. Es ist die Fülle geistiger Kultur des deutschen Volkes, die sich unter anderem auch in der deutschen Freimaurerei darstellt. Sie stellt sich auch dar in der Fülle der kulturellen Vereinigungen zu Kunst, Sport und wissenschaftlichen Zwecken. Aber ein einheitlicher wuchtiger großer Kulturwille eines Volkes müßte sich ein Organ von noch ganz anderem Kaliber schaffen — wenn dieser Kulturwille eben da wäre. Erst muß der Gedanke und der Wille da sein, dann findet er die Form auch. Vorläufig sind die Kirchen und die Logen die einzigen Mittel großen Stils für den Geistigen, um sein Volk organisch, zielbewußt zu größerer Geistigkeit und ethischer Lebenskunst emporzuführen.

Das Schicksal des deutschen Volkes, wie jedes anderen, wird nicht durch äußere Ereignisse, wird weder durch den vergangenen Weltkrieg, noch durch einen zukünftigen, weder durch kriegerischen Sieg, noch durch kriegerische Niederlage, weder durch den bösen Willen unserer Feinde noch durch den guten unserer Freunde endgültig entschieden. Unser Schicksal wird allem zuvor durch unseren eigenen Willen, durch die Kraft oder Schwäche des deutschen Kulturwillens gestaltet. Das deutsche Volksschicksal hängt auch nicht davon ab, ob auch in Zukunft einzelne große geistige Menschen aus uns hervorgehen, die der Menschheit wichtige Dinge sagen oder bringen, deren Wirken darum nie verloren geht, auch wenn es im eigenen Volk keinen Boden findet. Das deutsche Volksschicksal hängt davon ab, ob wir fähig sind, eine starke deutsche Volkskultur zu schaffen, es hängt davon ab, wieviel Verständnis für deutsches Wesen und wieviel Anteil und Freude an ihm wir jedem Volksgenossen geben können. Aus solchem Bewußtsein und solcher Freude ergibt sich die Liebe zum Vaterlande von selbst.

Daß unserer deutschen Politik in der Regierungszeit Kaiser Wilhelms II. allerlei notwendige Weisheit abging, braucht man heute nicht mehr zu sagen. Aber die Behauptung, daß der Hauptmangel, der, an dem wir zugrunde gingen, um erst ganz allmählich wieder aufzutauchen, der Mangel an psychologischer Erkenntnis war, erregt heute noch viel Kopfschütteln. Und doch verhält es sich so. Unsere Diplomaten verstanden es nicht, in den Seelen der Völker zu lesen, bei denen sie uns vertreten sollten. Das war noch schlimmer, als daß sie die Intentionen der fremden Regierungen nicht errieten. Unsere Regierenden kannten die Seele unseres Volkes nicht, und unsere Heerführer, die die Technik des Krieges so trefflich handhabten, kannten die Seele des deutschen Soldaten nicht genügend und verstanden sich nicht auf sie. Aus Mangel an Psychologie sind wir in den Weltkrieg hineingekommen, aus Mangel an Psychologie haben wir ihn verloren. Das Volk nahm dann sein Schicksal selbst in die Hand und liquidierte den Krieg auf Grund einer Menschenunkenntnis und einer falschen Einschätzung der Menschen, besonders unserer Feinde, die katastrophal waren, die entsetzliches Leiden auf das Vaterland häuften. Die Revolution samt allen ihren gutgemeinten sozialen Maßnahmen mißlang, auch in der inneren Politik, aus Mangel an Psychologie. Aller unserer deutschen Politik, sowohl der äußeren wie der inneren, sowohl der der Fachleute, wie der des Volkes selbst, fehlt seit 36 Jahren und länger schon die sichere Grundlage, die Menschenkenntnis. Alle Politik besteht darin, die Menschen zu berechnen. Das muß mit äußerster Schärfe der Beobachtung und mit Klugheit geschehen, wird aber nie gelingen, wenn die Liebe fehlt, und wenn der Politiker nicht auch etwas divinatorische Prophetengabe hat.

Will unser Volk wieder in die Höhe kommen, so muß die deutsche Kultur wieder den ersten Platz in unseren Interessen einnehmen, und erst den zweiten die deutsche Zivilisation, nicht umgekehrt, wie es durch 36 Jahre und länger schon war. Mit noch größerem Eifer als das deutsche Volk Chemie und Physik studierte, muß es den Menschen studieren. Der erste Platz, der Platz, den die Maschine, die Industrie, die Kontor und Büro zur Zeit unter uns in unseren Interessen einnehmen, gebührt dem Menschen. Der Mensch ist der wichtigste Kräftekomplex, mit dem wir arbeiten müssen, den wir richtig behandeln, pflegen, beherrschen und ausnützen müssen, zugleich zu seinem eigenen lebenskünstlerischen Glück und Heil und zugleich zu unseren lebenstechnischen Zwecken. Es hilft einem Volke gar nichts, wenn es die elektrische und die Dampfkraft und die ungezählten anderen Kräfte der Materie zu beherrschen weiß, aber die höchsten Spannkräfte in sich selbst, die seelischen Arbeitskräfte, den Glauben und die Liebe vernachlässigt. Diese beiden Worte sind keine Pfaffenworte, sondern die höchsten Realitäten, die mächtigsten kosmischen Kräfte, auch wenn sie sich uns gerade nur im menschlichen Wesen offenbaren.

Ist die von mir in dieser Schrift gestellte Diagnose des gegenwärtigen menschlichen und des gegenwärtigen deutschen Wesens richtig, so ergeben sich auch ihre *Forderungen* leicht. Jeder, der in irgendeinem Punkte unser gegenwärtiges deutsches Leben miterlebt oder wohl gar es mitbestimmt, vermag diese Forderungen abzuleiten. Die *Schule* muß die rechte Grundlage der deutschen Kultur und Lebenskunst abgeben. *Die Kenntnis des Menschen muß die sichere gemeinsame Grundlage aller Bildung sein.* Je mehr schon die Jugend den Menschen in seinem Wesen erkennt und studiert, desto gesicherter ist man gegen Stillstand und Reaktion, gegen falsche innere und äußere Politik. *Die Politik, die ein Volk treibt, ist sein Schicksal.* Die wirkliche Kenntnis des wirklichen Menschen, des Volkes, der Menschheit, wie sie ist, nicht wie sie sein sollte, ist — um nur ein Wichtigstes noch herauszugreifen — aber ebenso der Tod alles ungesunden Utopismus und törichten Radikalismus. Alle Schulen müssen deshalb ein besonderes Prüfungsfach haben, das „der Mensch" heißt. Alle Studenten aller Fakultäten müssen ein besonderes Kulturexamen ablegen, das die notwendigsten Kenntnisse der Psychologie, der Ethik, der Volks- und Staatsbürgerkunde umfaßt.

Die Kirchen müssen ernst genommen werden. Wer sie nicht mehr ernst nimmt, muß sich und seinem Volke einen Ersatz für sie schaffen.

Die unmoralische Betrachtung des Staates, den die Bürger und Genossen heute als ihr Unternehmen ansehen, das sich ihren besonderen Interessen verzinsen muß, muß ein Ende nehmen. Soziale Gesetze sind gut, aber soziale Gesinnung ist besser. Der Sozialismus kann die freie Volks- und Vaterlandsliebe nicht ersetzen. Der proklamierte Klassenkampf aber macht diese absolut unmöglich. Die Staatsgesinnung hat seit der Revolution nicht zugenommen, sondern abgenommen. Der Staat muß einen Teil der Volkskraft direkt in seinen Dienst stellen wie das früher in der Militärdienstzeit geschah. Bei der gesetzlichen Einführung dieser sozialen Notwendigkeit wird sich zeigen, wo die wirklichen opferwilligen Patrioten sitzen. Der Staat muß von jedem Mann und jeder Frau ein oder zwei Jahre unentgeltlichen Arbeitsdienst fordern. Der Staat als solcher kann nur Zivilisationsdienst verlangen. An Stelle dieses Dienstes kann aber durch Ablösung der Dienst für kulturelle Vereinigungen treten, natürlich bei weitgehender Garantieforderung und unter Staatskontrolle.

Der Gedanke der Volksloge ist wohl zu erwägen. Wir bedürfen kleinerer Gemeinschaften für unser Volk, in denen der deutsche Kulturwille seinen Ausdruck findet.

Nur darf durch sie nicht ein neuer Raubbau an den Kirchen und anderen Kulturorganisationen getrieben werden. Aktivität auch nach außen muß die Seele der Volksloge auf jeden Fall sein; ihr Inhalt darf nicht etwa nur Belehrung oder Erbauung oder gar nur Vergnügen sein.

Wir brauchen Annäherung an möglichst viele Völker. Wir sollten Kulturmissionen zu ihnen schicken, nicht um ihnen unser besonderes geistiges Eigentum zu bringen, sondern um das ihrige zu holen. Diese Kulturmissionen sollen nicht aus Gelehrten nur bestehen, sondern aus allen Berufen und Ständen. Zu zivilisatorischen Informationen kennt man solche Besuche bereits ausreichend. Es ist wichtiger, daß die Völker gegenseitig ihre Kultur kennenlernen. Das verhindert allen törichten Chauvinismus, alle nationale Überhebung. Die Völker werden dann einander achten, vielleicht lieben, sicher einander verstehen lernen. Die Deutschen sollen das englische Familienleben, Klubleben, Universitätsleben, das amerikanische Kirchenwesen, die japanische Volkskultur usw. kennenlernen. Wollen Fremde auch zu uns kommen, sollen sie uns willkommen sein. Die Fremden haben sich zu einseitig bisher für unsere Hörsäle, unsere Laboratorien und unsere Fabrikräume interessiert.

Wer bessere Vorschläge machen kann, der sage sie. Wer die Methode und die Ergebnisse dieser Schrift überhaupt für falsch hält, sage es. Ich lasse mich gern belehren. D i e Überzeugung steht bei mir unerschütterlich fest, d a ß d i e F r a g e d e r d e u t s c h e n Z u k u n f t d i e F r a g e d e s d e u t s c h e n K u l t u r p r o g r a m m e s u n d d e r d e u t s c h e n L e b e n s k u n s t i s t.

Alle Kriege und alle Volksrevolutionen lassen das innerste Wesen der Menschheit unberührt. Darum ist ihre vorwärtstreibende Kraft gering. Wirklich Neues schafft nur die Revolutionierung des Einzelnen, daß er sich selbst finde, sich selbst, seine geistigen Werte, sein Ewiges, daß er zur Freiheit hindurchdringe, daß er sich aus einem Mittel der Welt und des Lebens in den Zweck von allem verwandele. Das ist die Bekehrung, die zweite Geburt, der Anfang des wahren Lebens. Ich weiß, wie geschichtlich belastet diese Ausdrücke sind, wie äußerst gefährlich es der möglichen Wirkung meiner Gedanken werden kann, wenn ich diese kirchlich abgestempelten Worte brauche. Ich tue es dennoch. Diese Worte enthalten ganz realistische Wahrheiten. Wer diese meine Schrift, die auf nüchternste Wirklichkeitserkenntnis aufgebaut ist, von Anfang bis zu Ende gelesen hat, kann nicht daran zweifeln, wie ich sie meine.

Die Absicht alles wahrhaft großen, also alles prophetischen Schrifttums aller Sprachen und aller Zeiten ist, die Überzeugung zu schaffen, daß die Menschen nur eins ernst nehmen sollen, sich selbst, die Überzeugung, daß hierin die höchste umfassendste Genialität, die geniale Lebenserfüllung selbst besteht, daß das Maß des individuellen Lebenswertes gleich dem Maß ist, in dem dem Einzelnen die Lösung dieser Aufgabe gelingt.

Möchte auch dieser Schrift ein geringster Bruchteil des einzig beneidenswerten Segens werden, die Sehnsucht danach zu wecken und hierzu lebenskünstlerische Erkenntnis zu pflegen, zu mehren, zu schaffen.

Sich selbst ernst nehmen, ist die Lebenskunst.

Kolibri 360 GmbH
Ferdinand-Jühlke-Straße 7
99095 Erfurt, Deutschland
produktsicherheit@kolibri360.de